AF413428

CÓMO FUNCIONA EL LIDERAZGO

CÓMO FUNCIONA EL LIDERAZGO

GUÍA GRÁFICA

Asesora Editorial Philippa Anderson

Producido para DK por Dynamo Limited
1 Cathedral Court, Southernhay East, Exeter, EX1 1AF

Edición sénior Chauney Dunford, Alison Sturgeon, Andrew Szudek
Diseño sénior Mark Cavanagh
Edición Richard Gilbert, Katie John, Victoria Pyke, Rachel Warren Chadd
Asistente editorial Maisie Peppitt
Diseño Vanessa Hamilton, Mark Lloyd
Dirección editorial Gareth Jones
Dirección editorial de arte Lee Griffiths
Diseño de cubierta Tanya Mehrotra, Surabhi Wadhwa Gandhi
Diseño de cubierta sénior Suhita Dharamjit
Dirección editorial de cubierta Saloni Singh
Diseño de DTP sénior Harish Aggarwal
Coordinación editorial de cubierta Priyanka Sharma
Publicación Liz Wheeler
Dirección de publicaciones Jonathan Metcalf
Dirección de arte Karen Self
Edición de cubierta Emma Dawson
Directora de desarrollo de diseño de cubierta Sophia MTT
Preproducción Andy Hilliard
Producción Rachel Ng

DE LA EDICIÓN EN ESPAÑOL
Traducción Manuel Barroso
Revisión Miquel Arderiù
Composición y maquetación Nieves Blamey
Coordinación de proyecto Marina Alcione
Dirección editorial Elsa Vicente

Publicado originalmente en Gran Bretaña en 2020 por
Dorling Kindersley Limited, 20 Vauxhall Bridge Road, Londres SW1V 2SA

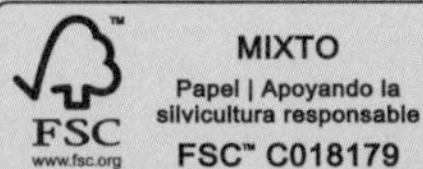

CONTENIDO

FUNDAMENTOS
DE LA GESTIÓN

GESTIONAR
ORGANIZACIONES

GESTIÓN DE PERSONAS

COMUNICACIÓN

AUTOGESTIÓN

Philippa Anderson (asesora editorial) se graduó en administración de empresas y escribe sobre temas empresariales además de ejercer como consultora de comunicación. Ha trabajado como asesora de distintas multinacionales, entre ellas 3M, Anglo American y Coca-Cola. Colaboró con lord Browne, antiguo CEO de BP, en sus memorias, *Beyond Business*, y colaboró en *El libro de los negocios* y *Cómo funciona una empresa*, dos títulos de DK.

Alexandra Black estudió comunicación empresarial y más tarde se trasladó a Tokio para trabajar como periodista del diario financiero del grupo Nikkei Inc. y en el banco de inversión JP Morgan. Posteriormente lo hizo para una empresa especialista mundial en marketing directo de Asia y el Pacífico, y ahora vive en Londres donde escribe sobre temas empresariales e historia cultural.

Pippa Bourne es directora de Bourne Performance, que ayuda a tener éxito a organizaciones y particulares. También es profesora invitada en la Cranfield University, donde apoya el trabajo del Centre of Business Performance. Posee un máster y un diploma en coaching, y muchos años de experiencia como gestora en activo.

Richard Ridou es especialista en tecnología en el ámbito laboral y en transformación de la gestión. Ha trabajado como alto directivo en sectores industriales públicos y privados especializados en la investigación científica, los inmuebles comerciales, el entretenimiento, la administración central, la educación y la defensa.

INTRODUCCIÓN

El liderazgo es un rasgo instintivo del ser humano. Los niños cuando juegan se organizan para asumir diferentes papeles, y uno de ellos a menudo toma el de líder. Como disciplina de empresa, el liderazgo pasó a primer plano con la Revolución Industrial, cuando los dueños de las fábricas necesitaron maximizar los recursos humanos. Sin embargo, mientras sigue siendo vital en el mundo de los negocios actual, el puesto de liderazgo está cambiando, sobre todo a medida que más gente, incluidos los propios líderes trabajan ahora sin estar presentes y de manera flexible. Los líderes siguen teniendo que sacar lo mejor de la gente, pero lo hacen implicando y empoderando a la mano de obra, en vez de dar instrucciones sin más. Como resultado, los líderes necesitan disponer de un amplio abanico de habilidades personales y técnicas: han de ser empáticos al evaluar al personal pero implacables a la hora de elaborar presupuestos, y ser tan conscientes de los valores de la empresa como de los beneficios.

Por estas razones, ser líder requiere paciencia, adaptabilidad y destreza. Se necesita vigilancia: la habilidad de hacer seguimiento de un proyecto a la vez que se monitoriza el entorno operativo exterior, en el que los cambios en la demanda y la competencia pueden significar la diferencia entre el éxito o el fracaso. Son varios los enfoques que un líder puede utilizar para planificar el futuro desde la gestión estratégica (ver pp. 30-31) al pensamiento de diseño (ver pp. 112-113), pero ninguno de ellos es un sustituto para observar el mercado, entender las necesidades del consumidor y estar listo para adaptarse cuando sea necesario.

Este libro explica el cambiante mundo del liderazgo de manera gráfica y sencilla. Aborda los orígenes de la teoría de la gestión y explora la diversidad de roles de liderazgo, usando ejemplos de una gran variedad de organizaciones comerciales, sin ánimo de lucro y gubernamentales. El objetivo es ayudar a los estudiantes y a las personas con aspiraciones a entender qué es el liderazgo y cómo funciona. También pretende ayudar a los gestores a desenvolverse en el mundo empresarial y a mejorar su estilo de gestión. En el capítulo 1 se explica la teoría de la gestión, mientras que el capítulo 2 muestra cómo puede aplicarse en contextos prácticos. El capítulo 3 examina la gestión de personas, mientras que el 4 se ocupa de la comunicación y el 5 se fija en la responsabilidad personal.

FUNDAMENTOS DE LA GESTIÓN

La evolución de la gestión

El puesto de gestor surgió con la llegada de la producción en masa y hoy continúa evolucionando al ritmo de la tecnología cambiante, las expectativas de los empleados, la demografía y la política global.

Desarrollar ideas

En el siglo XVIII, el economista Adam Smith reconoció la necesidad de organizar la mano de obra en tareas para maximizar la eficiencia, y lo describió como la división del trabajo. Durante el siglo XIX, a medida que las industrias se volvían más complejas, se mejoró la eficiencia reduciendo al mínimo el uso de mano de obra, y estandarizando y racionalizando los procesos. A mitad del siglo XX se incorporaron muchos nuevos campos de estudio de la teoría de la gestión. Se aplicó la psicología al modo de trabajar de las personas, la estadística a la realización de los procesos y la ergonomía para conseguir que los lugares de trabajo y la maquinaria fueran más seguros y más eficientes.

La teoría de la gestión también

Una cronología de la gestión

A medida que las empresas se han vuelto más complejas para poder competir y sobrevivir, la manera de gestionarlas ha evolucionado sin cesar. Mientras que las primeras teorías incidían en la mejora de la productividad a través del trabajo, los modelos posteriores se fijaron en los factores más generales que ayudan a determinar el éxito. Durante este periodo, el papel de los empleados se ha vuelto más primordial y ahora hay nuevos enfoques sobre la naturaleza de la propia competencia.

La teoría de la administración científica de **Frederick Taylor** (ver pp. 24-25) veía a los obreros como máquinas.

1880

Los principios de la gestión de **Henri Fayol** (ver pp. 26-27) consideraban a los empleados como personas que necesitaban que los gestionaran.

1916

ERAS DE LA GESTIÓN

Era de la ejecución: antes de 1900-años 60
El periodo que se centró en la producción en masa, dominado por la mejora de la eficiencia y por garantizar la regularidad de la producción y la predictibilidad.

Era de la experiencia: 1916-años 2000
El auge de la teoría de la gestión, que se caracteriza por aplicar ideas de campos como la psicología y la ciencia para gestionar empresas de mucha complejidad.

Era de la empatía: años 90-actualidad
Una era que hace hincapié en la implicación del empleado y el valor que aporta el personal, así como en el valor de las relaciones con los clientes en un mundo transparente.

1913

La cadena de montaje de Ford marca el nacimiento de la producción en masa y la necesidad de gestionar la productividad.

1943

La jerarquía de necesidades de **Abraham Maslow** (ver pp. 142-143) explora lo que motiva a los empleados a rendir mejor en su trabajo.

se volvió más global en esta época. A medida que Japón reconstruía su industria tras la guerra pasó a encabezar la nueva mentalidad de gestión. Sus empresas más grandes garantizaban el compromiso, la capacitación y una alta productividad de los empleados. Ideas como la producción ajustada (ver pp. 120-121) se adoptaron a gran escala; lo mismo ocurrió con los residuos cero y la implicación del trabajador.

Implicar a los trabajadores

El siglo xxi es una época de cambios acelerados y la aparición constante de nuevas tecnologías que alteran los mercados existentes. El liderazgo no tiene tanto que ver con líneas de mando y autoridad, sino más bien con implicar a las personas, formar equipos y crear redes de contacto. Esto entraña tanto riesgos como oportunidades para los gestores, que tienen que seguir el ritmo de los cambios para liderar a sus equipos de manera eficaz.

Las nuevas tecnologías posibilitan que las personas trabajen desde cualquier lugar del mundo en vez de hacerlo desde un despacho. Esto significa que ahora los gestores también tienen que adaptarse y trabajar de modos distintos. El primer reto es garantizar que cada persona sigue sintiéndose parte del equipo, aunque no esté presente físicamente. El segundo es fomentar una buena comunicación, para que todos sepan lo que deben conseguir; el tercer reto es garantizar que se siguen cumpliendo los estándares.

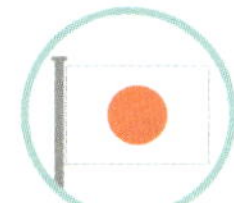

Los fabricantes japoneses desarrollan modelos de gestión que impulsan la calidad (ver pp. 40-41) y reducen residuos y costes (ver pp. 120-121).

1950

El modelo de cambio de las 7 S es una herramienta que ayuda a los gestores a coordinar y supervisar el cambio dentro de la organización (ver pp. 96-97).

AÑOS 80

El modelo de cambio de John Kotter (ver pp. 94-95) demuestra la importancia de implicar al personal en el cambio organizativo.

1996

La estrategia del océano azul, de W. Chan Kim y Renée Mauborgne, (ver pp. 80-81) apuesta por hallar nuevos mercados, en vez de competir.

2004

 **ERA DE LA EJECUCIÓN ANTES DE 1900-AÑOS 60**

 **ERA DE LA EXPERIENCIA 1916-AÑOS 2000**

 **ERA DE LA EMPATÍA AÑOS 90-ACTUALIDAD**

1979

Michael Porter estudia las fuerzas competitivas que influyen en la calidad del servicio que una organización da a su mercado (ver pp. 80-81).

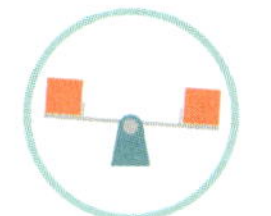

1990

El modelo organizacional de **Peter Senge** (ver pp. 78-79) explica cómo el aprendizaje ayuda a las empresas a adaptarse al cambio.

1995

Daniel Goleman escribió sobre la importancia de la inteligencia emocional, la capacidad de entender las emociones y forjar relaciones.

2011

Daniel Kahneman exploró el equilibrio entre el pensamiento racional y la intuición, y cómo afecta a la toma de decisiones.

Roles del liderazgo

Desde finales del siglo XX, los roles y los límites que definen el liderazgo se han difuminado, pese a que la función fundamental del gestor —hacer que sucedan cosas a través de las personas— es igual de esencial que siempre.

Liderazgo en cambio constante

Los cambios tecnológicos y sociales han provocado que los antiguos roles autoritarios de liderazgo hayan quedado muy obsoletos. En muchas organizaciones, se han sustituido las jerarquías por estructuras más planas, equipos multidisciplinarios y redes informales. El auge de la economía «gig» (o de trabajos esporádicos) significa que el líder debería incluir en su equipo una mezcla de empleados, personal temporal y colaboradores independientes. Los equipos deberían ser diversos, multigeneracionales e incluso virtuales. Ni siquiera el lugar de trabajo se restringe ya a un despacho: puede ser en casa, en una cafetería local o en un tren. La jornada laboral no se rige por el reloj; se puede estar «en el trabajo» 24/7, y los avances tecnológicos hacen que la geografía ya no suponga una limitación.

Control o capacitación

La manera de trabajar de los gestores ha cambiado. La gestión ya no va de arriba abajo, sino que la plantilla está

Las 5 funciones de Fayol

Gestión general e industrial, del ingeniero de minas francés Henri Fayol, se considera una de las primeras obras clave sobre la teoría de la gestión. Publicada en 1916 y popular en los años 40, planteó las 5 funciones de la gestión de Fayol, aún relevantes hoy en día, aunque con una interpretación evolutiva para los líderes (ver dcha.). Otra área influyente de la obra de Fayol son sus principios de la gestión (ver pp. 26-27).

El **75 %** de los líderes afirma que reunir a las personas para resolver problemas es una habilidad importante

James Manktelow, *Mind Tools for Managers: 100 Ways to be a Better Boss*, 2018

3. DIRIGIR

Los líderes han dejado atrás el modelo de dar instrucciones y delegar de arriba abajo para pasar a orientar a las personas e influir en ellas y conseguir así que se ganen de manera activa el rol de liderazgo.

4. COORDINAR

Antes, el líder se aseguraba de que el personal trabajara en objetivos comunes. Hoy, es más probable que un líder cree una visión, entusiasme a sus trabajadores y predique con el ejemplo.

5. CONTROLAR

Los líderes utilizaban el establecimiento de objetivos y la medición del rendimiento para controlar a sus equipos, pero ahora prefieren dar feedback, hacer coaching y un reconocimiento continuos.

involucrada en la planificación desde el principio para generar ideas, fomentar el compromiso y formar equipos. Los líderes ya no dependen de la autoridad, las órdenes y el control, sino que tienen que capacitar a quienes están a su cargo para crear y mantener la cohesión y el empuje del equipo.

En este nuevo mundo que cambia tan deprisa, las empresas con una gestión tradicional se pueden quedar atrás; su estructura inflexible puede ahogar la innovación y evitar que reaccionen de manera rápida o cambiar de rumbo cuando sea necesario.

> **«Lo que haces tiene mucho más impacto que lo que dices».**
>
> Stephen Covey, experto estadounidense en liderazgo, 2008

DIVERSIFICAR LOS ROLES

Las nuevas tecnologías y tendencias de cultura organizativas suponen la aparición de nuevos roles mientras que algunos de los tradicionales están desapareciendo. Por ejemplo, aparte de ser esenciales en el mundo empresarial, ahora los gestores son vitales en el sector sin ánimo de lucro (o tercer sector). En el público, en el privado y en el tercer sector hay una gran cantidad de roles de gestión, como directores de cuentas, responsables de diversidad o gestores de análisis.

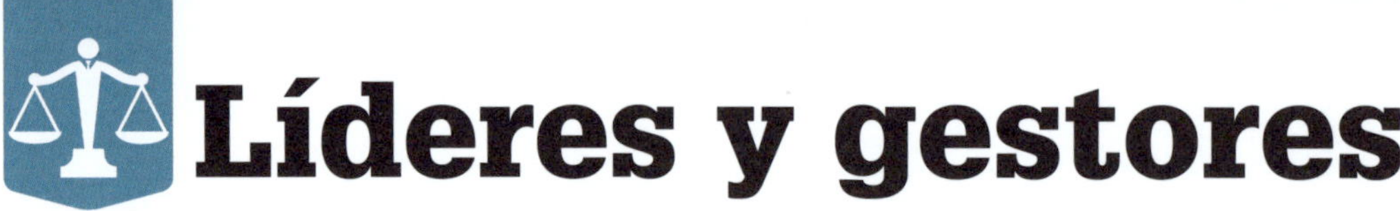

Líderes y gestores

Tradicionalmente, los líderes decidían los objetivos de una organización, mientras que los gestores garantizaban que esos objetivos se cumpliesen. Sin embargo, a medida que cambian las prácticas laborales, los gestores modernos necesitan añadir cada vez más habilidades de liderazgo a su ejercicio.

Combinar roles

Hasta hace poco, la distinción entre el líder y el gestor de una organización era un reflejo de las estructuras empresariales tradicionales. Hoy, las organizaciones se han tenido que adaptar a la tecnología, las formas de comunicación y las prácticas laborales modernas, los roles de líder y gestor también han evolucionado. Ahora se ve a los empleados como fuente colectiva de energía creativa de la organización, y esenciales para su éxito. Para maximizar la fuerza combinada de su equipo y ofrecer resultados, los gestores como líderes.

Como resultado de la gestión de las organizaciones modernas, académicos y asesores han estudiado la diferencia entre líderes y gestores. Muchos han llegado a la conclusión de que el equilibrio liderazgo/gestión varía según el tamaño, la complejidad y el sector al que pertenezca la organización. Sin embargo, para ser un gestor eficaz hoy es esencial la voluntad de desarrollar habilidades de liderazgo.

Distintas finalidades

Las organizaciones necesitan recurrir tanto a las habilidades de liderazgo como a las de gestión para alcanzar sus objetivos. El liderazgo ofrece la visión que fija el rumbo de una organización para el futuro. Los líderes también proporcionan respuestas eficaces a las oportunidades, a las crisis y al cambio. Sin embargo, la gestión entraña desde la administración cotidiana hasta la realización de tareas específicas con un nivel de exigencia determinado, como, por ejemplo, establecer presupuestos, planificar el flujo de trabajo o cuidar del personal.

> **«El liderazgo es el arte de conseguir que alguien haga algo que tú quieres porque él quiera hacerlo».**
>
> Dwight D. Eisenhower, presidente de EE. UU., 1954

Líderes

❯ Deciden el rumbo general
❯ Influyen en las personas para que consigan resultados
❯ Luchan por la eficacia
❯ Alientan el cambio
❯ Facilitan las decisiones
❯ Coordinan a las personas
❯ Crean sistemas y buscan oportunidades de mejora

Liderazgo, gestión y cambio

El prestigioso consultor de gestión John Kotter describe la gestión como el proceso que hace que las organizaciones funcionen, mientras que el liderazgo es la tarea de inspirar y motivar a los empleados. Los gestores ayudan a la organización a lidiar con la complejidad, mientras que los líderes la capacitan para responder al cambio. A medida que las organizaciones evolucionan con el tiempo, también lo hace la necesidad de gestión y liderazgo (ver derecha). Kotter ilustra esta idea con una analogía militar. Durante la época de paz, un ejército sobrevive con una buena gestión a todos los niveles y un liderazgo eficaz en la cima. Sin embargo, en tiempos de guerra necesita un liderazgo competente a todos los niveles.

	NIVEL DE COMPLEJIDAD	
ÍNDICE DE CAMBIO ALTO	**CAMBIO ALTO, BAJA COMPLEJIDAD** Se necesita un liderazgo fuerte e inspiracional, pero poca gestión	**CAMBIO Y COMPLEJIDAD ALTOS** Son esenciales unas habilidades considerables de liderazgo y de gestión
BAJO	**CAMBIO Y COMPLEJIDAD BAJOS** Requiere unas habilidades limitadas de liderazgo y de gestión	**CAMBIO BAJO ALTA COMPLEJIDAD** Se necesita una gestión considerable, pero poco liderazgo
	BAJO	ALTO

GESTIÓN

Gestores

- Planifican al detalle
- Animan a la gente a actuar
- Persiguen la eficiencia
- Reaccionan al cambio

- Toman decisiones
- Organizan a las personas
- Garantizan que los recursos son apropiados y están disponibles

✓ DEBES SABER

- **Los líderes eficaces** están preparados para permitir que su gente fracase…, pues aprender del fracaso conduce al éxito. Como dijo en su día el CEO de Amazon Jeff Bezos en una carta a los accionistas: «Si el tamaño de sus fracasos no crece, no podrá inventar a un tamaño que realmente pueda generar un cambio positivo».

- **La buena gestión**, según el empresario Paul Hawken, es «el arte de hacer que los problemas sean tan interesantes y las soluciones tan constructivas que todo el mundo quiera… hacerles frente».

Estilos de gestión

Las necesidades y las capacidades de los miembros de un equipo, y también las circunstancias, influyen en la manera en que los gestores lo lideran. Sin embargo, hay investigaciones que demuestran que en ocasiones un gestor debería adoptar un estilo concreto de gestión para sacar lo mejor de su equipo.

Enfoques variados

Todos los líderes desarrollan su propio estilo para gestionar a las personas y las situaciones, que variará según quiénes sean esas personas y lo que requiera la situación. Las tendencias de gestión predominantes o los cambios en las prácticas laborales (ver cuadro debajo) también pueden influir en estos enfoques. Sin embargo, puede que haya situaciones en las que el estilo de gestión del líder no sea el más eficaz, por lo que este debería estar dispuesto a cambiar de táctica.

En el año 2000, la consultora estadounidense Hay McBer identificó, a partir de una muestra al azar de casi 4000 gestores de todo el mundo, seis estilos clave de liderazgo (ver derecha). Daniel Goleman, autor de *Inteligencia emocional,* describió los hallazgos en su influyente artículo «Liderazgo que obtiene resultados» en la *Harvard Business Review*. La investigación mostró que ningún estilo era intrínsecamente correcto o incorrecto, pero los gestores con éxito eran aquellos capaces de cambiar al estilo apropiado para cada situación concreta.

CAMBIO DE ENFOQUES DE LA GESTIÓN

Hasta los años 80 del siglo xx, la mayoría de los gestores solían quedarse detrás de sus escritorios en despachos privados, a tiro de piedra de la gente que tenían a su cargo. Más tarde, siguiendo una iniciativa de la empresa estadounidense Hewlett-Packard, poco a poco se empezó a animar a los gestores para que salieran de sus despachos y se comunicaran cara a cara con sus empleados, lo que se conoció como *management by walking around* (MBWA, por sus siglas en inglés), es decir, «gestionar dando un paseo». Más recientemente, el cambio en las expectativas de los empleados ha presionado a los gestores para que confíen en que aquellos rindan bien sin interferencias. Esto incluye entender la necesidad de un horario de trabajo flexible y los beneficios de trabajar desde casa. Los gestores que pensaban que de todos modos era el mejor enfoque tuvieron la posibilidad de aplicarlo cuando la pandemia de COVID-19 forzó la situación.

Afiliativo
El estilo afiliativo es el más adecuado para motivar al personal estresado y para acabar con un conflicto. El líder debería animar al equipo a estrechar lazos y mantener reuniones informales en las que los miembros pueden compartir sus puntos de vista.

Coercitivo
Este estilo es el más adecuado en tiempos de crisis o de cambio urgente. El líder exige obediencia, da instrucciones claras, toma decisiones difíciles y castiga a los miembros del equipo que rinden menos de lo esperado.

«La gestión empresarial es, ante todo, una práctica en la que confluyen arte, ciencia y artesanía».

Henry Mintzberg, profesor de Management Studies, McGill University, Quebec, 2013

Visionario

Este estilo es efectivo para fijar una dirección clara o nuevas pautas de trabajo. El líder debería definir una visión clara y convincente y dar libertad al equipo para trabajar a su manera, experimentar e innovar.

Coaching

Este enfoque es ideal para dirigir a personas con ganas de aprender. El líder debería centrarse en desarrollar las habilidades y la confianza de los miembros del equipo, delegar tareas interesantes y disculpar los errores cometidos durante el aprendizaje.

Democrático

Un estilo democrático se ajusta mejor a un ambiente de trabajo estable con empleados experimentados. El líder debería recabar la opinión y las ideas de los miembros del equipo como parte de la construcción de un consenso para actuar.

De referencia

El estilo de referencia es ideal cuando los miembros del equipo son muy competentes y están muy motivados. El líder debería establecer estándares exigentes desde el inicio y mantener altas la energía, la implicación y la motivación.

Liderazgo situacional

Uno de los modelos de liderazgo más conocidos es el situacional, mediante el cual muchos gestores adaptan su estilo de liderazgo según los niveles de competencia y compromiso entre los miembros del equipo.

El líder adaptable

El modelo de liderazgo situacional lo desarrollaron originalmente en los años 60 del siglo xx el científico conductista Paul Hersey y el autor Ken Blanchard en su libro *Administración del comportamiento organizacional* (1969). Se basa en la naturaleza de la relación entre el líder y su equipo. Esta relación puede tomar distintas formas según la tarea y el nivel de habilidades y de motivación del equipo. Si un líder puede combinar su estilo de liderazgo con la aptitud para el trabajo de los miembros de su equipo, esto permitirá que el grupo logre sus objetivos en la medida de sus posibilidades.

Ajustar el estilo a la disposición

Según el modelo de liderazgo situacional, hay cuatro estilos de liderazgo. Cada uno de ellos tiene dos aspectos —centrado en la tarea o comportamiento directivo y centrado en la relación o comportamiento de apoyo— que se miden en distintas proporciones, de alta a baja. En un extremo está el «directivo», basado en instrucciones claras y firmes con menos énfasis en el apoyo. En contraste, el «persuasivo» y el «participativo» prestan apoyo a los miembros del equipo con distintos niveles de competencia. Por último, el «delegativo» permite al líder dar un paso atrás y otorgar libertad y responsabilidad a los miembros del equipo.

> **«Las personas se diferencian no solo por su capacidad para hacer, sino también en su voluntad de hacer».**
>
> Paul Hersey, 2008

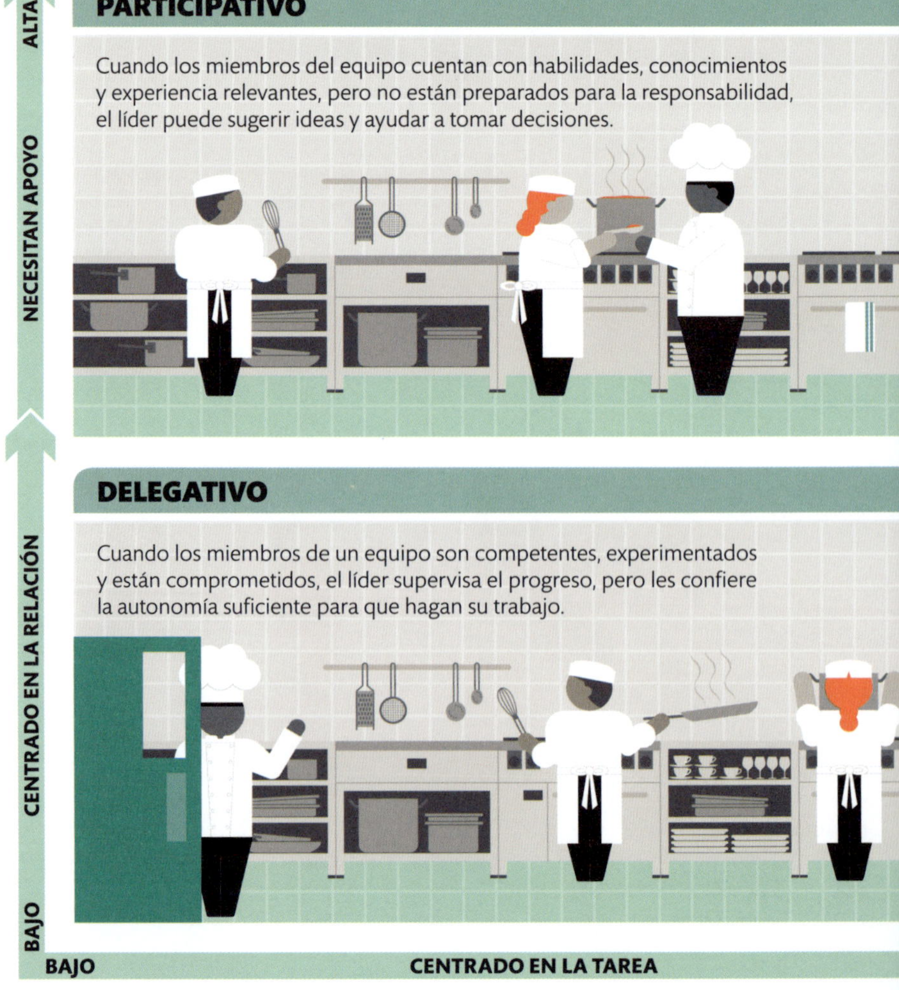

Los líderes tienen que reconocer el nivel de competencia y motivación de cada miembro del equipo. Hersey y Blanchard definieron estas características como «disposición al rendimiento» e identificaron cuatro niveles de disposición (ver debajo).

No existe un estilo de liderazgo mejor que otro. Quizá los líderes tengan que adaptar su enfoque, incluso para los miembros del equipo.

Por ejemplo, al inicio de un proyecto o en una crisis el líder tal vez deba ser asertivo, mientras que en otro proyecto, cuando el equipo haya adquirido conocimientos y experiencia, el líder tal vez pueda intervenir menos. Los líderes de éxito son aquellos que pueden adaptar su estilo para ajustarlo a su equipo, tanto si trabajan en un espacio compartido como si lo hacen desde otro lugar.

DEBES SABER

❱ **El estilo participativo** es esencialmente democrático; se le otorga al equipo mucha responsabilidad.

❱ **El estilo persuasivo** es menos democrático; el líder proporciona la visión y la orientación.

❱ **El estilo directivo** es autocrático; el líder da instrucciones precisas y con autoridad.

❱ **El estilo delegativo** es de no intervención; el líder deja que el equipo complete el trabajo.

PERSUASIVO

Cuando los miembros del equipo carecen de habilidades —quizá por falta de experiencia—, pero les entusiasma el trabajo, el líder les explica («les vende») la tarea en cuestión y está disponible para ayudar.

DIRECTIVO

Cuando los miembros del equipo carecen de habilidades y de confianza, y quizá también de disposición, el líder les da instrucciones precisas y supervisa de cerca su progreso.

APLICAR LA TEORÍA

Como con otras teorías de gestión empresarial, se han analizado los pros y los contras del liderazgo situacional:

Pros

❱ Fácil de entender y de aplicar

❱ Habilita al gestor para adaptar su estilo de liderazgo y hacer que encaje en la situación

❱ Se centra en la madurez/competencia de los individuos y los equipos, a menudo ignoradas a la hora de considerar un liderazgo eficaz

Contras

❱ Da por hecho que las personas siempre seguirán al líder

❱ Puede no ser adecuado en todas las situaciones. Por ejemplo, cuando hay poco tiempo y las tareas son demasiado complejas

❱ Puede que no funcione cuando los gestores ostentan un puesto de liderazgo, pero actúan más como administradores o su poder es limitado

NECESITAN ORIENTACIÓN   **ALTO**

Gestión y poder

Muchos líderes tienen poder sobre las personas. Sin embargo, hay muchos tipos distintos de poder, y un buen líder sabe cuál debería promover y cuál evitar.

Poder en el trabajo

Con plantas de oficinas diáfanas, escritorios compartidos y teletrabajo, muchos signos tradicionales de la gestión empresarial, como el despacho privado, han desaparecido. Sin embargo, las personas tienen maneras más sutiles de demostrar su autoridad.

El poder surge de las relaciones de una persona con aquellos a su alrededor. En el trabajo, los distintos niveles de poder se definen formalmente en una jerarquía organizativa. Este tipo de poder puede incluir la capacidad de recompensar o castigar a los miembros del equipo. Otras formas de poder provienen de disponer de información o capacidades especializadas, de ser muy visible en las actividades laborales o de rodearse de la gente adecuada («politiqueo de oficina»). Todas las formas de poder directivo tienen sus puntos buenos y malos: los líderes de éxito moderarán su poder con ecuanimidad y autocontrol para dirigir y motivar al equipo.

Seis fuentes de poder

El uso efectivo del poder depende de las capacidades y del carácter de la persona que lo ostenta, de su relación con sus empleados, de la tarea en cuestión y de la definición formal de los roles de liderazgo. Los psicólogos sociales John French y Bertram Raven identificaron cinco formas de poder social, más una sexta que posteriormente añadió Raven en sus *Six Bases of Power* (2012).

Legítimo

Esta forma de poder está asociada a un cargo. La organización confiere a un líder designado el poder de dirigir las actividades de sus subordinados. La organización puede conceder, cambiar o retirar el poder legítimo y, como tal, este reside en la posición más que en el individuo nombrado.

Recompensa

El poder puede derivar de la habilidad para controlar las recompensas que otros valoran. Cuanto mayor es el valor percibido de dichas recompensas, mayor es el poder. En el mundo empresarial, estas recompensas pueden ser el ascenso y el sueldo, pero también el reconocimiento público y los elogios.

Coercitivo

Opuesto al de recompensa, el poder coercitivo es la capacidad de aplicar castigos. Esto incluye degradación y despido, pero también formas psicológicas de acoso. Aunque puede ser efectiva a corto plazo, la coacción tiende a provocar resentimiento y a menudo perjudica el rendimiento.

Los «dioses» de la gestión

Charles Handy, autor de *Gods of Management* (1995), se valió de los dioses de los antiguos griegos para ejemplificar cuatro culturas de la gestión basadas en roles y valores concretos. Cada forma tiene sus ventajas y sus defectos; los líderes pueden encontrarse con distintas culturas en distintas empresas, o incluso en distintas áreas de una misma empresa.

Zeus: cultura de club

El poder se concentra en las manos de una persona que está en lo más alto, la cual ejerce el control a través de contactos personales más que con procedimientos (p. ej. los bancos de inversión y las casas de corretaje).

Apolo: cultura de roles

El poder es jerárquico y está claramente definido por la descripción de los cargos, y las decisiones se toman en lo más alto de la cadena burocrática (p. ej. una compañía de seguros).

Atenea: cultura de las tareas

El poder se deriva de la experiencia necesaria para completar una tarea o un proyecto, y las decisiones se toman por meritocracia (p. ej. agencias de publicidad).

Dionisio: cultura existencial

Las organizaciones existen para que los individuos logren sus metas, y las decisiones se toman con el consentimiento de los profesionales (p. ej. las universidades).

De experto

Este tipo de poder se basa en las competencias especializadas y reside en el individuo más que en su cargo. Un líder competente y culto es más probable que sea respetado por sus subordinados; sin embargo, los empleados con experiencia también pueden ganar respeto y poder.

De referencia

Este tipo de poder deriva de la confianza y el respeto que un líder se gana por parte de su equipo y compañeros de trabajo. Los subordinados pueden llegar a modelar su propio comportamiento y acciones a partir de los del líder. Puede costar un tiempo acumular poder de referencia, y, para lograrlo, el líder tiene que entender las actitudes y la cultura de su equipo.

Informativo

El poder también puede derivar del control de la información. El poder informativo está conectado con situaciones específicas, mientras que otras formas de poder implican relaciones más generales. Esta clase de poder puede ser transitorio: si la información se comparte con otras personas, el poder se puede agotar.

Administración científica

Frederick Winslow Taylor introdujo la idea de la administración científica en la creciente industria manufacturera de EE. UU. a principios del siglo xx. Hoy, sus ideas siguen sustentando gran parte de la teoría de la administración.

Trabajar de forma más inteligente

Frederick Winslow Taylor, ingeniero mecánico, desarrolló sus ideas a finales del siglo xix mientras trabajaba en una empresa siderúrgica en Filadelfia. Estudió la manera en que sus trabajadores desempeñaban sus tareas individuales y evaluó cómo afectaba a la productividad; un método que más tarde se llamó análisis «científico». Resumió sus hallazgos en *Principios de la administración científica* (1911). Su premisa básica era que optimizar el modo de hacer una tarea es más eficiente que obligar a los empleados a esforzarse más.

Creía que a los trabajadores solo les motivaba el sueldo y no valoró sus necesidades humanas. Para él, como los trabajadores no disfrutan el trabajo de manera natural, hay que supervisarlos de cerca con un estilo de administración autocrático.

Analizar las tareas

Según Taylor, los gestores deberían separar la producción en tareas distintas y hallar la mejor manera de realizarlas (en contraste con la extendida práctica de la época de que los trabajadores elaboraran sus propios métodos empíricos). Los empleados deberían recibir instrucciones y formación, además de las herramientas necesarias para trabajar con la mayor eficiencia posible. Por último, deberían cobrar por número de artículos producidos

Caso de estudio: McDonald's

McDonald's es una de las mayores cadenas de comida rápida del mundo, con una venta de 75 hamburguesas por segundo. Desde Moscú a Marrakech, la comida tiene el mismo aspecto y sabe igual. Cada sucursal sigue unas instrucciones idénticas para cada paso del proceso, desde la preparación, el cocinado y envasado de cada artículo de comida hasta cómo fregar el suelo. El resultado es un triunfo de la administración científica y una reivindicación de los cuatro principios de Taylor (ver cuadro, izquierda).

Las responsabilidades de los mandos y de los trabajadores se mantienen separadas. Los gestores supervisan el rendimiento y la calidad, mientras que los trabajadores prestan el servicio en primera línea.

en un periodo de tiempo determinado, una práctica llamada ahora pago a destajo. El resultado de ello sería un mayor aliciente para trabajar, lo que maximizaría la productividad.

A principios del siglo xx, Henry Ford aplicó los principios de la administración científica a la fabricación de vehículos. Organizó a los trabajadores de modo que ejecutaban una tarea sencilla de la mejor manera posible, y, en vez de moverse, los trabajadores de las fábricas se quedaban fijos en una línea de montaje; una disposición que se estandarizó para la producción en serie. Tras la Segunda Guerra Mundial, las ideas de Taylor influyeron en la filosofía kaizen de Japón, en la que el foco se ponía en la «producción ajustada», así como en la eliminación de residuos (ver pp. 120-121).

McDonald's ha perfeccionado un sistema global coherente que garantiza un servicio rápido, limpio y fiable. Las líneas de producción están estandarizadas, con el uso de máquinas que controlan la cantidad de ingredientes y el tiempo de cocinado para garantizar una gran velocidad y calidad.

La selección y la formación están estandarizadas, y se anuncian los objetivos de la empresa. La empresa tiene incluso una Hamburger University en Chicago (EE. UU.).

La filosofía de pago por rendimiento proporciona incentivos a largo plazo. Un programa de reconocimiento, que incluye el premio al empleado del mes, ayuda a motivar al personal.

> **«En el pasado, el hombre lo era todo; en el futuro, el sistema debe ser lo principal».**
>
> Frederick Winslow Taylor, 1911

Principios clave

En 1916, el ingeniero de minas francés Henri Fayol redactó sus principios clave de gestión de una empresa, basados en lo que consideraba que eran verdades fundamentales. Su obra se convirtió en una de las primeras guías publicadas para gestores y hoy en día siguen ejerciendo influencia.

Inicio de la teoría de la administración

Cuando Fayol publicó *Gestión general e industrial* (1916), que incluía sus 14 principios —junto a las cinco funciones de la gestión (ver pp. 14-15)—, la rápida industrialización de Europa y EE. UU. evidenciaba que había una necesidad urgente de técnicas profesionales de gestión. La obra se convirtió en una guía de uso común para los gestores, que aportaba las habilidades necesarias para supervisar organizaciones cada vez más complejas, y pasó a formar parte de la teoría de la gestión moderna. Aunque las organizaciones, y cómo se administran, significativamente el pasado siglo, los elementos fundamentales de los principios de Fayol siguen siendo válidos. Las tareas se deben completar con eficiencia, se debe imponer disciplina y hay que recompensar a la plantilla. Sin embargo, para sacar lo mejor de sus equipos, los líderes deben aplicar los principios de acuerdo con las prácticas laborales modernas.

PRINCIPIO	RESUMEN DEL PRINCIPIO	APLICACIÓN HISTÓRICA	APLICACIÓN MODERNA
DIVISIÓN DEL TRABAJO	Asignar tareas especializadas a aquellos trabajadores con aptitudes adecuadas.	Las funciones de los trabajadores se especializaron para llevar a cabo una única tarea concreta.	Las funciones se han hecho más generales.
AUTORIDAD Y RESPONSABILIDAD	Conferir a los jefes un nivel de autoridad que refleje sus responsabilidades.	Solo los jefes tenían autoridad dentro de la organización.	Los empleados tienen cada vez más poder.
DISCIPLINA	La organización debe establecer unas reglas o procedimientos claros que el gestor ha de aplicar a los trabajadores.	La organización conservaba el control formal sobre los trabajadores.	Las reglas o procedimientos ahora no son tan formales y hay un mayor control de la presión entre iguales.
UNIDAD DE MANDO	Todos los trabajadores deberían recibir las órdenes de un único líder.	Los trabajadores siempre rendían cuentas a un único jefe.	Los equipos pueden tener múltiples líderes, sobre todo en estructuras matriciales (ver pp. 54-55).
UNIDAD DE DIRECCIÓN	Solo debería haber un plan y un equipo que lleve a cabo las funciones con un mismo objetivo.	Cada función seguía un plan, supervisado por un solo líder.	Las estructuras y las tareas del equipo son más complejas, y a menudo tienen más de un objetivo.

PRINCIPIO	RESUMEN DEL PRINCIPIO	APLICACIÓN HISTÓRICA	APLICACIÓN MODERNA
SUBORDINACIÓN DEL INDIVIDUO	Las metas de la organización deben tener preferencia sobre los intereses de los individuos.	Los empleados estaban comprometidos con la organización.	Las organizaciones y los trabajadores están comprometidos los unos con los otros.
REMUNERACIÓN DEL PERSONAL	La compensación por el trabajo debería ser justa tanto para la organización como para el trabajador.	Las organizaciones adoptaron sistemas justos de pago por recompensa.	Las recompensas para los trabajadores, aparte de la ganancia monetaria, pueden incluir sentirse valorados y respetados.
CENTRALIZACIÓN	Las organizaciones tienen que equilibrar la centralización y la descentralización de la autoridad.	Las organizaciones adoptaron la toma de decisiones vertical, excluyendo la intervención del trabajador.	La administración toma decisiones sobre la estrategia y la política; los trabajadores toman decisiones sobre tareas concretas.
CADENA ESCALAR	La cadena de autoridad y comunicación solo debería ser formal y vertical.	Las estructuras de administración se volvieron rígidamente jerárquicas con canales de comunicación formales.	Las cadenas de mando pueden variar de jerarquías lineales a estructuras más planas e informales.
ORDEN	Las organizaciones tienen que facilitar un espacio de trabajo seguro y recursos en el lugar y el momento adecuados.	Se utilizaban sistemas de información internos para controlar los procesos y a los trabajadores.	Se utilizan sistemas de información internos con fines de coordinación.
EQUIDAD	Para fomentar el compromiso, los líderes deberían tratar a los empleados con equidad y respeto.	Las organizaciones conseguían el compromiso del trabajador con amabilidad y justicia.	El compromiso del trabajador se fomenta con la sensación de propiedad compartida.
ESTABILIDAD DE PUESTO DEL PERSONAL	Las organizaciones deberían ofrecer formación y seguridad laboral para reducir la costosa rotación de personal.	Las organizaciones formaban a los empleados para alentarlos a quedarse.	Las organizaciones ofrecen formación y desarrollo continuos para que los trabajadores opten por quedarse.
INICIATIVA	Las organizaciones solo deberían contratar a líderes que puedan concebir y poner en marcha nuevas ideas.	Únicamente los líderes podían proponer y llevar a cabo nuevas ideas. Los trabajadores estaban excluidos.	Muchos lugares de trabajo promueven la comunicación libre y las ideas de sus trabajadores.
ESPÍRITU DE EQUIPO	Los líderes deben asegurarse de que los trabajadores siguen motivados y cooperan entre ellos.	Mantener la moral alta dentro de las organizaciones era vital.	La unidad del grupo no es tan rígida; una moral alta se consigue apoyando a cada persona para que dé lo mejor de sí misma.

Gestión global

A medida que las actividades comerciales se expanden a nivel global, los líderes que trabajan en distintos países tienen que entender sus mercados y a sus clientes internacionales, y captar las complejidades de diferentes normas, leyes, culturas y sistemas políticos.

Un mundo conectado

Gracias a la tecnología moderna, las organizaciones se extienden cada vez más por todo el planeta, y las comunicaciones con los empleados y los clientes abarcan muchas zonas horarias. Los líderes en distintos niveles pueden tener responsabilidades en otros países, desde comprar existencias hasta controlar al personal a distancia. Las empresas más grandes quizá cuenten con gestores especializados, como un director comercial para aumentar la eficiencia y la competitividad a nivel mundial, un *country manager* que se ocupa de todos los aspectos del mercado local y un gerente funcional que fomente las competencias y transmita conocimientos especializados; todos ellos supervisados por un *global manager* que garantice la coordinación.

Trabajen o no presencialmente, los líderes deben ser conscientes del clima empresarial de las regiones en las que operan. Quienes estén en contacto a distancia deben asegurarse de que los equipos locales se sienten conectados. Las reuniones virtuales deberían hacerse a horas convenientes para todos, las comunicaciones por correo electrónico han de ser claras, los asuntos resueltos a tiempo y todos los éxitos celebrados.

Liderar internacionalmente

Comprender la cultura, las leyes importantes y las costumbres locales de los países en el ámbito de una organización permite que funcione con más fluidez, evita infringir la normativa local y garantiza un éxito mayor. El tratamiento cuidadoso de los asuntos locales también puede ser crucial a la hora de cerrar nuevos acuerdos. A continuación se exponen algunos de los indicios a los que un líder debería estar atento.

Cultura e ideología

Estudiar la cultura y las creencias de un país puede ayudar a los líderes a entender la ética y las prácticas empresariales locales, algo útil cuando se genera negocio y se dirige a equipos locales.

Idioma

Una buena comunicación es esencial. Puede que a veces sea necesario contratar a un intérprete para transmitir instrucciones, y utilizar tecnología de traducción de calidad puede garantizar que se entiendan los documentos clave.

Finanzas internacionales

Los líderes deben saber cómo afectan a los beneficios las interacciones monetarias entre los países en los que está presente una organización. Los tipos de cambio variables pueden ser un problema, como podrían serlo los controles de divisas que limitan el movimiento de dinero.

> **«El líder internacional** concilia **los dilemas culturales».**
>
> Fons Trompenaars, teórico multicultural, 2000

La burocracia y las normas de regulación

Las prácticas empresariales varían con frecuencia de un país a otro. Por ejemplo, los líderes deberían saber si una iniciativa local necesita la aprobación del Estado, y deben asegurarse de cumplir la normativa local en cuanto a productos y a personal.

Sistemas políticos y judiciales

El conocimiento de los sistemas políticos y judiciales en distintos países permite a la organización aprovechar, por ejemplo, los incentivos gubernamentales a la inversión y evitar problemas con diferentes códigos fiscales o legislaciones laborales.

Zonas horarias

Crear horarios adecuados para contactar con los compañeros de profesión y los equipos de distintas zonas horarias ayuda a mantener la eficiencia de las operaciones. Una hora social de mutua conveniencia para los chats y las reuniones por internet puede levantar la moral y fomentar la buena voluntad.

SENSIBILIDAD CULTURAL

La capacidad de mantener buenas relaciones con un equipo por internet, o con clientes y líderes empresariales de otro país, es esencial para que un líder tenga éxito. Para evitar errores, los líderes necesitan tener un conocimiento profundo de las costumbres y las sutilezas de distintas culturas. Los pequeños gestos pueden impresionar a los clientes extranjeros y crear una ventaja competitiva.

Idioma

Aprender algunas frases en el idioma local es señal de educación y de buena voluntad. La fluidez —si va a residir durante mucho tiempo— es aún mejor. Cuando hable un idioma común, hágalo de manera clara para evitar malentendidos.

Comunicación no verbal

El dedo índice y el pulgar tocándose significa «ok» en muchos países, pero en Brasil es vulgar. Señalar con el dedo es ofensivo en muchas culturas. Un asentimiento puede significar «continúe» en vez de «sí». (Ver comunicación no verbal, pp. 172-173.)

Costumbres

Las horas y los hábitos de comida (desde hacer ruido al comer hasta el uso de cubiertos) varían en las distintas culturas. Los alimentos especiales, como los erizos de mar en Corea del Sur o las orugas en México, pueden causar confusión.

Tiempo

Las actitudes ante el tiempo difieren. Mientras que en algunos países son muy estrictos con la gestión del tiempo, otros no lo son tanto. En aquellos en los que las personas se toman más relajadamente los horarios, las negociaciones pueden avanzar mucho más lentas.

Respeto

No existe una traducción directa del concepto chino de miànzi (quedar mal). Se refiere a la sensación de prestigio de una persona y desempeña un papel muy importante en el mundo empresarial chino. Entender esta idea es vital en las relaciones laborales en China.

Gestión estratégica

La gestión estratégica es un proceso continuo por el que muchos líderes establecen un rumbo general para una organización, concretan objetivos y asignan recursos para alcanzar su meta a largo plazo.

Analiza, planifica, ejecuta

Antes de los años 60 del siglo xx, «estrategia» era un término que se asociaba a la guerra y a la política, no a los negocios. La gestión estratégica creció como disciplina gracias al trabajo de asesores de gestión como Peter Drucker y Bruce Henderson, que reconocieron la necesidad de un proceso que condujera a una organización de su estado actual a uno más deseable. El proceso comienza con la información y el análisis, y un conocimiento crucial de los factores externos (ver cuadro, derecha), que, juntos, influyen en la formulación y puesta en marcha de una estrategia.

Una vez identificadas las opciones, los líderes pueden seleccionar los objetivos a largo plazo (una estrategia) basándose en su comprensión del potencial de la empresa. Para aplicar la estrategia con éxito, las personas mejor posicionadas de toda la organización deben implicarse para tener información de los clientes, los competidores y los mercados

Hoy en día, la gestión estratégica es un campo apasionante: la globalización y la tecnología están impulsando la innovación y abriendo oportunidades a personas perspicaces, flexibles e innovadoras.

Caso de estudio: Komatsu

Fundada en los años 20 del siglo pasado, Komatsu es un fabricante japonés de maquinaria de construcción. Tras sufrir unas pérdidas considerables, cambió su enfoque de gestión estratégica a principios del siglo XXI. Al centrarse en su principal competidor, Caterpillar, y desplegar una visión de liderazgo global, los gestores de Komatsu fueron capaces de inspirar el deseo de triunfar entre sus trabajadores.

1 Crear un propósito estratégico

Establecida la necesidad de cambio, los gestores de Komatsu analizaron la situación y decidieron el objetivo de la empresa. Para lograr su ambición —liderar el mercado—, debían «rodear» o enfrentarse a Caterpillar, su principal rival.

2 Formular una estrategia

Después, los gestores pensaron cómo alcanzar su objetivo a largo plazo. Su estrategia esbozaba cómo conseguirían acceder a nuevos clientes, reducir costes y fomentar la competitividad, y también cómo distribuirían el riesgo empresarial en un mercado más amplio.

3 Aplicar la estrategia

La tercera fase para cambiar el rumbo de Komatsu fue poner en marcha una estrategia a largo plazo. Los gestores fortalecieron las competencias organizativas y de liderazgo y aplicaron la Komatsu Way (o método Komatsu), un conjunto de valores a los que los empleados debían atenerse.

ENTORNO OPERATIVO

En el siglo XXI, la gestión estratégica se ha hecho más compleja debido al creciente número de factores externos que pueden influir en el entorno operativo y, por tanto, en las decisiones estratégicas.

Entre estos factores externos podemos destacar la rápida evolución de la tecnología, cuestiones medioambientales, factores de riesgo geopolíticos y las diferencias nacionales e internacionales en legislación. Por ejemplo, mientras que en el Reino Unido se cobra una pequeña tasa por el uso de bolsas de plástico, en algunos países, como Bangladés y la India, las bolsas de plástico están totalmente prohibidas.

> La tecnología disruptiva está remodelando el **comercio mundial** (ver pp. 76-77), el cambio de la demanda en función del producto según el cliente, la creciente automatización, los cambios en el modelo de venta al por menor con la compra por internet y la capacidad de deslocalizar o externalizar el trabajo.

> **La preocupación por el cambio climático**, la calidad del aire y la contaminación debida a los plásticos han hecho que la sostenibilidad ocupe un lugar destacado en la lista de los aspectos estratégicos a considerar. Muchos fabricantes de todo el mundo están repensando sus embalajes, a fin de hacerlos reciclables y que requieran menos recursos.

> **El comercio global** ha de tener en cuenta la **geopolítica** por riesgos como el terrorismo, la disrupción de la cadena de suministros y las diferentes maneras de gobernar en cada país.

«La esencia de la estrategia está en elegir qué no hacer».

Michael Porter, académico estadounidense, 1980

4 Evaluar la estrategia

La gestión estratégica es un proceso en desarrollo, por lo que los gestores de Komatsu siguen evaluando e innovando, midiendo y mejorando los sistemas globales de la empresa de acuerdo con la idea de que «el éxito de hoy no garantiza el éxito de mañana».

Gestión de riesgos

El liderazgo se caracteriza por la toma de decisiones, y todas las decisiones comportan riesgos. Al elaborar un plan de gestión de riesgos para definirlos y analizarlos, los líderes pueden hacer frente más fácilmente a acontecimientos inesperados.

Lidiar con el riesgo

Los riesgos son inherentes a todo tipo de negocios. Pueden ir desde las catástrofes naturales y los accidentes a las responsabilidades jurídicas, la incertidumbre de los mercados financieros, los actos de sabotaje de los competidores, ¡o incluso las pandemias!

El primer paso para crear un plan de gestión de riesgos es hacer una evaluación de los riesgos (ver cuadro, derecha). Para empezar, hay que elaborar una lista con todos los riesgos conocidos para la organización. Luego se asigna un peso a cada riesgo en función de la probabilidad de que ocurra y el nivel de impacto que tendría en la organización. Se priorizan los riesgos con mayor peso y se elabora un plan para abordarlos. La probabilidad de un riesgo nunca se basa solo en rendimientos anteriores, sino también en el cambio registrado en el entorno de la organización y en el que se cree que experimentará en el futuro. Supervisar los riesgos —en forma de revisiones regulares, actualizaciones constantes y arraigar la gestión de riesgos en la cultura organizativa— es vital. Garantiza que el líder y el equipo puedan abordar de manera eficaz los riesgos e identificar las oportunidades.

La segunda parte del análisis de riesgos es la planificación de la respuesta al riesgo (ver debajo), en la que los líderes y los equipos deciden qué acción tomar en respuesta a un riesgo concreto.

CASO DE ESTUDIO

COVID-19

La pandemia hizo que las empresas tuvieran que reaccionar rápido para sobrevivir, encontrar nuevos canales para vender sus productos o nuevas maneras de hacerlos llegar a los clientes. Por ejemplo, muchos mayoristas de alimentación que suministraban a restaurantes, cerrados como resultado de la pandemia, crearon en su lugar páginas web para vender a los clientes a domicilio. Los supermercados reclutaron repartidores para atender a los compradores que no podían salir de casa.

Mitigar el riesgo

La planificación de la respuesta al riesgo ayuda a los líderes a decidir si evitan, minimizan o aceptan un riesgo. Hay tres elementos principales: el contexto (entorno de riesgo), el proceso de evaluación y cómo supervisar los efectos de cualquier medida que se tome. Esta planificación permitirá a un líder asignar los recursos para lidiar con los riesgos y comunicarse de manera efectiva con los demás implicados en los asuntos.

ENTORNO DE RIESGO

1. GANAS

¿Qué nivel de riesgo está preparada para aceptar la organización?

2. GOBIERNO

¿Se ha definido la responsabilidad de este riesgo en todos los niveles de la organización?

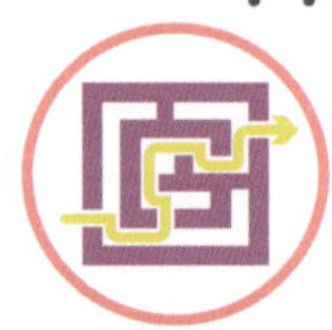

3. PROCESO

¿Se han establecido procedimientos para identificar riesgos nuevos y cambiantes?

¿CUÁL ES LA MAGNITUD DEL RIESGO?

La importancia del riesgo varía desde problemas menores, comunes y corrientes hasta sucesos extraños pero catastróficos que pueden provocar el hundimiento de una organización o incluso poner vidas en riesgo. Una evaluación de riesgos permite asignar un riesgo ponderado a cada asunto, examinando su probabilidad y su impacto en la organización. El riesgo con mayor potencial de daño y la mayor probabilidad debería ser prioritario; el objetivo es mantener lo más bajo que sea posible tanto la probabilidad como el impacto del riesgo.

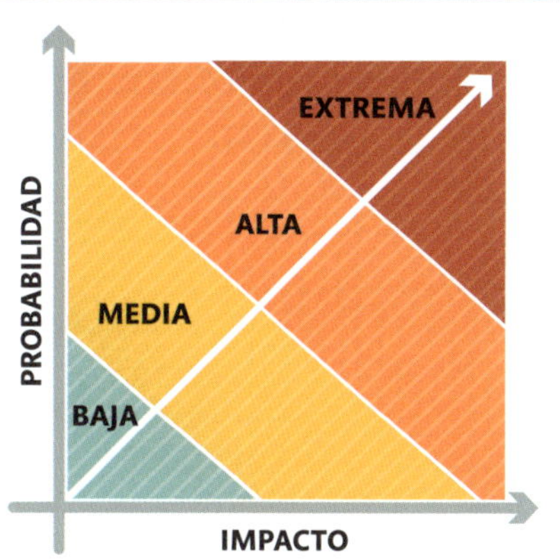

EVALUACIÓN DEL RIESGO

4. INFRAESTRUCTURA
¿El riesgo de análisis llevado a cabo incluye todos los riesgos potenciales?

5. ESTRATEGIA
¿Cuáles son las consecuencias de los riesgos para la estrategia de la empresa?

6. MITIGACIÓN
¿Se han definido los procesos adecuados para reducir los riesgos?

SUPERVISIÓN DEL RIESGO

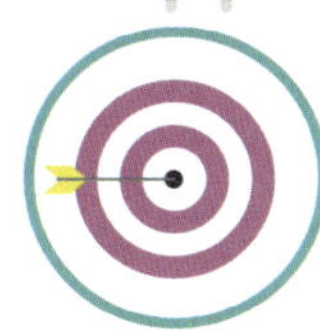

7. MEDICIÓN
¿Se puede medir el valor de un riesgo para la empresa?

8. ORGANIZACIÓN
¿Se han comunicado los riesgos y se han puesto en marcha los planes para afrontarlos?

9. CULTURA
¿Se informa de los riesgos como política permanente a todos los niveles?

> «El riesgo proviene de no saber lo que estás haciendo».

The Three Essential Warren Buffet Quotes to Live By, Forbes.com, 2014

Gestión de recursos humanos

Las organizaciones necesitan los recursos humanos adecuados para entregar sus productos y servicios. Los líderes de RR. HH. ayudan a atraer, formar y desarrollar a las personas idóneas en los puestos apropiados, pero como las expectativas de los trabajadores cambian, el papel de RR. HH. también lo hace.

Cambiar de papel

El líder de recursos humanos, o el que desempeña el papel de recursos humanos, recluta, forma, registra las valoraciones y motiva al personal, pero el lugar de trabajo moderno ha cambiado la manera de ejercer dicho rol (ver abajo). Los elementos tradicionales del puesto no han variado: los líderes de RR. HH. siguen implicados en todas las etapas del ciclo de vida del trabajador, desde atraer y seleccionar al personal adecuado hasta la salida de la persona de la empresa. También debe gestionar asuntos como la seguridad, el absentismo y el bienestar. Pero los cambios de modelos de mano de obra aportan nuevos retos. Además del cambio generalizado en las organizaciones, los modelos de empleo también están variando. La economía *gig* —en la que se paga a los trabajadores *freelance* por cada trabajo esporádico— está creciendo.

El trabajo flexible y el teletrabajo, así como la difuminación de los límites entre trabajo y vida privada alteran las interacciones de equipo. Una mano de obra multigeneracional, con distintas expectativas y éticas laborales, añade también otra dimensión compleja. Los líderes son cada vez más conscientes de las diferentes actitudes y objetivos del creciente grupo de *millenials* (los nacidos entre 1980 y el 2000), que conformarán el 75 % de la mano de obra mundial en 2025. El gestor de RR. HH. debe ser consciente y responder a sus expectativas, como la preferencia por trabajar en equipos, la importancia del equilibrio entre la vida laboral y la personal y el deseo de un rápido ascenso profesional.

Reinventar los recursos humanos

El papel del gestor de recursos humanos ha evolucionado y hoy es más proactivo. Ahora se espera que los gestores se anticipen a las necesidades del personal de la empresa con muchos años de antelación, pensando de manera estratégica y haciendo progresar a los empleados actuales.

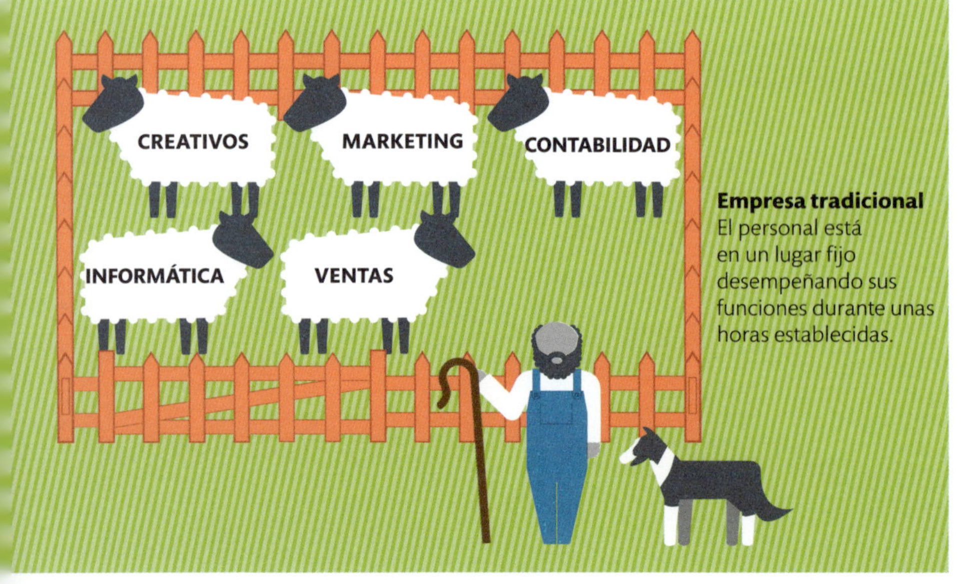

Empresa tradicional
El personal está en un lugar fijo desempeñando sus funciones durante unas horas establecidas.

PASADO

Un gestor de RR. HH. solía tener una función más estática y conservadora.

Contratar y despedir personal

Era la «policía» de la organización

Se ocupaba de las nóminas y las prestaciones de los empleados

Mantenía el *statu quo*

No era técnicamente idóneo

Seguía la estrategia organizativa

Se centraba en la aportación del trabajador

Trabajaba con empleados a tiempo completo y puestos bien definidos

Estaba apartado de las actividades organizativas

PROPUESTA DE VALOR PARA EL EMPLEADO (EVP)

Los líderes de recursos humanos deben lograr la implicación de los empleados. Una EVP es un conjunto de prestaciones que ofrece una empresa que la diferencia como empleadora. Las prestaciones y las recompensas económicas ya no bastan para retener a los trabajadores relevantes, superadas por otros valores, como la trayectoria profesional y la flexibilidad. En la cima de estos valores se halla un sentimiento de orgullo y propósito.

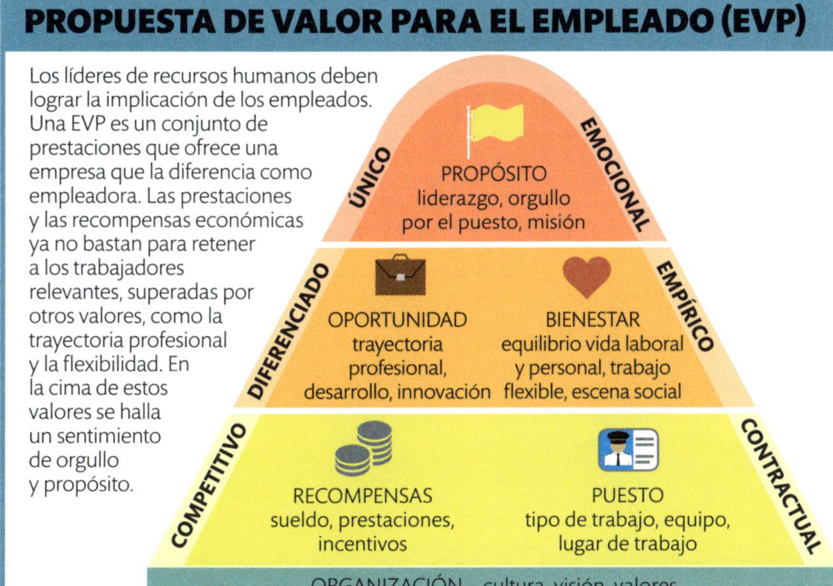

«Ganarse la vida no basta. El trabajo también debe construir una vida».

Peter Drucker, teórico de la gestión empresarial, 2012

PRESENTE

Se espera que un líder de RR. HH. desarrolle al personal activamente..

Implica y capacita a las personas

Garantiza que la organización cumple con la legislación laboral vigente

Fomenta la implicación y la experiencia de los empleados

Cuestiona constantemente el *statu quo*

Técnicamente avanzado, utiliza macrodatos y análisis de datos

Determina la estrategia organizativa

Facilita el rendimiento del empleado

Explota el potencial de la mano de obra dinámica y cambiante

Esencial en las actividades, colabora cerca del personal para entender sus necesidades

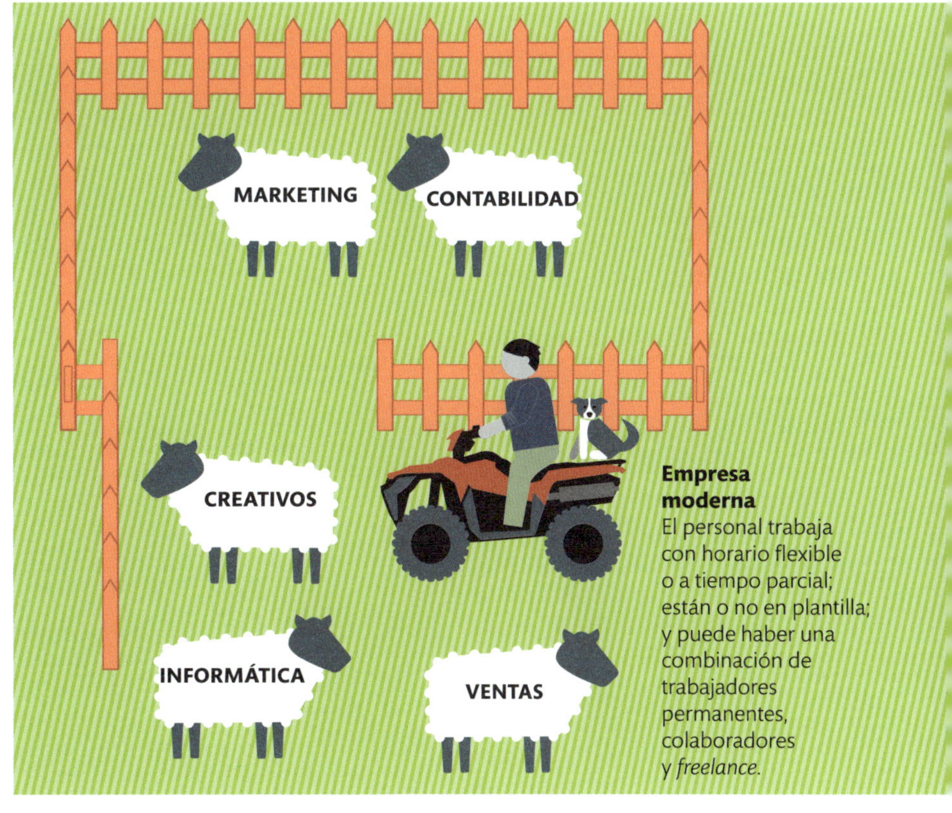

Empresa moderna
El personal trabaja con horario flexible o a tiempo parcial; están o no en plantilla; y puede haber una combinación de trabajadores permanentes, colaboradores y *freelance*.

Gestión económica

La economía es el alma de una empresa. Da igual lo buenos que sean sus productos o sus servicios, la empresa no prosperará a menos que cuente con una base financiera sólida.

Mantenerse a flote

Todos los líderes deben tener conocimientos de gestión económica, puesto que la mayoría de sus decisiones tendrán algún tipo de impacto en las finanzas de la empresa. La gestión económica implica llevar un registro, así como hacer informes, planificar, elaborar presupuestos, aplicar controles financieros y garantizar que las valoraciones financieras sean fundamentales en el proceso de toma de decisiones.

La principal preocupación de quienes gestionan las finanzas de una empresa es cómo entra el dinero en la organización (a través de ventas, recaudaciones de fondos o de financiación, como un préstamo), y cómo sale (gastos en materiales, sueldos, distribución e inversiones). En una empresa pequeña, un gestor económico supervisará este proceso, mientras que en las organizaciones más grandes es responsabilidad del departamento financiero. Sea cual sea el tamaño de la empresa, su personal de finanzas no puede perder de vista el panorama general y entender el impacto potencial de las decisiones a corto y largo plazo. Vigilar el gasto diario también es crucial. El flujo de caja es un indicador clave de la salud económica y algo que el personal financiero tiene que controlar. La falta de fondos suficientes para pagar las facturas esenciales, como el alquiler y los sueldos, es la razón principal del fracaso de las operaciones.

Financiar una nueva iniciativa

Hannah es directora financiera en una pequeña empresa de muebles de propiedad privada. Está estudiando un proyecto de fabricación de sillas con materiales reciclados. Hay demanda de productos respetuosos con el medio ambiente y un espacio sin usar en la fábrica. Estas son algunas de las decisiones que toma para asegurarse de que la iniciativa es rentable.

✔ DEBES SABER

> **El activo** es todo lo que pertenece a una organización y tiene valor financiero.

> **El pasivo** es todo aquello que se debe, como deudas y préstamos.

> **El balance general** son instantáneas de una organización en fechas concretas, con una lista de activos y pasivos.

> **La cuenta de resultados** es el estado financiero con la lista de ventas y costes; se usa para calcular los beneficios brutos y netos.

> El **break-even point** (o punto de equilibrio) es cuando las ventas totales son iguales a los costes totales.

> **El balance final** indica los ingresos netos o el dinero total ganado tras pagar impuestos y otras deducciones.

2

CAPITAL NECESARIO

Hannah calcula cuánto dinero se necesita para empezar la producción. Esto debe incluir el espacio de la fábrica, un coste indirecto o «de gastos generales».

3

CROWDFUNDING

Para financiarlo, Hannah opta por un *crowdfunding* en línea. Pone en marcha la iniciativa como un negocio aparte y a cambio ofrece acciones de inversión pública.

4

ACORDAR PRESUPUESTO CON EL EQUIPO

Hannah calcula cuánto puede cobrar por sus sillas. Elabora un presupuesto para los doce primeros meses, incluyendo los ingresos de las ventas previstas.

6

GESTIONAR LOS FONDOS

En cuanto el proyecto está en marcha, Hannah gestiona la retirada de dinero de los fondos para cubrir costes, incluyendo el precio de los materiales y los sueldos.

7

PAGAR IMPUESTOS

Cuando las sillas se empiezan a vender, calcula cualquier impuesto que se deba al Estado por las ventas (como el IVA) y las ganancias.

8

REPARTIR BENEFICIOS

Como el negocio sigue dando beneficios, calcula un dividendo justo para sus inversores y reinvierte las ganancias sobrantes en la producción.

Gestión de operaciones

La gestión de operaciones en una empresa implica planificar, organizar y mejorar los sistemas utilizados para producir los bienes o prestar un servicio. En la mayoría de las grandes empresas, es un puesto específico.

Puesto primordial

Los gestores de operaciones trabajan en un amplio abanico de sectores e industrias. Su misión es convertir los materiales y el trabajo en bienes y servicios con la mayor eficiencia, usando recursos de la manera más eficaz para maximizar los beneficios. Gestionan las funciones principales de la organización, ya sea en producción, fabricación o provisión de servicios (cuando el producto no es un objeto físico). Las responsabilidades pueden incluir la gestión diaria y estratégica que es transversal a todas las actividades de la organización.

Un gestor de operaciones implicado en la manufactura, como en una fábrica de pasteles (ver debajo), se encargaría de la entrada de las materias primas y supervisaría todas las fases de la producción hasta la salida del producto. En una empresa de servicios, como una aerolínea, supervisaría los procesos, en este caso los sistemas relacionados con la logística y la ingeniería.

Un buen gestor de operaciones es fundamental para el éxito de una empresa, da igual el sector, y es una de las áreas que se prevé que transformen la inteligencia artificial (IA) y la automatización, sobre todo en el sector servicios.

Gestionar un proceso

Sally es gestora de operaciones en una fábrica que elabora tartas vegetarianas. Su puesto comporta labores de coordinación y el uso de materias primas. Se asegura de que las tartas se elaboran, que se controla la calidad y que se etiquetan con las especificaciones más estrictas, y luego se envían para distribuirlas.

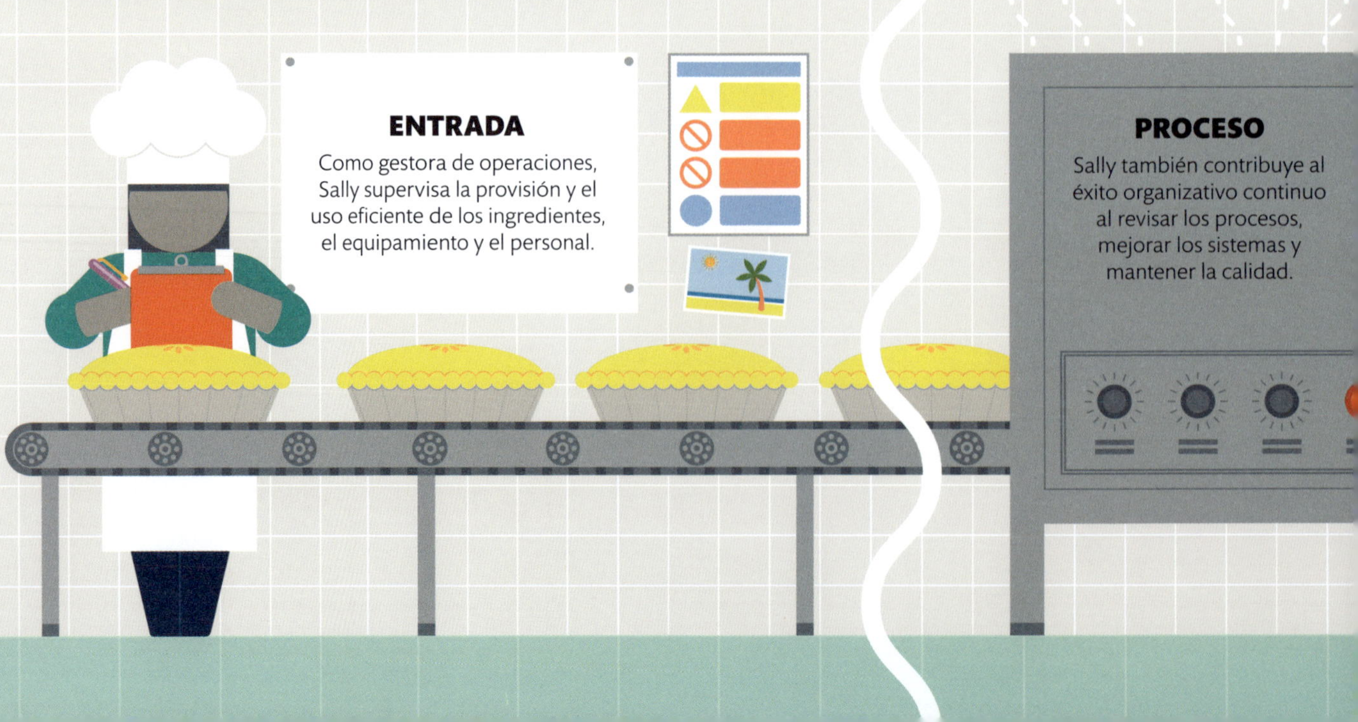

¿PRODUCTO O SERVICIO?

Para los gestores de operaciones, las distinciones entre fabricar, es decir, se produce un objeto físico, y ofrecer un servicio, cuando no se crea un objeto, no son tan claras. Ahora muchos fabricantes proporcionan servicios con sus productos, y al revés. La nueva tecnología ha difuminado aún más las líneas entre la fabricación y el servicio. Amazon, por ejemplo, es un proveedor de servicios, aunque también fabrica, promociona y vende productos de su propia marca.

FABRICANTE	PROVEEDOR DE SERVICIOS
Producto tangible	Producto intangible
Inventario de existencias	Sin inventario
Poco contacto con el cliente	Mucho contacto con el cliente
Tiempo de respuesta largo	Tiempo de respuesta inmediato
De capital intensivo	De trabajo intensivo

✓ DEBES SABER

> **Hacer las cosas bien a la primera** supone que evitar errores en las operaciones es beneficioso y más rentable que detectar los problemas y abordarlos posteriormente.

> **La capacidad eficaz** es la cantidad máxima de trabajo que una organización puede completar en un periodo concreto debido a las limitaciones, como retrasos, gestión de materiales o cuestiones de calidad.

Gestión de la calidad

Los gestores son los responsables de garantizar que la calidad del trabajo que realiza su equipo cumple los estándares necesarios, ya sea fabricando un producto o prestando un servicio.

Cumplir las expectativas

Las personas reconocen la buena calidad cuando la ven y, en general, cuanto más paga un consumidor, más calidad espera. El comprador de un coche, esperará que la calidad de un Rolls Royce sea distinta de la de un Mini. En los negocios, la clave de una gestión de la calidad eficaz reside en garantizar que la calidad del producto o del servicio cumple las expectativas de los clientes. Las organizaciones gestionan el control de la calidad estableciendo unos estándares y revisando que se cumplen en cada etapa del proceso. Por ejemplo, cuando la materia prima llega a la fábrica, durante la producción, y antes de enviar el producto enviar al cliente.

La calidad lo es todo

Tradicionalmente, la calidad se gestionaba a través de inspecciones periódicas. Si se detectaba un producto defectuoso o un mal servicio, se corregía, preferiblemente antes de que el consumidor fuera consciente del problema.

Cliente feliz

La gestión total de la calidad pone en primer lugar al cliente y define la calidad como algo que cumple o excede las expectativas de aquel. En todos los ámbitos de una organización hay personas responsables de conseguir que se cumplan dichos estándares de calidad.

Actualmente, la gestión de la calidad está en el epicentro de todas las organizaciones, y cada proceso y cada actividad son supervisadas para tener la seguridad de que se cumplen los estándares. Esta filosofía —que el éxito a largo plazo de un negocio depende de la satisfacción del cliente— surgió en Japón en los años 50 y es conocida como gestión total de la calidad (TQM, por sus siglas en inglés). Más recientemente, hay empresas que han adoptado un nuevo enfoque: Lean Six Sigma, que busca una mejora continua y suprimir los procesos y las actividades que no añadan valor.

DEFECTOS CERO

A Philip Crosby ideó los «defectos cero» cuando era ingeniero de calidad en la empresa manufacturera The Martin Company en los años 50 del siglo xx . En su libro *La calidad es gratis* escribió que la calidad no consiste en ser bueno o malo, sino en cumplir los requisitos establecidos la primera vez y todas las demás. Los líderes son los responsables de fijar esos estándares y de asegurarse de que se cumplen. Aceptaba que las personas cometen errores, pero creía que si las organizaciones hacían concesiones o esperaban que hubiera cosas que fueran mal, era más probable que se resintiera la calidad. Había que prevenir los problemas, no solucionarlos.

✓ DEBES SABER

❯ **Crosby calculaba** que las organizaciones pueden perder entre un 20 y un 35 por ciento de sus beneficios al hacer concesiones por defectos o errores, y por el coste de rectificarlos, en vez de evitar que surjan los problemas.

❯ **Al establecer unos requisitos claros**, los líderes deberían concebir el trabajo como una serie de procesos que darán lugar a los resultados previstos.

❯ Es más probable que **la mejora de la calidad** reporte un aumento de los beneficios.

Garantizar la felicidad del cliente con el producto final constituye el núcleo de la organización.

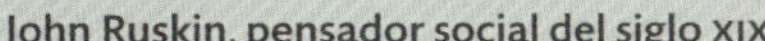

«**La calidad** jamás es un accidente; siempre es el resultado de un esfuerzo de la inteligencia».

John Ruskin, pensador social del siglo xix

Gestión de TI

Un gestor de tecnología de la información (TI) es responsable de supervisar los sistemas y recursos informáticos de la empresa y asegurarse de que están actualizados y son rentables y eficaces.

Tecnología en el lugar de trabajo

La principal función de un líder de TI es garantizar que los sistemas de información de una empresa satisfacen las necesidades del negocio, y que funcionan de manera eficiente y eficaz. Estos sistemas incluyen los llamados recursos «tangibles», como los ordenadores, las redes, la tecnología móvil y las personas, así como los recursos «intangibles», como los programas de software y los datos.

En organizaciones grandes, los gestores de TI rinden cuentas a un jefe de información o director de TI (CIO por sus siglas en inglés), quien probablemente forma parte de un consejo directivo. Para seguir siendo competitivos, los negocios necesitan poder adaptarse rápidamente a los cambios. Los sistemas de TI desempeñan un papel primordial a la hora de conseguirlo, ya sea aplicando sistemas que capturen datos para tomar decisiones más rápidas, automatizando procesos para acelerarlos, o facilitando a los clientes la compra de bienes o servicios. Parte del papel del CIO es mirar hacia el futuro y anticipar las necesidades de la organización. La creciente dependencia de los sistemas de TI ha hecho que la seguridad sea primordial para evitar filtraciones de datos o interrupciones del servicio, que no solo son costosas y disruptivas, sino que también pueden afectar a la reputación de la organización.

Un mundo cambiante

La TI es un campo que evoluciona muy rápido, con innovaciones como las plataformas digitales (negocios en línea como Amazon y Airbnb), inteligencia artificial, el *cloud computing* (ver pp. 76-77) y la planificación de recursos empresariales (usando software para gestionar las actividades diarias del negocio). En concreto, la tecnología digital ha permitido a las organizaciones capturar y almacenar grandes cantidades de datos sensibles, convirtiendo la ciberseguridad en una preocupación creciente y una especialización clave en gestión de TI.

Cloud computing

Normalmente, un tercio del presupuesto de TI se gasta en servicios de computación en la nube. Esto permite a las empresas almacenar datos y tener acceso a capacidad informática a través de internet.

Datos

Se calcula que diariamente se crean 2,5 trillones de bytes de datos.

TI Y TELETRABAJO

Mientras antaño la mayoría de la gente trabajaba en una oficina o en una fábrica, ahora mucha gente lo hace desde casa o incluso desde el extranjero. Los sistemas de TI deben garantizar la mayor fluidez posible de la totalidad de los procesos, para que todo el mundo tenga acceso a la información y la ayuda que hubieran tenido en la oficina y que sean capaces de comunicarse sin trabas con los miembros del equipo. El teletrabajo añade una capa de complejidad a la seguridad, y es esencial que se establezcan protocolos y sistemas de seguridad para proteger a la empresa.

Nuevas tecnologías

La tecnología digital cambia tan rápidamente que a los estudiantes de TI los están preparando para trabajos que todavía no existen.

Inteligencia artificial

La IA sustituirá algunos empleos, pero el Foro Económico Mundial identifica las habilidades humanas que no se pueden sustituir, como la capacidad de mostrar empatía.

E-comercio

En 2020, más de mil millones de personas compraron bienes o servicios en línea. Sin una presencia en línea, es probable que un minorista fracase.

Equipos de TI

La escasez de especialistas en TI con competencias clave da lugar a unas pérdidas mundiales estimadas de 390 000 millones de dólares.

El gasto mundial estimado en TI en 2020 es de 3,6 billones de dólares

Gartner IT Symposium/Xpo, 2020

IMPULSORES DE CAMBIO

Según una encuesta de 2018 de la empresa Gartner, la función del CIO está cambiando. Ahora la gestión de suministros de TI requiere menos tiempo de los gestores de TI, mientras que nuevas áreas como la ciberseguridad, los *big data* y la inteligencia artificial (IA) van adquiriendo mayor relevancia. Los impulsores de este cambio son la digitalización y la innovación tecnológica.

✓ DEBES SABER

❯ **Los *big data*** o macrodatos hacen referencia a un volumen de datos tan grande que es difícil de procesar usando las herramientas de análisis tradicionales.

❯ **El ciberespacio** es un concepto virtual de la tecnología interconectada finita del mundo.

❯ **La Inteligencia Empresarial (IE)** usa la tecnología analítica para transformar los datos en información que ayude en las decisiones empresariales.

Gestión de marketing

Sea cual sea el producto, servicio o causa que se publicite, los gestores responsables del marketing tienen que ser conscientes de las tendencias de consumo y utilizar la tecnología de manera eficaz para llegar a su público objetivo.

Transmitir bien el mensaje

El marketing es una función esencial en cualquier organización. Las empresas más grandes pueden disponer de gestores de marketing, pero en las más pequeñas, la publicidad y las relaciones públicas pueden mezclarse con funciones de marketing de producto o de marca.

Las responsabilidades de un gestor de marketing varían por sectores, pero suelen incluir la realización de investigaciones, análisis de datos, crear campañas, elaborar planes para las redes sociales y coordinar a los miembros del equipo. Las competencias digitales son primordiales, pues a menudo el principal canal de venta es internet.

Para promocionar y vender productos, los gestores pueden utilizar un gran número de herramientas digitales para determinar el mercado objetivo, evaluar a la competencia, identificar las tendencias, supervisar la respuesta del cliente y predecir las ventas futuras. Pero los clientes también tienen poder digital, ya que las reseñas en línea tienen un impacto, por lo que los gestores de marketing deben estar al día de las tendencias y las inquietudes sociales que puedan afectar a sus ventas.

Sobre el objetivo

En un mundo de cambios rápidos y de gran competitividad, la función del gestor de marketing es dinámica y requiere una buena percepción del cliente y un profundo conocimiento de las tendencias. Un líder puede usar diversas herramientas de marketing para alcanzar objetivos importantes. Pero se deben utilizar correctamente, pues, de lo contrario, pueden arruinar las campañas y las ventas.

Análisis de big data

Utilización de lo último en tecnología (incluida la inteligencia artificial para analizar grandes cantidades de datos) a fin de descubrir la percepción del cliente y las tendencias.

Valor de la vida útil del cliente

Calcula el valor del potencial de ventas futuras de un cliente para guiar la inversión en marketing y en programas de fidelización.

Marketing viral

Anima a los consumidores a difundir las campañas de marketing por las redes sociales para conseguir una repercusión mundial.

Marketing de influencia

Patrocinar a influenciadores en las redes sociales para que promocionen productos o servicios a sus seguidores.

Economía de suscripción

Ofrecer a los consumidores acceso a productos y servicios a través de suscripción en vez de por compra.

HERRAMIENTAS DE MARKETING

Valoración positiva del cliente

El consumidor puede dejar reseñas en línea sin problemas. Las buenas reseñas impulsan las ventas.

Conocimiento de las tendencias

Los valores del consumidor cambian rápido. Las organizaciones deben mantener su relevancia estando al día de las tendencias.

Enfoque sostenible

Los consumidores están cada vez más concienciados con el medio ambiente, por eso las empresas tienen que ser más ecológicas.

Imagen de marca clara

Los clientes compran marcas en las que creen. Una marca debe destacar en un mercado saturado.

Políticas éticas

Muchos consumidores prefieren tratar con organizaciones que dan un trato ético a su personal y a sus proveedores.

Confianza

Los clientes solo tratan con organizaciones en las que confían, y las empresas pueden perder confianza si dan un servicio pésimo o si su marketing es engañoso.

Marketing directo

Usa campañas muy selectivas de correo electrónico y en las redes sociales para localizar los intereses y las necesidades de los clientes.

«Los consumidores buscan el equilibrio en todos los aspectos de su vida; entre lo humano y lo tecnológico, la marca y lo personal, lo mundial y lo local».

Pamela N. Danziger, periodista especializada en marketing, 2019

✔ DEBES SABER

> **Las cuatro P** (producto, punto de venta, precio y promoción) son los elementos clave de un plan de marketing.

> **Un CTA** (o «llamada a la acción») es un plan de marketing pensado para generar una respuesta o una venta rápida.

> **El marketing entrante** atrae a los consumidores a través de una imagen de marca sutil, de las redes sociales y de contenidos web relevantes.

> **El marketing saliente** se dirige a los clientes mediante canales tradicionales como la televisión.

Gestión digital

La tecnología digital ofrece un gran potencial para desarrollar nuevos procesos, productos y servicios, y maneras de conectar con los demás…, pero hay que saber gestionarla.

Aceptar el cambio

La tecnología digital es esencial en muchas organizaciones, y debe gestionarse con eficacia. En algunas empresas forma parte de la TI, y en otras se vincula al marketing, a través de la gestión de los canales de las redes sociales. Sus gestores han de entender el potencial de esta tecnología para hacer uso de ella en todas las áreas de una empresa. Esto podría incluir el uso de las redes sociales para comercializar bienes o atraer clientes, por ejemplo, o analizar datos para hallar modos de aumentar la rentabilidad.

Un gestor involucrado en la formulación de una estrategia tecnológica de la organización, y que reconoce su papel en el plan general de la empresa, está mejor posicionado para poner en marcha nuevas tecnologías y explicar su importancia a los empleados. La tecnología digital debería hacer que procesos como el de comprar sean más fáciles, pero, aunque es valiosa para recabar datos en los que basar las decisiones empresariales, también es importante encontrar el equilibrio. Se debería poner el énfasis en lo que facilita la vida al cliente en vez de solo en lo que quiere la empresa.

DEBES SABER

> **La transformación digital** (DX por sus siglas en inglés) es el uso de las tecnologías para potenciar la eficiencia, acelerar los procesos y crear nuevas oportunidades de negocio.

> **Una estrategia digital** es un plan de acción de la empresa para aplicar tecnologías digitales que mejoren las actividades. Los gestores deben desempeñar un papel crucial en su integración dentro de la organización.

> **Un sistema TIC** (tecnologías de la información y las comunicaciones) permite a la compañía procesar, almacenar y compartir una gran cantidad de datos.

El mundo digital

La tecnología ha redefinido la vida diaria durante los últimos 25 años. Millones de personas compran, reservan vacaciones, juegan y escuchan música en línea. Incluso antes del 2020, la tecnología digital había hecho el trabajo mucho más fácil, pero con los confinamientos relacionados con la pandemia, las empresas se han vuelto más dependientes de la tecnología. Los gestores digitales tienen que aprovechar las oportunidades de venta para un público global.

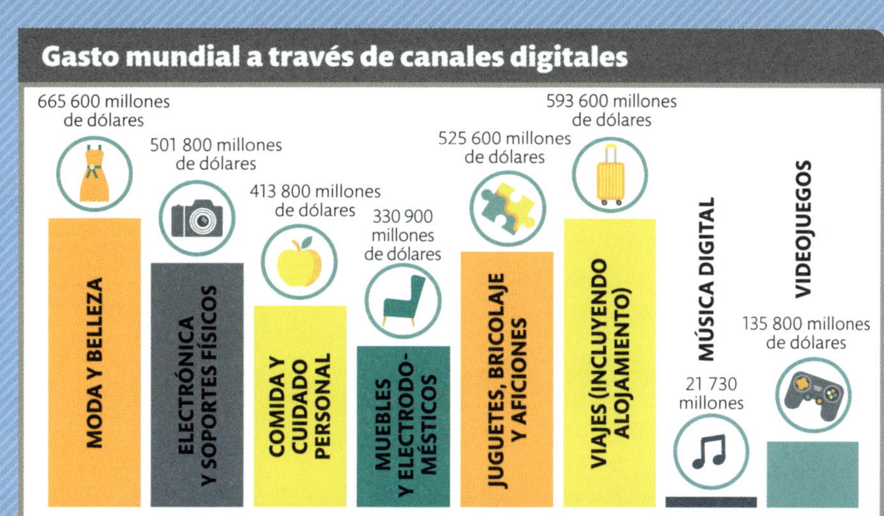

Canales globales de redes sociales

	FACEBOOK	YOUTUBE	WHATSAPP	INSTAGRAM	WECHAT	TIKTOK	TWITTER
¿QUÉ ES?	Red social y servicio de red	Web para compartir vídeos	Aplicación de mensajería instantánea para *smartphones*	Aplicación de red social para compartir fotos y vídeos	Aplicación china de mensajería, red social y pago por móvil	Aplicación de red social para compartir vídeos	Aplicación de noticias y red social
USUARIOS ACTIVOS MENSUALES EN EL MUNDO	2850 millones	2290 millones	2000 millones	1380 millones	1240 millones	732 millones	397 millones

(fuente: Statista, julio de 2021)

El ciclo del proyecto

Además de las actividades habituales, una empresa también puede llevar a cabo proyectos, que son trabajos temporales y concretos que necesitan una gestión en todas sus etapas.

Supervisar proyectos

Un proyecto son una serie de tareas creadas para alcanzar un objetivo concreto. Este objetivo podría ser ofrecer un nuevo producto o servicio, o un cambio en el negocio. Los proyectos se diferencian de las tareas cotidianas en que tienen un principio y un final, y deben realizarse con unas limitaciones establecidas. Algunos son pequeños, de bajo coste y efímeros; otros son compromisos multimillonarios que se extienden durante décadas.

Un gestor de proyectos es responsable de su funcionamiento diario, organiza los recursos y supervisa un equipo de personas. Para ello debe usar una serie de habilidades (ver pp. 60-61) a fin de guiar el proyecto en cada fase (ver derecha) hasta lograr el objetivo acordado, a tiempo y dentro del presupuesto.

Una serie de proyectos con objetivos relacionados se denomina programa. Cada proyecto de este lo lidera un gestor y todos están dirigidos por un director de programa, quizá un alto ejecutivo. En proyectos a gran escala, al gestor de proyectos puede que lo supervise una junta de proyecto, un grupo de altos ejecutivos con un interés personal en el resultado.

Fases del proyecto

Los proyectos son supervisados por los gestores de proyecto y pasan las fases de inicio, planificación, ejecución y cierre.

El programa

Una serie de proyectos conforman un programa, que un director de programa se encarga de que vayan por buen camino.

✔ DEBES SABER

- **Un enfoque *waterfall*** (en cascada) consta de un plan detallado, un calendario y la entrega de un proyecto finalizado.
- **Un proyecto *agile*** (ágil) se lleva a cabo en ciclos rápidos y se entrega por partes.
- **Los *outputs*** son los resultados inmediatos del proyecto.
- **Los *outcomes*** son los cambios más amplios que el proyecto entrega a lo largo del tiempo.
- **El alcance** son los *outputs*, los *outcomes* y los beneficios acordados.
- **El *scope creep*** es un crecimiento indeseado del alcance de un proyecto.
- **El triángulo de hierro** es la limitación de alcance, coste y tiempo.

«La gestión de proyectos es el motor del tren que hace avanzar a la organización».

Joy Gumz, director de Project Auditors, 2012

PLANIFICACIÓN →

- Evalúa la viabilidad
- Tiene en cuenta enfoques alternativos
- Calcula los costes y las ganancias previstas
- Aprueba el argumento comercial y da permiso para proceder

EJECUCIÓN →

- Coordina el equipo
- Utiliza los recursos
- Gestiona el trabajo
- Supera los problemas y las dificultades que surjan

CIERRE →

- Hace la entrega al equipo operativo (ver Gestión de operaciones, pp. 38-39)
- Finaliza el proyecto o incorpora el nuevo producto, servicio o cambio en la actividad habitual

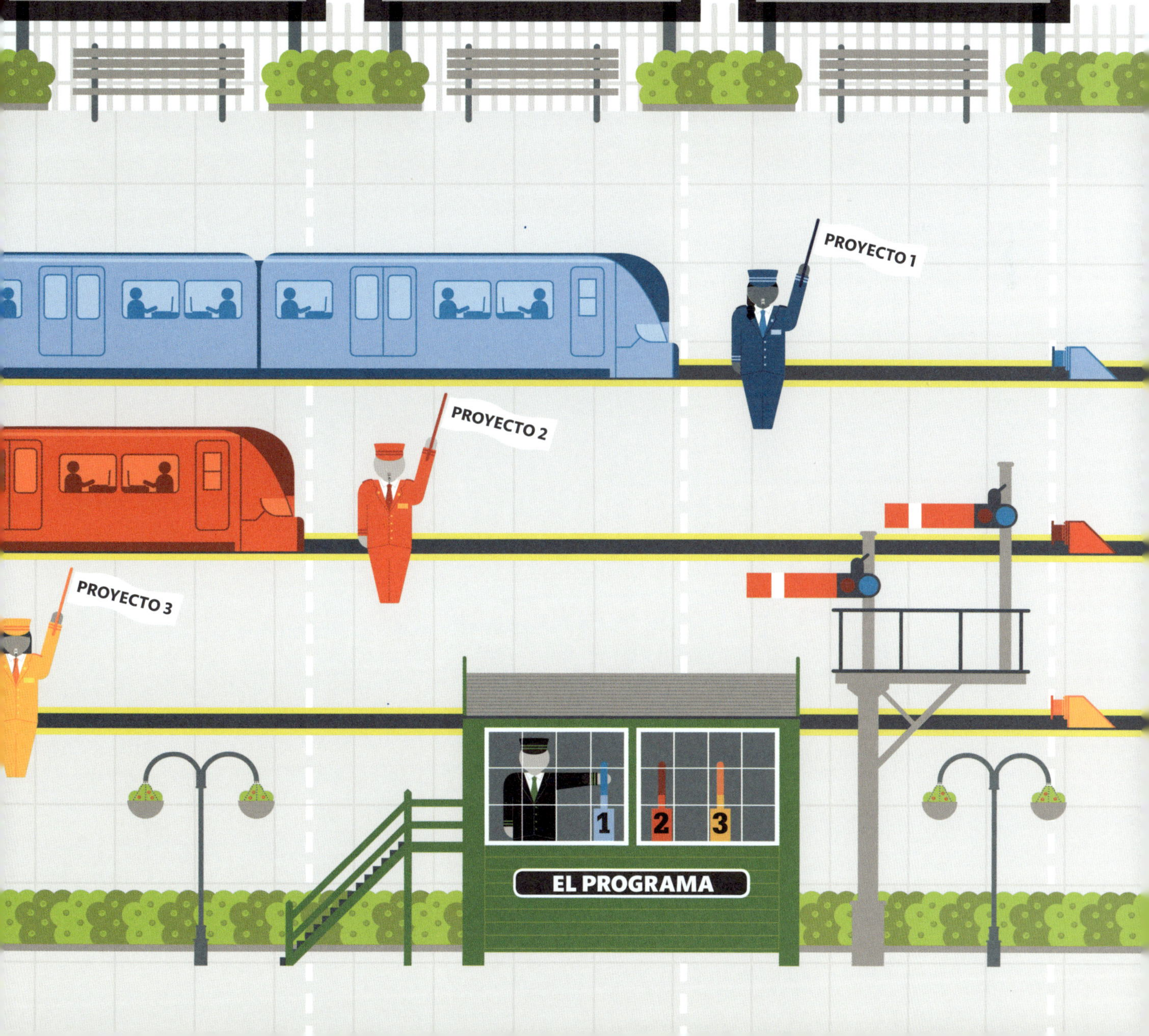

GESTIONAR ORGANIZACIONES

Tipos de organización

Las empresas no operan aisladas. Los gestores han de comprender los diferentes tipos de organización con los que es probable que se encuentren, puesto que pueden convertirse en futuros socios, clientes, competidores o consumidores.

Distintos sectores distintos objetivos

Las organizaciones se dividen en tres categorías: empresas privadas que buscan beneficios para particulares o accionistas; organizaciones gubernamentales que sirven al interés público; organismos sin ánimo de lucro, como organizaciones benéficas o proyectos gestionados por una comunidad. Sea cual sea el sector en el que trabaje un líder, supervisar a los empleados, maximizar la eficiencia y la productividad, y establecer y cumplir los objetivos son primordiales en su puesto. Igual que las empresas con ánimo de lucro esperan que el rendimiento de la inversión sea el más alto posible, los organismos públicos y sin ánimo de lucro luchan por conseguir el mejor resultado para sus iniciativas. Así, un gestor de éxito puede ver solicitadas sus capacidades sin importar el sector en el que trabaje.

Aunque sus objetivos varíen, organizaciones de distintos sectores colaboran a menudo para compartir experiencias o recursos en proyectos e iniciativas conjuntas. Por ejemplo, un organismo gubernamental puede contratar a una empresa privada para llevar a cabo servicios públicos, mientras una organización benéfica puede prestar conocimientos especializados a ambos. No obstante, pueden surgir conflictos entre las organizaciones, como cuando una empresa privada se opone a un plan del gobierno, o una organización benéfica hace una campaña contra las acciones de una empresa privada. Para que su organización tenga éxito, es esencial que los líderes sean capaces de cooperar de manera eficaz con otras agencias cuando sea necesario, y a la vez ser conscientes de los potenciales conflictos y tener las competencias necesarias para resolverlos.

Hoy en día, las organizaciones sufren cambios constantes, y las líneas entre los distintos sectores cada vez son más imperceptibles. Las colaboraciones público-privadas entre empresas y gobiernos son comunes y muchas grandes organizaciones benéficas efectúan operaciones comerciales. Para un líder, esta tendencia ofrece enormes posibilidades.

SECTOR PÚBLICO

Incluye organismos financiados por el Estado que prestan servicios públicos. No operan por lucro, sino que buscan la rentabilidad de sus gastos.

DEBES SABER

› **Las sociedades limitadas** son propiedad de inversores accionistas. Las sociedades anónimas (S. A.) comercian abiertamente con sus acciones en bolsa; las sociedades limitadas (S. L.), no.

› **Las entidades de interés público (EIP)** son diferentes de las organizaciones benéficas, pero persiguen objetivos sociales concretos y no tienen ánimo de lucro.

Activos y riesgos compartidos

La colaboración entre los sectores es cada vez más amplia, y puede implicar a múltiples organizaciones y acarrear relaciones complejas. Cada socio querrá obtener algo distinto de la relación, y esto puede ser causa de conflictos a menos que las relaciones se lleven con tacto. Del mismo modo, aunque cada organización querrá contribuir con activos y experiencia a esa unión temporal, también podría aportar un elemento de riesgo a los demás socios. Por ejemplo, cuando el conglomerado británico de instalaciones y construcción Carillion plc de propiedad privada se hundió en 2018, según el National Audit Office (Tribunal de Cuentas del Reino Unido) el gobierno perdió 148 millones de libras como resultado de su asociación público-privada. Además, el hundimiento paralizó grandes proyectos públicos de infraestructura.

SECTOR PRIVADO

Incluye organizaciones que son propiedad de particulares o accionistas. Las empresas van desde operadores individuales hasta conglomerados internacionales. Todos pretenden obtener beneficios para sus propietarios/inversores.

CPP

Una colaboración público-privada (CPP) es un contrato entre un organismo público y una empresa privada para prestar un servicio o proporcionar un activo. La empresa espera obtener un beneficio.

PROYECTOS CONJUNTOS

Muchas organizaciones sin ánimo de lucro colaboran con empresas públicas y privadas para obtener financiación, acceder a recursos o aumentar su visibilidad pública.

SECTOR SIN ÁNIMO DE LUCRO

Este sector incluye las organizaciones propiedad de consorcios, como las benéficas y las iniciativas públicas. Utilizan todo el dinero ganado en financiar sus actividades y pagar a sus empleados.

Estructuras en evolución

La estructura de una organización determina dónde se toman las decisiones, y el objetivo último de la estructura es satisfacer al cliente de la manera más eficiente y eficaz.

Tipos de estructura

Hay muchos tipos de estructuras dentro de una organización y entre organizaciones, y muchas empresas están teniendo que reestructurarse para adaptarse a los cambios en el entorno laboral, incluyendo el creciente número de empleados que trabajan desde casa, que seguirán encajando en cualquier estructura. Las estructuras jerárquicas tradicionales (ver derecha) se alejan cada vez más y se crean unas más planas, como las estructuras matriciales (ver más a la derecha), para acelerar la toma de decisiones. Las colaboraciones temporales también son cada vez más comunes, en forma de organizaciones virtuales (ver arriba derecha).

Un negocio tradicional tiene dos funciones generales: una de suministro, que incluye investigación y desarrollo (I+D), ventas y marketing, y operaciones y suministro; y una de apoyo, que incluye recursos económicos, de tecnologías de la información (TI) y humanos (RR. HH.). Cada función suele desglosarse en departamentos dirigidos por un jefe de departamento, y estos a su vez se dividen en equipos supervisados por gestores. Esto quiere decir que una empresa tradicional es jerárquica, con una serie de relaciones informativas y una cadena de mando vertical. Los gestores de equipo, por ejemplo, informan a su jefe de departamento, que informa a los directores, que a su vez informan al director general (CEO). Incluso los conglomerados, integrados por múltiples negocios sin relación, suelen tener una empresa matriz, el CEO de la cual tiene influencia sobre sus subsidiarias.

Sin embargo, no todas las organizaciones cuentan con una jerarquía sencilla. En las estructuras matriciales, las líneas de información están dispuestas en forma de cuadrícula. La plantilla se suele organizar en equipos responsables de entregar un proyecto, que informan a un gestor de proyectos, pero también están vinculados a una disciplina o departamento concreto (por ejemplo, ingeniería), y por tanto también tienen que informar a un director funcional.

Estructura jerárquica
Una estructura empresarial tradicional es una jerarquía de relaciones de reporte, con un CEO en lo más alto, seguido de directores, luego gestores y después los equipos que reportan en niveles sucesivamente inferiores

> **«La esencia de una organización no son los ladrillos ni las personas, sino la manera en que se combinan».**
>
> *An Introduction to the Philosophy of Management*, Paul Griseri, 2013

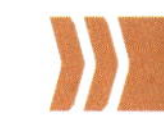

ORGANIZACIONES VIRTUALES

Una organización virtual es una red de organizaciones independientes que se alían, a menudo temporalmente, para generar un producto o un servicio. Un ejemplo de ello fue la colaboración entre Pfizer Inc. y BioNTech SE en 2020 para desarrollar, probar y lanzar un programa de vacunas para afrontar la pandemia de COVID-19. Estaba claro que las asociaciones eran la mejor manera de avanzar en un momento de crisis. Así, se puso en común la experiencia y se aceleraron los avances en los esfuerzos por proteger a la gente de la infección y salvar vidas.

Estructura matricial
En una estructura matricial, el personal tiene dos líneas de reporte: un jefe funcional y un gestor de proyecto. Este sistema permite que sigan trabajando en una serie de proyectos a corto plazo a la vez que siguen vinculados con su departamento funcional.

EL MODELO ESTRELLA

Jay Galbraith, teórico estadounidense sobre organización, creó el modelo estrella para explicar por qué tantas organizaciones fracasaban a la hora de mejorar su rendimiento cambiando solo su estructura. Creía que la estructura la debería guiar una estrategia organizativa, u objetivos a largo plazo, y que también debería contar con procesos organizativos (cómo se distribuye la información), recompensas (motivar a los empleados para que adopten la estrategia) y prácticas de personal (contar con la mano de obra adecuada para llevar la organización en la dirección deseada).

✓ DEBES SABER

> **La estructura organizativa** determina cómo se gestiona una empresa. Describe la jerarquía de la toma de decisiones, dónde encaja el trabajo de cada empleado dentro del sistema general y cómo se pasa la información entre niveles de reporte.

> **Una empresa de integración vertical** es aquella que dispone de su propia cadena de suministros y gestiona cada etapa de su producto. Esto le permite una rápida adaptación al cambio.

Crear apoyos

Definir qué representa una organización —su finalidad, valores y ética— desempeña un papel primordial a la hora de conseguir el apoyo y la cooperación de los empleados, los consumidores y los clientes.

Hacer declaraciones

Para tener éxito, los líderes deben conseguir que su personal y las entidades externas con las que trabajan apoyen la estrategia de la organización. Esto quiere decir que esta debe parecer relevante: debe representar algo en lo que la gente pueda creer y por lo que trabajar. Una manera efectiva de conseguirlo es mediante una declaración de misión de empresa. Es un comunicado público que explica lo que hace la organización y por qué. Las declaraciones de misión deberían ser llamativas y fáciles de recordar; por ejemplo, la de Google reza: «Organizar la información mundial para que sea accesible y útil para todos».

Para apoyar una declaración de misión, los líderes también pueden elaborar una declaración de visión. Esta presenta una imagen que destaca dónde aspira a estar la organización en el futuro —sus objetivos a largo plazo— basada en la consecución de su misión. De tono por lo general emotivo, una declaración de visión describe el viaje en el que está embarcada la organización, y al cual el líder quiere que la gente se una. A esto se puede añadir una declaración de valores, que después explique los que la organización defenderá durante ese viaje. Entre ellos suelen estar los compromisos morales, éticos y medioambientales, como la manera de tratar a los empleados, los proveedores y los recursos naturales.

En conjunto, estas declaraciones conforman un compromiso entre la organización y aquellos con los que trabaja. Por ello es importante que las promesas que se hagan sean asequibles y se persigan de manera activa.

Centrar la atención

Las ventajas de una declaración de misión son dobles para el líder. Vista desde fuera, forma parte de la imagen y la marca de una organización, y sirve para atraer a personas afines como empleados, clientes e inversores. También recuerda a los *stakeholders* actuales lo que representa. Internamente, es una manera eficaz de reiterar la estrategia de la organización a los empleados, alentándolos a trabajar para lograrla. Además, ayuda a recordarles el compromiso de la organización con ellos y promueve la confianza. Para el líder, una declaración de misión eficaz crea un punto de referencia a seguir por la organización que dirige y dentro de ella.

DECLARACIÓN DE MISIÓN
Esto es lo que hacemos, lo que somos, y por qué lo hacemos.

CASO DE ESTUDIO

Zoom Video Communications, Inc.

Fundada en 2011, Zoom fue la primera plataforma de comunicaciones que empezó con el vídeo como base. La pandemia la convirtió en una empresa muy familiar.

❯ **Declaración de misión:** «Hacer que las comunicaciones por vídeo sean seguras y sin fricciones».

❯ **Declaración de visión:** «Comunicaciones por vídeo que capaciten a las personas a avanzar más».

❯ **Declaración de valores:** «Cuidado: Comunidad, Clientes, Empresa, Compañeros de trabajo, Uno mismo».

«NUESTRA ORGANIZACIÓN ES IMPORTANTE PARA TI. COMPARTIMOS TUS CONVICCIONES».

«¿Por qué existes como empresa? ¿Cuál es la verdadera razón de peso de que existas?».

Jørgen Knudstorp, CEO de Lego, 2017

DECLARACIÓN DE VISIÓN

Esto es lo queremos ser en el futuro, el viaje en el que estamos embarcados.

DECLARACIÓN DE VALORES

Esta es nuestra promesa sobre cómo trataremos a las personas y al planeta durante nuestro viaje.

Cultura del lugar de trabajo

La cultura de una organización es un reflejo de su personalidad. Desarrollar y mantener una cultura del lugar de trabajo positiva puede mejorar sustancialmente la moral y la actitud del personal.

La cultura adecuada

La cultura del lugar de trabajo surge de todo lo que ocurre dentro de la organización. Internamente, influye en cómo interactúan los empleados entre sí; en su productividad y en su motivación; y también en cómo tratan a los consumidores y a los clientes. Asimismo, es evidente externamente, ya sea de forma directa, en cómo trata de presentarse la organización, o más indirectamente, a través de la reputación que generan sus acciones.

Son muchos los factores que pueden influir en la cultura de una organización (ver debajo), aunque puede que no todos los controle directamente el líder, como las decisiones tomadas a un nivel superior o la ubicación de la empresa. No obstante, en la medida de lo posible, el líder debería trabajar para desarrollar una cultura que se ajuste mejor a su área de responsabilidad. Por ejemplo, el gestor de una empresa de alta tecnología, en la que el éxito depende de tomar decisiones rápidas y de la innovación, podría impulsar una cultura muy distinta que el de un organismo regulador, en el que es primordial verificar los hechos y estudiar detenidamente las políticas. Un líder también debería estudiar las necesidades de su plantilla, pues las personas responden de manera distinta a diferentes culturas. Lo que hay que evitar, sin embargo, es una cultura negativa.

Crear una cultura

La cultura de una organización evoluciona con el tiempo y se ve influida por muchos factores, como sus valores, cómo se gestiona el personal e incluso su entorno laboral. Los líderes deben entender estos factores para poder perfilar y mantener la cultura deseada.

CULTURA

La cultura es una combinación de numerosos factores que pueden generar un entorno de trabajo productivo y positivo... o uno negativo.

Prácticas

La manera como se comporta una organización puede influir en cómo se sientan los empleados trabajando allí.

Lugar

Las condiciones de trabajo ofrecidas a los empleados pueden tener efectos positivos o negativos en la moral del personal.

TIPOS DE CULTURA ORGANIZATIVA

En los años 90 del siglo xx, Charles Handy —un teórico irlandés sobre la gestión de empresas y una autoridad en comportamiento organizacional— definió cuatro tipos de cultura del lugar de trabajo (ver pp. 22-23). Basadas en el poder, los roles, las tareas o las personas, cada cultura tiene distintas fortalezas y debilidades para la organización, y pueden ajustarse a unos empleados más que a otros. Para un líder, es importante entender el tipo de cultura presente en su organización, y perfilarlo o aprovecharlo para que se ajuste mejor al personal, fines y objetivos. También es esencial para comunicar cualquier cambio cultural al personal y alentarlo para hacer que lo asuma.

CULTURA DEL PODER

Un reducido número de personas ostenta el poder y la influencia. Las decisiones se toman rápido y se reduce la burocracia, pero la organización depende mucho de la capacidad de quienes la encabezan. Los empleados sin poder pueden sentirse excluidos y desmotivados.

CULTURA DE LA TAREA

Las organizaciones con una cultura de la tarea dependen del poder unificador del trabajo en grupo. Se selecciona al personal para proyectos concretos y luego se les reubica en trabajos donde más se necesita su especialidad. El personal tiene que ser flexible y adaptable.

CULTURA DEL ROL

El poder y la influencia que puede tener una persona lo determina su papel dentro de una estructura rígida. La toma de decisiones y la adaptación a las nuevas circunstancias pueden ser lentas. El personal ambicioso que valora los resultados y el control sobre su trabajo puede sentirse frustrado.

CULTURA DE LAS PERSONAS

Todo el mundo tiene poder; la organización existe para permitir a las personas cualificadas alcanzar sus objetivos. Este tipo de cultura se compone de especialistas o asesores que pueden operar con un cierto grado de autonomía dentro de una organización.

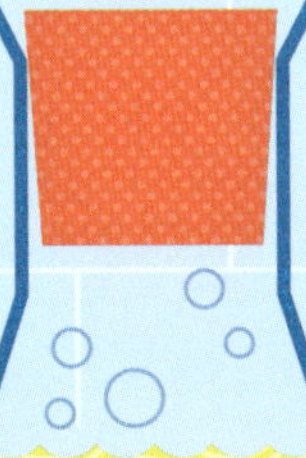

Gestionar proyectos

Para supervisar un proyecto, los gestores han de tener capacidades para hacer frente a las limitaciones de alcance, tiempo, calidad y presupuesto, a la vez que lideran de manera eficaz un equipo y se comunican con los *stakeholders*.

Mantener en marcha un proyecto

El ciclo de vida de un proyecto cuenta con diferentes fases (ver pp. 48-49) y un gestor de proyectos tiene que gestionarlas de modo eficaz para que el trabajo se entregue a tiempo, cumpliendo con el presupuesto y las especificaciones. Esto requiere un control estricto de los procedimientos, un férreo trabajo en equipo y una comunicación clara con todos los *stakeholders*. Un gestor también tiene que resolver los problemas, como un retraso, que puedan ir surgiendo (ver cuadro, derecha). Todos estos retos requieren una serie de capacidades duras y blandas (ver debajo). Las capacidades duras (o *hard skills*) son las técnicas que se pueden adquirir con facilidad. Por ejemplo, un buen gestor de proyectos debería poder crear un calendario factible que incluya objetivos intermedios y herramientas, como indicadores de rendimiento clave, que les permitan supervisar el trabajo y llevarlo por el buen camino.

Las capacidades blandas (o *soft skills*) son las de tipo interpersonal, como una buena comunicación. Esta es una competencia crucial para los líderes, que tendrán que intercambiar información de manera regular con clientes, gestores de un nivel superior y miembros del equipo que pueden pertenecer a distintas organizaciones, tener diversas disciplinas o trabajar en múltiples ubicaciones.

Ejercicio de equilibrismo

Una gestión de proyectos de éxito comporta gestionar los calendarios, los riesgos, los recursos económicos, las relaciones, las aportaciones personales y de equipo y a una serie de *stakeholders* de manera eficiente. Para lograr estos objetivos, los gestores de proyectos necesitan una combinación de *hard skills* técnicas y de *soft skills* personales.

«Ser gestor de proyectos es como ser artista, tienes los flujos de procesos de diferentes colores combinados en una obra de arte».

Greg Cimmarrusti, gestor de proyectos, 2018

Hard skills

Son habilidades técnicas fáciles de medir y de enseñar. Incluyen definir los objetivos de un proyecto, calendarizarlo y presupuestarlo, gestión de riesgos y ventas.

SUPERAR OBSTÁCULOS

Todo gestor de proyectos afronta retos en algún momento. La tabla inferior muestra algunos problemas habituales y ofrece sugerencias de cómo encararlos. Entre estos obstáculos están una visión poco clara al inicio de un proyecto, retrasarse con los plazos, un *scope creep* (un cambio en el objetivo) y una fecha límite poco realista.

	Problema	Solución		Problema	Solución
	**VISIÓN POCO CLARA**	• Pedir claridad a directivos de alto rango/*stakeholders* • Revisar objetivo inicial • Garantizar que el equipo tiene claro el rumbo y evitar estancamientos		*SCOPE CREEP*	• Evaluar las solicitudes de cambio en relación con argumento comercial/objetivos del proyecto • Negociar la adaptación de cualquier cambio en el plan del proyecto
	**RETRASO**	• Revisar el calendario y replantear los objetivos intermedios • Planear el trabajo pendiente y evaluar los riesgos para los clientes		**FECHA LÍMITE POCO REALISTA**	• Informar a los *stakeholders* y al personal del posible impacto del nuevo plazo • Averiguar el motivo del retraso • Ajustar las expectativas • Identificar las tareas más urgentes

Soft skills

Son habilidades interpersonales menos fáciles de cuantificar que las *hard skills*. Entre ellas están la capacidad de liderar, de crear una visión e inspirar a un equipo, de comunicar, de negociar, de tener una actitud positiva y motivar y dirigir a un equipo.

✓ **DEBES SABER**

❯ **Un documento de inicio de un proyecto (DIP)** permite a los gestores determinar el argumento comercial de un proyecto, establecer el alcance, el tamaño y la duración de la tarea, predecir posibles riesgos y planificar una cronología para el trabajo.

❯ **Los métodos de planificación de proyectos** ayudan a los gestores a establecer objetivos claros.

❯ **Los indicadores de rendimiento clave (KPI)** permiten a los gestores comprobar el grado de ejecución de los objetivos, como cumplir los plazos y controlar los costes.

Clientes y otras partes interesadas

Para equilibrar las demandas y las expectativas puestas sobre una organización, un líder necesita tener una idea clara de la gente que usa sus productos y servicios, y de aquellos que tienen un interés en, y un efecto sobre, el negocio.

Por qué importan los *stakeholders*

Los *stakeholders* (o partes interesadas) de una organización son vitales para su éxito. Son aquellos que tienen un interés en la organización, como sus dueños, accionistas, empleados y proveedores, y también incluye a los clientes que compran o usan sus productos y servicios. Los gestores tienen que ser capaces de identificarlos a todos para entender lo que necesita y quiere de la organización cada grupo. Esto permite al gestor equilibrar los intereses de varios grupos de *stakeholders* con los de la empresa.

A veces, el interés de un grupo puede entrar en conflicto con los de otro. Por ejemplo, subir el sueldo satisfará a los empleados, pero aumentará los costes, repercutiendo en un aumento de precio que perjudicará al cliente. Intentar complacer a ambas partes subiendo el sueldo y dejando el precio del producto bajo podría entonces afectar a los beneficios, lo que provocaría una menor rentabilidad para los accionistas o los dueños. De ahí que deba alcanzarse el equilibrio entre estas necesidades opuestas, sin olvidar que cualquier acción que se tome puede tener consecuencias para otras partes interesadas. En algunas organizaciones, los grupos más grandes de *stakeholders* pueden constar de subgrupos, a menudo

Panorama general

En cualquier organización, hay toda una serie de *stakeholders*, tanto internos como externos, cuyos intereses importan porque contribuyen al éxito del negocio. Para tomar decisiones que beneficien a todas las partes, los líderes, que también son parte interesada, tienen que conocer a estos grupos y comprender sus preocupaciones.

llamados «segmentos», que tienen sus propias necesidades. Entre los accionistas, por ejemplo, puede haber un segmento de inversores institucionales mayor, como fondos de pensiones, que podrían esperar dividendos (rendimientos financieros regulares de sus acciones). Un grupo distinto de inversores más pequeños quizá prefiera ver cómo aumenta el valor de sus acciones, para poder venderlas con beneficios.

El mapa de *stakeholders*, que suele ser una representación gráfica de los intereses de los *stakeholders* clave, puede ayudar a los líderes a tomar decisiones; por ejemplo, cuando se planifica un proyecto o se desarrolla una estrategia de marketing.

SATISFACER A LOS *STAKEHOLDERS*

Los clientes son *stakeholders* esenciales en la mayoría de las organizaciones, aunque en ocasiones cuesta identificarlos, como demuestra este ejemplo. Aquí, el líder de un fabricante de comida para mascotas equilibra las necesidades de la empresa con las del cliente.

FABRICANTE

El fabricante quiere vender su comida para mascotas al mejor precio al minorista, de quien también hay que satisfacer las necesidades más generales.

MINORISTA

El minorista quiere comprar la comida al precio más bajo y venderla al más alto, a la vez que satisface las necesidades de proveedores y clientes.

COMPRADOR

El cliente quiere comprar comida nutritiva a un precio razonable que disfrutará su perro. El cliente puede comprar en cualquier sitio.

CONSUMIDOR

El perro solo puede comer la comida que se le da. Si no le gusta, el cliente querrá encontrar una marca alternativa.

«Para avanzar tenemos que construir un proceso con múltiples partes interesadas, aprovechando las energías apropiadas».

Mary Robinson, alta comisionada de las Naciones Unidas, 2017

Productos y servicios

En los últimos años, los avances en tecnología digital han cambiado la naturaleza de los productos y los servicios. Sin embargo, los objetivos generales de los líderes de estas industrias siguen siendo los mismos.

Mercados en evolución

Tradicionalmente, un «producto» era un objeto físico que podías comprar y poseer y un «servicio» era una actividad que se realizaba para un comprador. No obstante, hoy en día la distinción entre ambos conceptos no está muy clara. Hace cincuenta años, una compañía discográfica podía especializarse en producir discos de vinilo y distribuirlos en tiendas, mientras que hoy la mayoría de la música se transmite por *streaming* gratis o a través de servicios de pago. Esto significa que las discográficas no solo han reducido el número de productos físicos y «tangibles» que generan en favor de productos digitales e «intangibles», sino que además se han adaptado a nuevas formas de distribución. Se trata de una tendencia más general, al menos en las economías occidentales, que prefiere a los consumidores de experiencias por encima de las cosas, que ha llevado al florecimiento del sector servicios y a un declive de la

Tangible e intangible

Durante los últimos años, ha habido un enorme cambio hacia los productos intangibles. Por ejemplo, antes la gente compraba discos, casetes y CD, mientras que los consumidores actuales tienden a consumir música en *streaming* que ya no poseen ni como producto físico ni digital. Tanto el producto como el servicio han cambiado, lo que supone una variación de lo físico a lo digital, y de las zonas comerciales a internet.

«No busques clientes para tu producto, busca productos para tus clientes».

Seth Godin, autor y empresario, 1999

Productos intangibles

Hoy, la música se escucha en *streaming* o se descarga de una gran variedad de sitios web. Es algo puramente electrónico, y se puede acceder desde casi cualquier sitio.

fabricación. Este cambio de lo tangible hacia lo intangible, y de los productos hacia los servicios, ha tenido un impacto en todos los sectores de la industria. Muchas empresas energéticas ya no se ven como meros proveedores de electricidad y gas, sino como suministradores de calefacción e iluminación, lo que les ha permitido desarrollar productos y servicios asociados.

A pesar de eso, los objetivos de las organizaciones que ofrecen productos o servicios no han cambiado. Para una empresa del sector privado, el producto o servicio debe generar beneficios a propietarios y accionistas. Los líderes encargados de cualquier parte del proceso de creación y entrega supervisan su eficiencia, que se mide por el rendimiento de la conversión del dinero, el trabajo y los materiales en productos o servicios. La calidad es responsabilidad de un director de control de calidad, cuya función es garantizar que el producto o el servicio cumplen con los parámetros establecidos. Si no lo logra, la organización se enfrenta al enfado inmediato de los clientes, sobre todo en forma de reseñas perjudiciales en línea.

> ## DEBES SABER

> ❯ **El embudo de ventas** es el proceso completo de ventas, incluido el marketing, desde el contacto inicial con un cliente hasta la venta final.

> ❯ **Una lista de materiales** (BOM, por sus siglas en inglés) es un listado de todos los componentes necesarios para fabricar un producto o un servicio.

> ❯ **Un árbol de producto** o de estructura del producto es un recurso visual que los gestores de producto suelen usar al sopesar los elementos que puede requerir un producto o un servicio.

> ❯ **Feature bloat** (sobrecarga de características) es un término despectivo que se usa para describir un producto que tiene demasiadas características.

> ## CASO DE ESTUDIO

> ### Nespresso

> La empresa suiza Nestlé cambió la manera en que la gente bebía café en casa cuando lanzaron Nespresso en 1986. La idea surgió cuando un ingeniero advirtió que la gente estaba dispuesta a hacer cola en las cafeterías para tomarse una taza de delicioso café por la mañana. Hasta entonces la mayor parte del café o era instantáneo o se preparaba en cafeteras de filtro o de prensa. Nespresso desarrolló una máquina que los clientes compran, pero la mayor parte de los ingresos provienen de la venta en línea de las cápsulas de café molido o a través de tiendas modernas que reflejan la imagen de marca. Los clientes pueden incluso unirse al Club Nespresso para los fanáticos del café y participar en clases magistrales y degustaciones de café.

Oferta y demanda

La ley de la oferta y la demanda explica la relación entre vendedores y compradores. Un líder debe entender este concepto fundamental para garantizar que su negocio funcione de manera rentable.

Abundancia y escasez

Durante siglos, la ley de la oferta y la demanda ha sido fundamental para el capitalismo occidental. Esencialmente, expone que hay un precio al cual los compradores están dispuestos a comprar y al que los vendedores están dispuestos a vender. Si hay escasez de un producto o servicio que quiere la gente, pagarán más por él, y por lo tanto los proveedores pueden cobrar precios más altos. Sin embargo, si hay abundancia de oferta y mucha competencia, pueden escoger a quién comprar, y en consecuencia los proveedores deben cobrar menos. Si otros proveedores ven que pueden cobrar más por algunos productos, pueden decidir entrar en el mercado y crear más oferta. En este caso, los compradores tendrán más posibilidades para escoger, con lo que, en consecuencia, los precios bajarán.

La oferta depende de factores como las competencias disponibles y la materia prima, la tecnología de la producción y el coste del trabajo, mientras que a la demanda la afectan las preferencias de los consumidores e influencias como los productos de la competencia, los ingresos y necesidades del consumidor, así como las fluctuaciones estacionales.

Los líderes deben supervisar y equilibrar la oferta y la demanda para regular la producción, y los precios para lograr beneficios. Esto requiere un análisis continuo no solo de las ventas, sino también de las tendencias del mercado, y prever y planificar la demanda futura.

> «el precio... no depende del mérito, sino de la oferta y la demanda».
>
> George Bernard Shaw, *Socialism*, 1926

Un ejercicio de equilibrismo

Estos puestos de fruta ilustran algunos de los factores clave de la oferta y la demanda. Un comerciante tiene que asegurarse de que dispone de un suministro regular de producto de uno o más proveedores de confianza. No obstante, si almacena demasiado para la demanda que tiene, puede que deba bajar los precios para evitar que se le estropee la fruta..., lo que reduciría sus beneficios. Si la demanda es alta y no puede satisfacerla, los clientes quizá busquen en otro sitio o prefieran comprar menos y pagar más si la fruta suele escasear. El objetivo es llegar a un estado en el que la oferta y la demanda estén más o menos en equilibrio.

Oferta alta/baja demanda

Un comerciante que tiene muchas existencias de fruta y poca demanda puede perder dinero porque debe venderla barata ya que no puede almacenarla.

ÉTICA Y LA LEY DE LA OFERTA Y LA DEMANDA

La ley de la oferta y la demanda sugiere que la gente comprará más de un producto que considere que tiene una excelente relación calidad-precio. Esto ha llevado al desarrollo de mercados de movimiento rápido que suministran bienes a precios muy baratos. Un ejemplo de ello es la industria de la moda rápida. Para producir ropa a bajo coste, algunos comerciantes han recurrido a abastecerse de prendas de fábricas que explotan a sus trabajadores, a los que alojan en condiciones pésimas y a veces peligrosas y les pagan unos sueldos míseros. Sin embargo, se ha producido una reacción en contra de esta práctica. A consecuencia de ello, varias marcas muy conocidas han sido señaladas, con el resultado de que algunos clientes han boicoteado sus productos, a pesar de los bajos precios.

✓ DEBES SABER

> **Un mercado libre** es un sistema económico bastante desregulado en el que los precios de bienes y servicios los decide la oferta y la demanda.

> **Un monopolio** se da cuando un proveedor u organización controla suficiente mercado como para forzar un cambio de precio.

> **La fijación de precios** es un acuerdo entre competidores para vender a un precio establecido: más bajo, más alto o a su nivel normal. Esto se considera ilegal en algunos mercados.

Alta demanda/baja oferta

Un comerciante que no anticipa la demanda y tiene muy pocas existencias pierde dinero, lo que afecta a sus beneficios y a la confianza del consumidor.

Oferta y demanda equilibradas

Gestionar la oferta de producto de temporada correctamente, a la vez que se evalúa tanto la demanda actual como la futura, mantiene el negocio equilibrado.

Marketing y venta

Un marketing eficaz es esencial en cualquier organización que venda productos o servicios, o que tenga que promocionar una causa, como una organización benéfica. Se requiere un conocimiento de los clientes y de sus necesidades, y de cómo llegar a ellos.

El proceso de marketing

El marketing es un proceso complejo que comporta identificar una necesidad, desarrollar un producto o servicio para satisfacerla y promocionarlo entre los potenciales clientes. El producto debería ofrecerse a un precio aceptable, estar accesible en puntos de venta adecuados y lograr que la experiencia de compra y de propiedad del cliente sean lo más positivas posible. Para el líder, esto requiere investigar los mercados a fin de encontrar oportunidades y averiguar lo que necesitan los clientes del producto, lo que pagarán, cómo prefieren acceder a él y qué esperan del producto en sí y de las empresas que lo ofrecen. Además, el líder también debe identificar la mejor manera de promocionar el producto.

Aunque los pasos exactos que se deben dar para comercializar un producto dependerán de lo que se pretenda vender, la investigación del mercado y del consumidor es esencial. Desarrollar una estrategia detallada también es vital para llegar al público adecuado y animarlo a comprar el producto.

Marketing en acción

Hay muchas teorías sobre el marketing eficaz, aunque una de las más usadas, que cubre todo el proceso, es la de las 7P, que se refiere a producto, precio, punto de venta, promoción, presentación, proceso y personas. Esta teoría se propuso en su forma más moderna como las 4P en *Marketing básico* de E. Jerome McCarthy (1960). Otro concepto de marketing, de origen discutible, es AIDAS: atención, interés, deseo, acción y satisfacción. Ambas teorías se demuestran en el supuesto que se ve aquí.

Identificar un mercado
La primera misión es investigar un mercado e identificar una necesidad que en ese momento no estén cubriendo los productos y servicios que ya existan. ¿Qué necesita la gente?

Desarrollar un producto
Una vez identificada la necesidad, habrí que desarrollar un producto (que incluy los servicios) para satisfacerla y venderlo a un precio que el cliente pague.

Captar la atención y el interés
Los clientes tienen que ser conscientes del producto y de sus beneficios a través de una publicidad o promoción que capte su atención e inspire interés.

Animar a la acción
Los clientes deben desear el producto antes de pasar a la acción y comprarlo, quizá mediante incentivos, como un descuento.

> ## «El marketing nunca termina. Está en continuo movimiento. Tenemos que seguir innovando...».

Beth Comstock, exdirectora de marketing y exvicepresidenta de General Electric, 2014

EL VALOR DE LA MARCA

Los clientes suelen sentir más confianza comprando productos y servicios de marcas que les gustan o con las que tienen afinidad. Para el cliente, una marca encarna la identidad y los valores de toda la organización, que debería tratar de mantener. Para la organización, sus valores de marca deberían respaldar cada aspecto de cómo trata a sus clientes. Esto abarca desde la calidad de los productos, y cómo y dónde se pueden conseguir hasta cómo se trata a los clientes en el punto de venta y posteriormente en la posventa.

✓ DEBES SABER

❯ **La optimización de los motores de búsqueda** es una herramienta digital utilizada para hacer que un sitio web sea más fácil de encontrar.

❯ **El marketing dirigido** supone señalar las necesidades específicas de un mercado y personalizar el mensaje de ventas para ese mercado.

❯ **El marketing de afiliación** es cuando un vendedor en línea paga una comisión por las ventas generadas por el sitio web de un tercero o «afiliado».

❯ **Las PUV** o propuestas únicas de ventas son las cualidades de un producto o servicio que lo diferencian de los de la competencia.

Planificar una campaña de marketing
Con un mercado identificado y un producto desarrollado, se debería planificar una estrategia de marketing basada en la investigación original para garantizar su eficacia.

Determinar un punto de venta
El producto debe estar accesible para los clientes en tiendas adecuadas, o puntos de venta, en el momento justo y en cantidad suficiente para satisfacer la demanda.

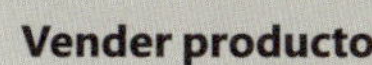

Vender producto
Cada paso del proceso de compra, desde la publicidad hasta la compra final —la presentación— tiene que infundir confianza al cliente en el producto.

Garantizar la satisfacción del cliente
La satisfacción del cliente es vital. En ella influirá el trato que reciba de la empresa —el proceso— y de su personal o personas en cada fase.

Acuerdos ganadores

Los líderes siempre buscan alcanzar el mejor acuerdo, pero eso nunca debería hacerse a expensas de la otra parte. Lejos de ser una transacción puntual, un acuerdo exitoso sienta las bases de una relación laboral duradera.

Éxito negociador

Para liderar de manera efectiva, ganar no es solo conseguir un acuerdo rápido y seguir adelante. Según Joel Peterson, profesor de la Universidad de Stanford, una negociación de éxito es más que una conversación en la que ambas partes trabajan para resolver un problema (ver pp. 188-189). Para cerrar dichos acuerdos, ambas partes deben tener en cuenta en todo momento los intereses del otro. A la gente no le suele gustar que le vendan cosas, pero sí que satisfagan sus necesidades. Esto significa escuchar en vez de hablar, para que las necesidades de todo el mundo, sobre todo las que conciernen a los plazos, se entiendan con claridad. También es importante prepararse bien para que los precios de lo que se está ofreciendo reflejen un buen valor. Por estos motivos, ser sincero y auténtico en las negociaciones

El dilema del preso

Idealmente, las personas deberían trabajar juntas para que todas salgan ganando. Sin embargo, la teoría de juegos, un campo de estudio en el que se utilizan las matemáticas aplicadas para analizar cómo las partes toman decisiones interdependientes, muestra que ese no es siempre el caso. En el «dilema del preso», un escenario imaginario planteado por los investigadores estadounidenses Merrill Flood y Melvin Dresher en 1950, es poco probable que dos personas racionales cooperen incluso si parece que es lo mejor para sus intereses. Hay dos delincuentes detenidos por separado por un delito. Si se traicionan el uno al otro, ambos pasarán dos años en la cárcel. Si uno no dice nada y el otro lo traiciona, el traidor sale libre, mientras que el otro se queda tres años en la cárcel. Si ambos se quedan callados, los dos pasan un año en la cárcel. Colectivamente, lo mejor sería quedarse callados. Pero ambos jugadores harán la jugada que individuamente les resulte mejor, pero peor de manera colectiva: lo más probable es que se traicionen el uno al otro.

y esforzarse por garantizar que las soluciones sean justas son elementos clave a la hora de hacer tratos.

Una negociación abierta y constructiva es especialmente importante dada la inclinación humana a competir en vez de cooperar. Los economistas representan esta tendencia con el dilema del preso, que muestra que el mejor resultado para un grupo nunca se consigue buscando solo el interés propio (ver debajo).

CERRAR UN TRATO

Para cerrar un trato es vital ser hábil. Una reunión puede ir bien para ambas partes, pero, a menos que se alcance un acuerdo, el trato no estará hecho. Puede que se necesiten más reuniones para alcanzar un punto en el que se pueda llegar a un acuerdo, idealmente cara a cara, en una reunión en línea o por teléfono. Llegados a esa situación, una parte debería resumir todos los puntos del trato y preguntar a la otra si los acepta. Entonces es vital que la parte activa no diga nada más, lo que obliga a la otra a responder. En un escenario perfecto, ambas partes acceden al trato, pero si una eleva las condiciones para acceder, la otra debería hacer más preguntas para resolver los problemas. Con buena voluntad se pueden hacer buenos tratos.

«La confianza es el lubricante de las transacciones empresariales de éxito».

Joel Peterson, 2018

Pensamiento estratégico

La estrategia de una organización —la visión de dónde quiere estar en el futuro— debería estar siempre en primer plano de la mente de un líder e influir en cada aspecto de su toma de decisiones diarias.

Desarrollar estrategias

El pensamiento estratégico es un aspecto vital de la función de un líder. Identifica objetivos a largo plazo y determina cómo alcanzarlos. Entre las herramientas de pensamiento estratégico están el análisis DAFO, que los líderes pueden utilizar para identificar fortalezas, debilidades, oportunidades y amenazas (ver pp. 104-105). El marco PESTEL es un método efectivo para analizar factores externos (ver debajo), mientras que la matriz de Boston se centra en las capacidades internas (ver cuadro, arriba a la derecha). Juntas, estas herramientas pueden usarse para armar estrategias que sean de gran alcance y adaptables.

PESTEL

La herramienta PESTEL (político, económico, social, tecnológico, ecológico y legal) es un modo efectivo para que los líderes analicen los factores externos que afectan a una organización. Garantiza que todas las decisiones se basan en la realidad más que en deseos. Lo ideal sería que los líderes comunicaran la estrategia resultante a toda la organización y la revisaran de manera regular para mantenerla actualizada. Hay muchas variantes del análisis PESTEL, que ponen en juego otros factores.

Político (P) y Económico (E)

Evalúa el ambiente político y económico. ¿Cómo podrían verse afectadas las operaciones en países con los que las relaciones diplomáticas son tensas? ¿Qué puede ocurrir con los tipos de cambio o con la inflación?

Social (S) y Tecnológico (T)

Calibrar el impacto de los factores sociales y tecnológicos sobre la organización. La demanda demográfica de productos y servicios ¿es creciente o decreciente? ¿Se puede utilizar la tecnología para simplificar las operaciones? Los avances tecnológicos ¿plantean amenazas u ofrecen oportunidades?

¿QUIÉN CREA LA ESTRATEGIA?

Antaño, se consideraba que la estrategia era responsabilidad única de los altos directivos, pero el académico canadiense Henry Mintzberg sostiene que puede surgir de cualquier nivel de la organización. Cuanta más gente pueda involucrar el líder en cada nivel, mayor será el número de ideas y más fuerte su compromiso con ellas. Pero la estrategia no es solo para la organización en conjunto: cada unidad, función o departamento gestor necesita su estrategia.

DEBES SABER

> **La estrategia** se centra en un plan de acción a largo plazo del líder para alcanzar objetivos.

> **La táctica** concierne a las acciones a corto plazo que tienen que tomar los líderes para alcanzar los objetivos a largo plazo.

> **El propósito estratégico** es la finalidad última de una organización; es una manera de describir la estrategia general para lograr sus objetivos.

> «**Conócete a ti mismo** y ganarás todas las batallas».

Sun Tzu, estratega militar chino, c. siglo V a. C.

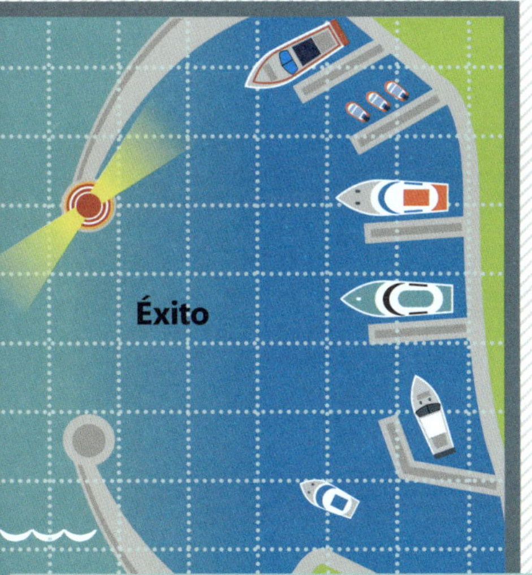

Ecológico (E) y Legal (L)

Examina el contexto ecológico y legal. ¿Afectarán las legislaciones o regulaciones futuras a la organización? ¿Tiene la organización una estrategia medioambiental firme, y sus actividades cumplen con los requisitos de sostenibilidad?

LA MATRIZ DE BOSTON

Desarrollada por el Boston Consulting Group en 1968, la matriz de Boston puede ser utilizada por los líderes para definir estrategias para productos, servicios o funciones. Se debería invertir en aquellas clasificadas como «estrellas», puesto que son las de mayor crecimiento y tienen una alta cuota de mercado. Las «vacas» se deberían ordeñar, puesto que son de bajo crecimiento, pero tienen una alta cuota de mercado. Los «signos de interrogación», por otro lado, merecen un análisis aparte, puesto que tienen un gran potencial de crecimiento, pero ahora mismo gozan de una cuota de mercado baja. Finalmente, los «perros» deberían liquidarse, puesto que son de bajo crecimiento y tienen una cuota de mercado baja.

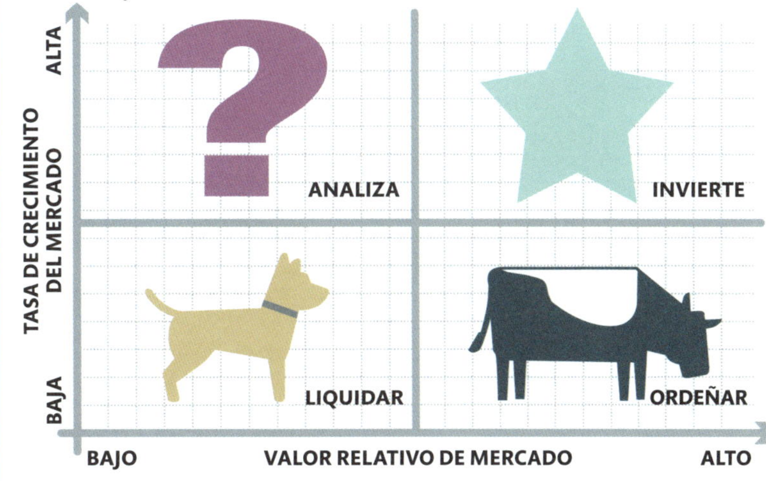

Planificación eficaz

Las organizaciones de éxito son el resultado de una buena planificación, no de la suerte. Para llegar a donde quiere estar en el futuro, una organización tiene que trazar el recorrido que seguirá y todas las etapas de las que se compone la ruta.

Planificar para el éxito

Para lograr una meta, hay que identificar los recursos —como tiempo, dinero, personal y equipamiento—, obtenerlos y luego distribuirlos de manera eficiente. Los líderes deberían priorizar las tareas según su importancia y establecer un calendario de ejecución. Al instaurar procesos de supervisión, podrán evaluar el progreso hacia el objetivo y garantizar que se logra en el tiempo deseado.

Como parte del proceso de planificación, los líderes deben aceptar la incertidumbre, prepararse para posibles líneas de actuación alternativas que eviten que sucesos futuros hagan descarrilar el plan. Disponer de un plan claro fomentará la participación, ayudará al personal a sentir que está trabajando en aras de un objetivo común y facilitará un mejor entendimiento y una mejor comunicación entre todos los implicados.

Cuatro tipos de planificación

Para gestionar una organización con eficacia, un líder debe planificar tanto a corto como a largo plazo. La forma más amplia de hacerlo y de mayor alcance es la planificación estratégica, en la que importantes factores externos, como los potenciales cambios del mercado, se evalúan en referencia a los objetivos de la organización. La forma más extensiva de planificación estratégica es la planificación de supuestos, en que se examinan y evalúan un número considerable de situaciones futuras (ver cuadro, derecha). Después, se utiliza la planificación táctica para identificar las acciones concretas a llevar a cabo. La forma más inmediata es la planificación operativa, por la que el líder detalla el funcionamiento diario de la organización, por ejemplo, cómo elabora sus productos o entrega sus servicios. Sin embargo, ninguna planificación anticipada puede evitar problemas imprevistos, y es esencial que los líderes desarrollen planes de contingencia para cada etapa de la planificación, de modo que la organización no se desvíe de su rumbo.

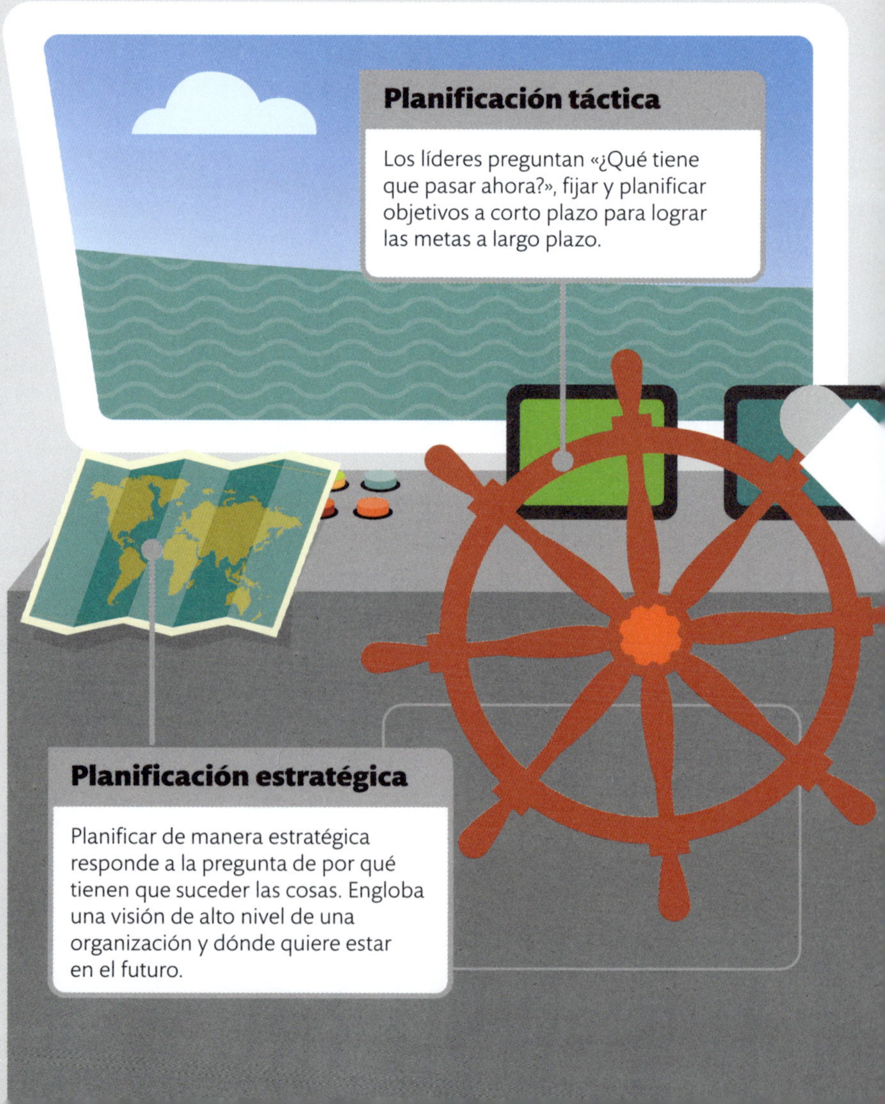

CASO DE ESTUDIO

Royal Dutch Shell

La Royal Dutch Shell reconoció el valor de la planificación de supuestos en los años 70 del siglo pasado, cuando el mercado del petróleo era muy volátil debido a la formación del cartel OPEP de naciones productoras de petróleo. Shell había empezado a utilizar un enfoque «¿Y si?» para planificar potenciales supuestos en los años 60, que la dejó mejor preparada que a sus rivales para capear la tormenta económica. La empresa sigue ideando «Supuestos Shell», incluida la planificación ante un futuro con bajas emisiones de carbono junto a un aumento de la inseguridad hídrica y alimentaria.

«La planificación de supuestos es una disciplina para redescubrir el poder empresarial original de la previsión creativa en contextos de cambios acelerados».

Pierre Wack, desarrolló la planificación de supuestos en la Royal Dutch Shell, 1985

Planificación operativa

Planificar los aspectos operativos del día a día de una organización incluye formular un plan permanente de qué tiene que suceder y cómo se debería hacer.

Planificación de contingencia

Planificar las contingencias implica preparar una línea de acción alternativa que pueda seguirse en caso de sucesos inesperados.

PLANIFICACIÓN DE SUPUESTOS

El objetivo es tener en cuenta distintas maneras en las que se podría desarrollar el futuro, y el impacto de cada supuesto en un asunto concreto. La regla de oro es desarrollar al menos cuatro supuestos «Y si» para obtener un amplio abanico de resultados. No obstante, las variables basadas en tendencias demográficas son más fiables que las que lo hacen en la especulación; por ejemplo, sobre las futuras condiciones económicas.

Tecnología disruptiva

Toda organización depende de la tecnología, ya sea para la comunicación básica o como parte del proceso de fabricación o de la provisión del servicio. Sin embargo, a medida que evoluciona, la tecnología conlleva oportunidades y amenazas.

Dar un salto

Actualizar la tecnología es una parte esencial para garantizar que una organización opera adecuadamente y sigue siendo competitiva. No obstante, es igual de importante anticipar cómo puede impactar la evolución de la tecnología en los productos y servicios de la organización en el futuro.

La tecnología se suele desarrollar progresivamente, a través de mejoras continuas, como en la evolución constante del automóvil. Sin embargo, también se producen saltos repentinos, como la llegada de la fotografía digital, que sustituyó a la película a principios de los 2000. Estos nuevos productos repentinos e imprevistos, que el académico estadounidense Clayton Christensen llamaba «tecnología disruptiva», tienen el poder de remodelar todas las industrias. Los productos y marcas asentados pueden quedar obsoletos rápidamente, mientras que las empresas emergentes pueden convertirse en gigantes mundiales.

Para un líder, la tecnología disruptiva puede afectar a su organización de varias maneras. Primero, tiene el potencial para hacer que cualquier tecnología en uso quede

Nuevas maneras de trabajar

La computación en la nube —el almacenamiento en línea de software, archivos e información— ilustra el impacto que la tecnología disruptiva puede tener para los líderes. En el pasado, los datos y los programas vitales que usaba una organización se guardaban en ordenadores individuales y en servidores locales, lo que suponía que la mayoría de los empleados que los utilizaban eran esencialmente oficinistas. Ahora con estos recursos en línea, el personal puede acceder desde cualquier sitio vía internet, lo que permite mucha mayor flexibilidad en cómo, dónde y cuándo se trabaja. En 2020, esto permitió a las empresas seguir funcionando durante los confinamientos por el COVID-19 cuando todo el personal tenía que teletrabajar. Fuera del lugar de trabajo, la nube también está revolucionando la vida diaria mediante los dispositivos inteligentes, lo que se conoce como el internet de las cosas. Conectados a través de la nube, confieren a los usuarios un control remoto de la tecnología desde sus casas, lo que hace la vida aún más flexible.

La vida profesional antes de la nube

Los empleados están limitados a las horas de trabajo en lugares determinados y usan un servidor local. Las capacidades de los dispositivos móviles, como los *smartphones*, se limitan a la cantidad de datos que puedan almacenar.

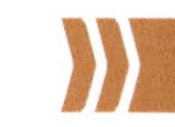

desfasada o sea inútil, con lo que habría que invertir para sustituirla, sobre todo si los competidores se apresuran en ser los primeros en adoptarla. Aunque la organización se beneficiará de gozar de la última tecnología, esto también puede provocar disrupción en el lugar de trabajo, a medida que se apliquen las nuevas prácticas y se forme al personal. Segundo, la tecnología disruptiva puede marginar los productos que fabrica o suministra una organización, lo que puede socavar su propia existencia, a menos que sea capaz de innovar o encontrar mercados alternativos para sus bienes.

Para beneficiarse de la tecnología disruptiva —o evitar que sea perjudicial—, un líder tiene que estar alerta, dispuesto y ser capaz de responder en consecuencia. Sin embargo, antes debería examinar a fondo cualquier innovación y evaluar si adoptarla —porque podría verse superado él mismo— o esperar

hasta que se afiance. No existe una respuesta clara para esto, lo que sirve para ilustrar lo disruptivos que pueden ser los cambios repentinos para una organización.

CASO DE ESTUDIO

Airbnb

Hasta que los diseñadores Brian Chesky y Joe Gebbia crearon su empresa y permitieron a los usuarios alquilar alojamientos, la mayoría de la gente reservaba su estancia con proveedores profesionales, como los hoteles. Como muchos negocios disruptivos recientes, por ejemplo Uber, la empresa no posee activos, en este caso inmuebles. Proporciona una plataforma para facilitar a los particulares poder alquilar un alojamiento y a los turistas encontrar algún lugar de su elección donde alojarse.

Computación en la nube

La «nube» es un espacio de internet que permite al usuario almacenar y acceder a datos usando servidores remotos en vez del disco duro de un ordenador local.

Un nuevo mundo móvil

Poder acceder y almacenar software y datos en línea permite trabajar de manera itinerante. Los *smartphones* son tan eficaces como los ordenadores portátiles.

Aprendizaje organizacional

Para que una organización prospere, sus líderes tienen que fomentar una cultura del aprendizaje. Aprender mediante la experiencia y compartir el conocimiento adquirido garantizará unas mejoras y un desarrollo continuos.

Aprender a mejorar

En épocas de cambio, los líderes y los trabajadores deben estar preparados para adaptarse rápidamente. Por ejemplo, puede que se vean en la necesidad de responder a lo que la competencia esté haciendo o a un nuevo desarrollo tecnológico. El aprendizaje mejora ampliamente la habilidad de cambiar rápidamente y desarrollar capacidades, y el impacto en el éxito de una organización es mucho mayor si los líderes pueden implantar una cultura en la que todo el mundo cree, adquiere y comparte conocimientos.

Para fortalecer el aprendizaje, los líderes han de fomentar un ambiente favorable que permita a los empleados aprender de los errores en vez de ser culpados por ellos. Se debería alentarles a dar su opinión y valorar las contribuciones que hagan. Esto lo puede facilitar una estructura de gestión más plana, con menos líneas de reporte, lo que facilitaría a los líderes oír las voces individuales. Los líderes deberían comunicarse de manera clara y abierta para permitir que todos los niveles de la plantilla entiendan qué está pasando, y poner en marcha mecanismos que garanticen que se comparte la información y que no se oculta para obtener ventajas personales.

Las cinco disciplinas de Senge

Peter Senge popularizó el concepto de «aprendizaje organizacional» en su libro de 1990 *La quinta disciplina*. Hace referencia a una organización que facilita el aprendizaje y lo usa para una transformación continua. Los cinco principios o «disciplinas» de Senge son útiles para que los líderes intenten fijar una cultura del aprendizaje. La quinta disciplina es el pensamiento sistémico, que abarca las otras cuatro.

> **«Mediante el aprendizaje somos capaces de hacer algo que antes no podíamos... ampliamos nuestra capacidad de crear...».**
>
> Peter Senge, *La quinta disciplina*, 1990

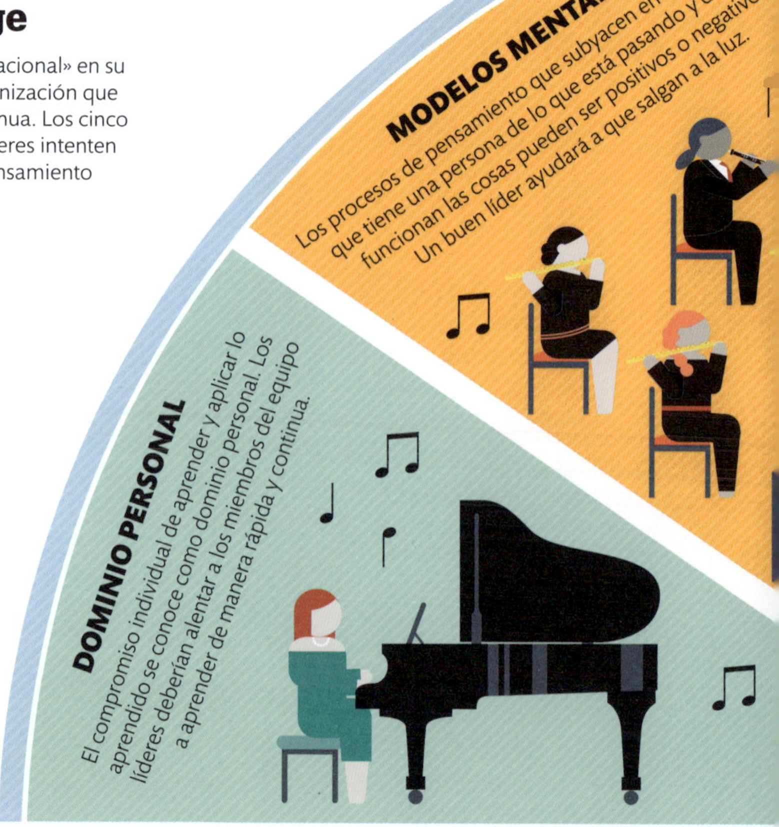

CÓMO APRENDEN LAS PERSONAS

Cada persona aprende de una manera. Los líderes han de tener en cuenta estos «estilos de aprendizaje» (ver pp. 208-209) y ofrecer un abanico de oportunidades de aprendizaje a sus empleados. Algunos miembros del equipo, por ejemplo, aprenderán mejor en situaciones grupales, mientras que quizá haya quien prefiera perfeccionar sus habilidades mediante la práctica privada antes de mostrarlas en público.

PRÁCTICA
Practicar en un ambiente de poca presión puede ayudar a algunos a perfeccionar lo que están haciendo.

FORMACIÓN FORMAL
A algunos empleados les convendrá más asistir a un curso o que la universidad los patrocine.

APRENDER DE LOS DEMÁS
Observar a los demás y aprovechar su experiencia puede reforzar el aprendizaje.

APRENDIZAJE GRUPAL
Discutir y reflexionar abiertamente sobre las ideas y aprender de ellas puede ser muy valioso.

ENSEÑAR A LOS DEMÁS
Enseñar a los demás obliga a quien enseña a reflexionar más profundamente sobre sus conocimientos y le confiere perspectiva.

PENSAMIENTO SISTÉMICO
El entendimiento de que una organización se compone de partes independientes que tienen que trabajar en armonía. Esto puede ayudar a los líderes a evaluar el aprendizaje en todas las partes de su organización.

APRENDIZAJE EN EQUIPO
Escuchar, aprender de los demás, y compartir las mejores prácticas es la clave del aprendizaje compartido. Los líderes tienen que crear una atmósfera de confianza que fomente que esto ocurra.

VISIÓN COMPARTIDA
Una visión compartida aporta un foco de motivación y aprendizaje. Los líderes deberían alentar a los empleados a hacer suya la visión de la empresa.

Las fuerzas del mercado

El economista Michael Porter identificó cinco fuerzas competitivas que actúan sobre todos los sectores. Su modelo de las cinco fuerzas permite a los líderes evaluar la capacidad de la organización para superar esa competencia.

La naturaleza de la competición

Una importante influencia en el éxito de una organización es la competencia: el número y actividades de los rivales que ofrecen productos o servicios similares. En consecuencia, es importante saber qué están haciendo tus adversarios. En los años 70, Michael Porter amplió el concepto definiendo otras fuerzas competitivas además de las empresas rivales. Su artículo «Las fuerzas competitivas que dan forma a la estrategia» publicado en la *Harvard Business Review* en 1979, ilustraba de qué manera tomar conciencia de estas fuerzas competitivas más amplias puede ayudar a los líderes a entender la posición de su organización en el mercado, y así acercarse a la que sea más provechosa y menos vulnerable.

Porter identificó cinco fuerzas que influyen en la capacidad de una organización para atraer y servir a su mercado de manera efectiva, y acabar obteniendo beneficios. Su modelo de cinco fuerzas a veces se representa como una estructura en forma de cruz. Los competidores ya existentes —la fuerza más obvia— se colocan en el centro, rodeados de las otras cuatro fuerzas. El poder negociador de los compradores y de los proveedores forman una pareja de fuerzas complementarias situadas en lados opuestos del diagrama. La amenaza de nuevos competidores y de productos sustitutos son el otro par de fuerzas.

Volar entre turbulencias

El modelo de Porter se puede aplicar claramente a la industria aeronáutica. La fortaleza de las cinco fuerzas hace que el negocio de las aerolíneas sea muy competitivo, con márgenes de beneficios bajos. Los rivales establecidos compiten en precio y los clientes pueden buscar fácilmente la mejor oferta. Los proveedores, como los fabricantes o los aeropuertos, se llevan gran parte del beneficio. Los nuevos competidores ofrecen a menudo tarifas económicas. Los sustitutos son otras formas de transporte: trenes, autobuses y coches.

El poder negociador de los proveedores Aquellos que suministran un recurso escaso o valioso, con pocas alternativas, pueden pedir precios más altos.

DEBES SABER

> **La baja rentabilidad** se asocia a impuestos a la importación bajos, muchos sustitutos, rivalidad intensa, proveedores fuertes o a compradores fuertes.

> **La alta rentabilidad** se asocia a impuestos a la importación altos, pocos sustitutos, rivales débiles, proveedores débiles o a compradores débiles.

> La fuerza competitiva **más potente** determina la rentabilidad general del sector.

ESTRATEGIA DEL OCÉANO AZUL

La estrategia del océano azul (EOA) es una teoría del marketing y el título de un libro de W. Chan Kim y Renée Mauborgne. La EOA afirma que para una empresa es mejor buscar mercados sin competencia en vez de competir en los ya existentes. La idea es crear y captar nueva demanda, haciendo que la competencia sea irrelevante. Un buen ejemplo de EOA es el Cirque du Soleil. Ir al circo era algo que originariamente hacían las familias, pero muchas de ellas se alejaron por cuestiones relativas a los derechos de los animales. El Cirque du Soleil se centró en la habilidad humana, la música y las tramas para abrir un nuevo mercado para los adultos, e incluso para el ocio corporativo.

Amenaza de nuevos competidores Nuevas empresas que quieren quitar participación de mercado a las ya existentes, pero su poder lo limitan algunas barreras, como la experiencia.

REFRESCOS

En el sector de los refrescos, las fuerzas del mercado son relativamente débiles. Las grandes marcas limitan la amenaza de productos sustitutos garantizando una amplia disponibilidad de artículos: por ejemplo, instalando máquinas expendedoras de su marca para que los competidores no puedan ofrecer sus productos en los mismos lugares. En cambio, la marca Dr Pepper minimizó su vulnerabilidad al evitar el segmento líder en ventas de refrescos de cola, manteniendo una línea de sabores reducida y haciendo un marketing más en profundidad.

Rivalidad entre competidores ya existentes
El número de rivales y su fortaleza puede reducir los beneficios, pero una identidad de marca reconocible puede ayudar a ganar participación de mercado.

Poder negociador de los compradores
Los compradores potentes, o los que tienen múltiples opciones, pueden ejercer presión para bajar los precios que pagan.

Amenaza de productos o servicios sustitutos Si un producto parecido o más atractivo se puede conseguir en otro lugar, eso puede hacer que se reduzca el precio.

«La clave para crecer —incluso para sobrevivir— es asegurar una posición que sea menos vulnerable a los ataques de los rivales directos».
Michael Porter, *Harvard Business Review*, 1979

Análisis de brechas

Comparar el desempeño actual con el previsto, y analizar la diferencia —la brecha— entre ambos, permite a los líderes identificar y abordar las debilidades dentro de una organización.

Gestionar la mejora

El análisis de brechas, un tipo de planificación estratégica, empieza con la evaluación del «estado» presente de un área de responsabilidad de un líder comparando la situación actual con lo que se esperaba o se preveía. Esto revela cualquier estrategia, capacidad o recurso fallido o débil. Al comparar el estado actual con el objetivo, el líder puede decidir los pasos a dar para reducir la brecha.

El análisis de brechas se puede utilizar en una gran variedad de escenarios de gestión una gran y para evaluar muchos asuntos diferentes. Por ejemplo, si baja la afiliación a un club de atletismo y pierde el objetivo de suscripciones, o hay una caída significativa en la calidad del entrenamiento ofrecido, el análisis de brechas podría identificar y aplicar sistemas administrativos y de desarrollo de los atletas más eficaces. O si en una granja lechera se quedan habitualmente sin comida para los animales, eso podría señalar la necesidad de mejorar los sistemas de gestión de las existencias. Si algunos miembros de un equipo trabajan mejor que otros, el análisis de brechas podría ayudar a identificar las mejores prácticas.

Cerrar la brecha

El análisis de brechas es un proceso de cuatro pasos que se puede utilizar para aplicar mejoras inmediatas y a largo plazo. Para que tenga éxito, el líder debe entender la posición actual de la organización, y establecer objetivos claros y cuantificables para el futuro.

PLANIFICACIÓN POR TEMAS

La planificación por temas —una herramienta de evaluación alternativa al análisis de brechas— es más eficaz cuando se aplica a problemas internos. Se adecúa bien a líderes en entornos jóvenes o con pocos recursos donde se afrontan múltiples problemas, y supone:

› **Identificar** las cuestiones urgentes, como la financiación insuficiente o la baja satisfacción del cliente.

› **Acordar** planes de acción —que incluyan quién es responsable de cada tarea— para abordar cada cuestión durante los siguientes 6-12 meses.

› **Ejecutar** los planes de acción y controlar el progreso periódicamente.

Una vez resueltas las cuestiones, se puede adoptar una planificación estratégica más amplia y compleja.

«Para triunfar, tu plan personal tiene que centrarse en lo que quieres, no en lo que tienes».

Nido Qubein, presidente de la High Point University, Carolina del Norte

1. Identificar el área de análisis y los objetivos a conseguir: establecer qué funciones de gestión están fallando e identificar las medidas para revertir la tendencia.

2. Establecer el estado actual: analiza datos cuantitativos —como la rotación de empleados y las tasas de averías del equipo— y cualitativos, como la opinión del cliente.

3. Definir el estado futuro: proyecta un objetivo realista para los empleados que es accesible y que permitirá un funcionamiento eficaz y exitoso de la organización.

4. Reduce la brecha: compara el estado actual con el futuro e identifica las medidas que ayudarán a volver a la senda correcta.

EL MARCO VRIO

Para ayudar a determinar las fortalezas y debilidades internas de una organización, un líder puede usar el marco VRIO. Esta herramienta se usa para identificar las ventajas competitivas de una organización haciendo cuatro preguntas sobre sus recursos y sus capacidades. ¿Añaden valor y mejoran el rendimiento general? ¿Son raros y tienen demanda? ¿Son imitables y, por lo tanto, difíciles de copiar para la competencia? ¿Están suficientemente organizados dentro de la organización? Este enfoque se puede utilizar como parte de un análisis de brechas o, de forma separada, para redirigir la estrategia de la organización.

FUTURO
20 por ciento de aumento de eficiencia; 25 por ciento de aumento de beneficios

Benchmarking

El *benchmarking* es una técnica que pueden utilizar los líderes para mejorar el rendimiento de su equipo o empresa estudiando a los rivales exitosos, haciendo comparativas e iniciando mejoras.

Fijar unos estándares

Entender el éxito de otros equipos u organizaciones es una herramienta importante para cualquier líder. El *benchmarking,* como se conoce este procedimiento, permite a los líderes identificar cualquier debilidad en su empresa al comparar sus aspectos clave con los de los principales rivales.

Al utilizar esta técnica, el líder tiene que establecer una comparativa de mercado apropiada: un equipo u organización rival cuyo éxito desee imitar. Luego debería estudiarla fijándose en el rendimiento, comparar áreas específicas, como la calidad del producto, la satisfacción del cliente o la rentabilidad. Asimismo, debería fijarse en los procesos que utiliza, como la manera en que fabrica y entrega sus productos o servicios. Por último, debería explorar la estrategia organizativa del *benchmark* y cualquier buena práctica que emplee que pudiera apuntalar su éxito. Una

vez estudiada la comparativa de mercado, el líder debe aplicar lo que ha aprendido a su propia situación y desarrollar planes de mejora.

Revisión interna

Cuando se usa dentro de una organización, el *benchmarking* permite al líder hacer comparativas a todos los niveles, como entre departamentos, equipos o personas. Nuevamente, el objetivo es identificar las fortalezas en uno y las debilidades en otro, que después se deberían

El proceso

El proceso exacto que seguirá un líder al hacer *benchmarking* depende de la naturaleza de la organización, de la naturaleza de la competencia y de la finalidad de hacer la comparativa. Los pasos más importantes son: identificar las debilidades de su propia organización; hacer una comparativa realista; e investigar la brecha entre las dos organizaciones. En cuanto se haya decidido un plan de acción, debería revisarse para garantizar que se alcanzan los resultados.

Evaluar las debilidades

Raúl, un paseador de perros profesional, tiene pocos clientes. Teme que el desaliño de su propio perro los pueda estar espantando.

Establecer una comparativa

Raúl compara su perro con el de un rival, cuya mascota da mucha mejor impresión a sus clientes.

Recopilar información

Raúl también lleva a cabo una investigación para descubrir cómo mejorar el aspecto de su perro.

Desarrollar un plan

A partir de la investigación efectuada, Raúl decide un plan detallado para mejorar el aspecto de su perro.

abordar. Este proceso es especialmente útil para empresas que operan en múltiples regiones, o que elaboran una cartera de bienes o servicios. La técnica también se puede usar para decidir la mejor práctica en áreas como el marketing, la contabilidad y los recursos humanos, fijando unos estándares éticos, al mismo tiempo que se tiene en cuenta la nueva tecnología.

DEBES SABER

> Una brecha de *benchmarking* es la diferencia entre el rendimiento de una empresa y aquella objeto de la comparativa. El objetivo del líder debería ser la reducción de esa brecha.

> El «mejor de su clase» es el nivel más alto alcanzado dentro de un sector concreto. Establece el marco comparativo para el resto de las empresas.

CASO DE ESTUDIO

Fórmula 1

El mundo de las carreras de Fórmula 1 es muy competitivo, pues la diferencia entre ganar y perder solo la marcan fracciones de segundo. Por eso mismo, reducir el tiempo de las paradas en boxes es crucial. En 2012, los mejores equipos tardaban unos 2,4 segundos en cambiar las cuatro ruedas de un monoplaza. Desde entonces, este tiempo se ha ido reduciendo de manera drástica, en parte por el meticuloso estudio de los equipos sobre lo que hacían los más rápidos y cómo lo hacían. Actualmente, se pueden cambiar las cuatro ruedas en menos de 1,9 segundos.

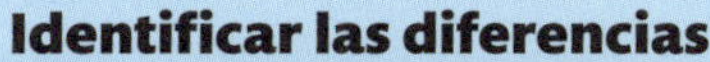

Identificar las diferencias
Una vez establecida la comparativa, Raúl decide qué hará que su perro tenga un aspecto más atractivo.

> «Aparte de buscar ayuda de forma puntual, creo que es buena idea aprender sistemáticamente de los demás».

Reid Hoffman, cofundador de LinkedIn, 2018

Acción y supervisión
Raúl pone en marcha su plan y acicala a su perro, lo que atrae a nuevos clientes. Ahora se asegura de llevar a su perro siempre bien aseado.

Sostenibilidad

Un negocio sostenible es aquel que tiene un impacto positivo en el medio ambiente y en la sociedad. Muchos negocios sopesan la sostenibilidad en su estrategia y se dan cuenta de que no es solo que sea lo correcto, sino que también atrae inversores.

Operar de manera responsable

Lejos de ser un concepto nuevo, operar de manera responsable ha formado parte de la gestión de empresas desde hace siglos. A finales del siglo XIX, George Steinway, un fabricante de pianos estadounidense, construyó un emplazamiento rural cerca de Nueva York para alojar a los trabajadores. Su intención era «darles una oportunidad de vivir como deberían hacerlo los seres humanos». En 1895, George Cadbury construyó Bourneville en el Reino Unido para ofrecer una buena vida a los trabajadores de la fábrica de chocolate de su familia. Ambos se dieron cuenta de que la gente trabaja mejor si es más feliz y creyeron en la responsabilidad de los empleadores de mejorar la vida de sus empleados.

Ya en los años 60 surgió una nueva tendencia, cuando el movimiento ecologista dirigió la atención al daño que causaba la actividad humana en la naturaleza. Últimamente, el descontento público por las pésimas condiciones de los trabajadores en los países en vías de desarrollo ha presionado a las organizaciones a responsabilizarse de sus actos, y ha aumentado el apoyo a iniciativas como Fairtrade. El impulso a las prácticas sostenibles también ha llegado desde el mundo empresarial: una encuesta del Foro Económico Mundial identifica los riesgos medioambientales, como la meteorología extrema, como un problema grave.

Sopesar el coste

Para garantizar que una organización prioriza la sostenibilidad y satisface todas las leyes y regulaciones medioambientales más importantes, un líder debería centrarse en cuatro claves principales. Estas garantizan que el uso de los recursos se evalúa, se acuerda, se supervisa y se hace público.

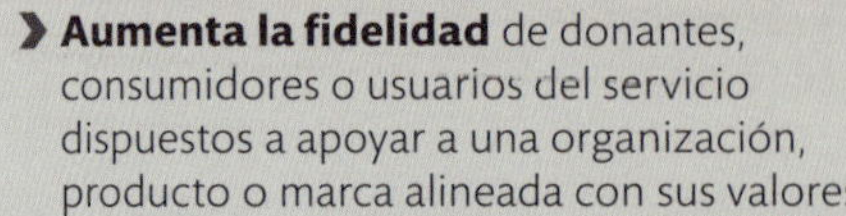

BENEFICIOS DE LA SOSTENIBILIDAD

> **Aumenta la fidelidad** de donantes, consumidores o usuarios del servicio dispuestos a apoyar a una organización, producto o marca alineada con sus valores.

> **Priorizar** la «línea del triple fondo» —la teoría de los factores sociales, medioambientales y económicos de John Elkington— pueden beneficiar a toda la organización.

> **Quienes trabajan** para un empleador ético —como el británico John Lewis, que trata a sus empleados «como socios»— son más eficaces, al hacerlo para una causa en la que creen.

1 Evaluar el impacto de la organización en la comunidad local, en los recursos naturales y en los recursos que utilizan los proveedores.

2 Lograr el compromiso del personal, los proveedores y las partes interesadas, y luego establecer objetivos y metas.

DEBES SABER

> **La Responsabilidad Social Corporativa (RSC)** proporciona una certificación independiente a las empresas que cumplen los estándares de desempeño social y medioambiental.

> **Los Objetivos de Desarrollo Sostenible de las Naciones Unidas** piden a gobiernos y organizaciones alcanzar la sostenibilidad en 17 áreas clave —entre ellas la igualdad, la degradación medioambiental y el clima— para el año 2030.

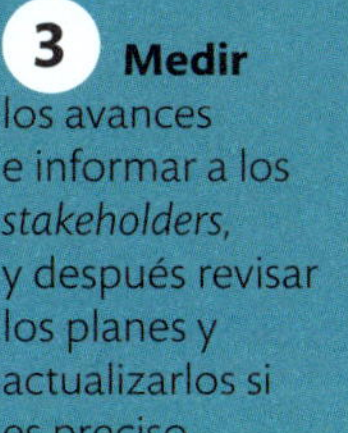

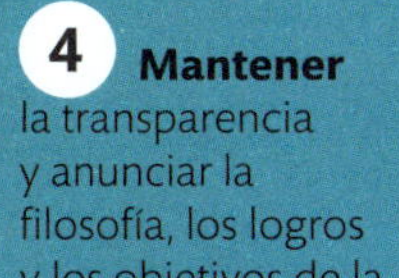

ESTÁNDARES ÉTICOS

Colocar la política ética en el centro de la estrategia de una organización garantiza que la sostenibilidad siga siendo una prioridad empresarial. Acreditaciones como Fairtrade, Rainforest Alliance y la certificación ecológica —que garantizan que los bienes y los proveedores cumplen los estándares medioambientales y de comercio— aportan beneficios económicos, ya que los consumidores están dispuestos a pagar precios más altos por productos y servicios éticos. Las ventas globales de alimentos ecológicos se duplicaron de 50 900 millones de dólares en 2008 a 106 000 millones en 2019. El informe de 2021 de la Soil Association mostraba que el crecimiento continuó durante la pandemia de COVID-19, con el aumento de un 12,6 % anual en el Reino Unido y un valor total del mercado local de 2790 millones de libras esterlinas.

Gestionar las restricciones

En el centro de la teoría de las restricciones está la idea de que una cadena no es más fuerte que su eslabón más débil. Para los líderes, esto significa que su tarea clave es identificar y gestionar las partes más débiles de su organización.

Centrarse en las limitaciones

La teoría de las restricciones la desarrolló el gurú de la gestión empresarial israelí Eliyahu Goldratt, que la introdujo por primera vez en su libro *La meta* (1984). Se basa en el principio de que la tarea más importante de cualquier empresa es obtener beneficios (lo cual es cierto hasta para las organizaciones sin ánimo de lucro). Para Goldratt cada organización es como un sistema o una cadena de actividades, cuyo éxito es controlado por tres medidas básicas: el inventario (el dinero invertido en la organización); el gasto operativo (el dinero que usa para convertir el inventario en ventas); y la ganancia (el ritmo al que se genera dinero). Cada sistema tiene al menos un eslabón débil o restricción. Si se puede encontrar y superar la restricción (o controlarla, si es inevitable), es más probable que la organización logre alcanzar sus metas. La clave es centrarse en el factor más claramente limitador de la organización, ya que gestionar esta restricción generará un mayor beneficio a todo el sistema. Por ejemplo, mantener bajos los costes operativos puede hacer que un departamento sea muy eficiente, pero quizá no beneficie a la organización a menos que hacer eso también mejore el rendimiento.

Teoría de las restricciones

Goldratt veía las restricciones (también llamadas cuellos de botella) como la clave de la productividad. Al identificar y gestionar una restricción, un líder puede mejorar de manera significativa el resultado. En cambio, al «arreglar» un problema que no es una restricción, podría estar asignando recursos al área equivocada y empeorando la situación.

Contracorriente

Aquí el rendimiento es normal. Intentar arreglar el problema en este punto puede empeorar las cosas; por ejemplo, agregar capacidad puede aumentar la acumulación de trabajo en el cuello de botella.

«... la capacidad de la fábrica es igual a la capacidad de sus cuellos de botella».

Eliyahu Goldratt, *La meta*, 1984

CINCO PASOS DE LA FOCALIZACIÓN

Los cinco pasos de la focalización de Goldratt se utilizan para ayudar a una organización a superar sus restricciones más importantes, o incluso a trabajar con ellas. Este ejemplo se refiere a una empresa que fabrica lavadoras, pero que ha perdido negocio debido al elevado número de averías que comunican los clientes.

IDENTIFICAR
Determinar si la restricción es interna o externa, en qué área del sistema se produce, y si implica recursos, procesos, personal o políticas.

APROVECHAR
Lograr las máximas mejoras posibles con los recursos existentes disponibles; por ejemplo, centrar los recursos en las partes que es más probable que haya que reparar.

SUBORDINAR
Recolocar las demás partes del sistema para que se reajusten a la restricción y que la actividad fluya sin problemas. Por ejemplo, acumular un «colchón» de existencias para poder satisfacer los pedidos.

ELEVAR
Atenuar o eliminar la restricción; por ejemplo, reparando o sustituyendo la maquinaria defectuosa, o ideando maneras más fáciles y rápidas de reparar el producto.

NO PARAR
Identificar la restricción más importante y repetir los pasos 1 a 4 para minimizarla o eliminarla. Repetir el proceso durante toda la vida del negocio.

Cuello de botella

Este es el punto en el que el rendimiento o flujo de trabajo se limita. Aquí los problemas reducen la eficiencia de todo el proceso, pero arreglar estos problemas resolverá la cuestión.

Con la corriente

Aquí se reduce la eficiencia ya que no entra suficiente trabajo por el sistema. No obstante, hacer cambios en este punto (como añadir más capacidad) no aportará nada a la solución del problema.

Casos de negocio

En algún momento, es probable que un líder tenga que redactar un caso de negocio para definir los costes y los beneficios de una propuesta de actuación. Este documento es una herramienta crucial que ayuda a los líderes a decidir si invertir y proseguir con un plan.

Un esquema general esencial

Un caso de negocio resume los motivos para comenzar un proyecto o tarea. A menudo se presenta en un documento escrito bien estructurado. Redactar un caso de negocio sólido al inicio de un proyecto es un valioso ejercicio que pueden emprender los líderes: ayuda a consolidar las ideas y los planes, modela el alcance y el rumbo, e identifica brechas en una fase temprana. El tiempo invertido en los casos de negocio merece la pena, pues proporcionan información vital a quienes deben tomar decisiones transparentes basadas en pruebas. Asimismo, a las partes interesadas les explican los beneficios potenciales del proyecto. Un caso de negocio también establece un marco para la aplicación del proyecto y así centrar las acciones y las decisiones en el objetivo explicitado, a la vez que se evalúa.

El documento suele incluir la oportunidad, los beneficios, los costes, los riesgos, el calendario, las soluciones técnicas y los recursos que requiere el negocio. En algunos sectores, como por ejemplo un gobierno local, un caso de negocio quizá pueda ser más extenso, pues es probable que forme parte del proceso formal de toma de decisiones. En tales casos se puede utilizar el modelo de cinco casos de negocio (ver debajo).

El modelo de los cinco casos

Un buen enfoque práctico para preparar un caso de negocio es el modelo de cinco casos. Proporciona una panorámica general, yendo más allá de los aspectos económicos para abarcar consideraciones más amplias: el caso estratégico, el caso económico, el caso comercial, el caso financiero y el caso de gestión. Exponer y analizar cada aspecto de la propuesta permite a los líderes involucrados tomar decisiones mejor informadas y reduce los riesgos de desperdiciar los recursos al explorar planes con una probabilidad de éxito limitada. Elaborar un análisis coste-beneficio o calcular la rentabilidad de la inversión (ver cuadro, arriba a la derecha) son elementos de la creación de un caso de negocio sólido. Elaborar un caso de negocio garantiza que cualquier proyecto que se lleve a cabo goce de las mayores posibilidades de alcanzar sus objetivos.

CASO ESTRATÉGICO

Esto demuestra que el proyecto cubrirá las necesidades de la organización.

- **Una buena adecuación estratégica** significa que el proyecto supera los propósitos y objetivos de la organización.
- **El acrónimo SMART** (ver pp. 148-149) se puede utilizar para resumir los objetivos del proyecto.
- **Un caso sólido de cambio** muestra que el proyecto cumple las expectativas o las necesidades de cambio de la organización.

CASO COMERCIAL

Muestra que el proyecto es viable comercialmente y cómo será el acuerdo.

- **El acuerdo debería mostrar la rentabilidad** y estar bien estructurado, con normas establecidas para los nuevos servicios o para el proyecto.
- **Un proveedor idóneo** debería estar disponible y ser capaz de satisfacer las necesidades de la organización.

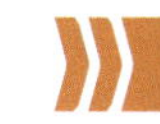

✓ DEBES SABER

> **El rendimiento de la inversión (ROI**, por sus siglas en inglés) mide las ganancias o las pérdidas que genera una inversión, en referencia a la cantidad de dinero invertida.

> **El valor actual neto (NPV**, por sus siglas en inglés) calcula los ingresos que generará una inversión y los descuenta para mostrar su valor en dinero hoy en día. Permite a los líderes hacer comparativas con opciones de inversión alternativas.

> **El análisis coste-beneficio (CBA**, por sus siglas en inglés) compara el valor del coste con el de los beneficios, a los que se les asigna un valor monetario.

«**Un** caso de negocio sólido **es la** base de decisiones empresariales eficaces».

KPMG, red multinacional de servicios profesionales

CASO ECONÓMICO

Este indica que el proyecto proporcionará un buen rendimiento.

> Se selecciona **la mejor opción** tras considerar una serie de alternativas y se elige por ser la más rentable.

> Se tiene en cuenta **el mejor equilibrio** de coste, beneficios y riesgos y entonces se decide.

CASO FINANCIERO

El caso financiero muestra que el proyecto será asumible.

> **La financiación** muestra cómo se subvencionará el proyecto durante cinco años, incluyendo beneficios y pérdidas, y el flujo de caja, y debería indicar que la financiación está disponible y respaldada.

> Se calculan **los costes previstos** de pasar a un nuevo modelo o plan y de proporcionar los nuevos servicios, que deberían ser realistas y asumibles.

CASO DE GESTIÓN

Este expone los planes para la ejecución y demuestra que el proyecto se llevará a cabo de manera eficaz, que la organización tiene la capacidad de realizarlo y que se dispone de los sistemas y procesos adecuados.

> Se hace una lista con **los insumos precisos** y se incluye la propiedad, el equipamiento y las personas que se necesitan y los calendarios de ejecución.

> Se identifican **los riesgos y los aspectos técnicos**, así como la manera de reducirlos y resolverlos, junto con las cuestiones legales, y la gestión de cualquier activo.

Entender el cambio

Las organizaciones deben estar preparadas para adaptarse si quieren estar al día en un entorno empresarial que evoluciona con rapidez. No obstante, el cambio puede ser traumático y los líderes deberían ser sensibles a cómo afecta a sus empleados.

Tiempos turbulentos

En épocas de cambio, los líderes que esperan que las cosas «vuelvan a la normalidad» no son capaces de entender que el cambio es la clave de la supervivencia. Hoy, el cambio es complejo, polifacético y generalizado. El mundo empresarial evoluciona con la tecnología, y el lugar de trabajo del siglo xxi se remodeló con la pandemia de COVID-19 y el consiguiente teletrabajo, que difuminó los límites entre el trabajo y la vida personal. La gestión del cambio se diseña para lidiar con esta turbulencia: es un enfoque estructurado que garantiza una transformación tranquila y beneficios duraderos. Los líderes exitosos ven el cambio como un proceso que, aunque dinámico, sucede en respuesta a factores internos y externos. Un líder

La curva de cambio

El libro *Sobre la muerte y el morir* de la psiquiatra Elizabeth Kübler-Ross (1969) describe las etapas del duelo, basándose en su trabajo con pacientes con enfermedades terminales. Este modelo lo utilizan ahora las organizaciones para entender cómo gestionan las personas el cambio, y cómo pueden afectar sus emociones al rendimiento. La «curva de cambio» ayuda a los líderes a comunicar de manera eficaz y a ofrecer el apoyo adecuado. Kübler-Ross hizo hincapié en que es un proceso largo y en que las personas se adaptan de manera distinta.

puede utilizar numerosos modelos de cambio (ver pp. 94-95), pero el foco importante siempre debe estar en cómo animar a las personas a desplazarse de la situación actual hacia otra nueva.

Cambio exitoso

Hay investigaciones que han demostrado que el 70 % de los programas de gestión de cambio no alcanzan sus objetivos. Según exponía la consultora McKinsey en el artículo «Changing Change Management» (2015), el cambio suele fracasar debido a la resistencia de los empleados y a la falta de apoyo ejecutivo. Hay diversas maneras en que los líderes pueden evitar estos escollos. Es esencial que escuchen a los miembros de su equipo y transmitan la información relevante para la función de cada persona. Al tener en cuenta lo que podría ocurrir en el futuro, los líderes se aseguran de que cuando se haya ejecutado el cambio, seguirá siendo relevante. El liderazgo fuerte también es vital para el éxito; quienes lideran el cambio tienen que ser visibles e inflexibles en su apoyo a los miembros del personal. Al explicar por qué es necesario el cambio y presentarlo como una revolución, más que como una evolución, los líderes ayudarán a los empleados a entender el proceso y a asumir el cambio.

Modelos de cambio

Con el paso del tiempo, los teóricos de la gestión del cambio han introducido varios modelos para guiar a las organizaciones a través del complejo y dinámico proceso de cambio, teniendo en cuenta las respuestas emocionales de los empleados.

Priorizar a las personas

Los primeros modelos de gestión del cambio estaban influenciados por los estudios de cómo gestionaban las personas la pérdida y los cambios vitales (ver pp. 92-93). Estos estudios recalcaban que reaccionan de manera distinta al cambio, y por eso los modelos de gestión de este deben tener en cuenta las necesidades emocionales de los empleados. En 1962, el sociólogo Everett Rogers fue el primero en que las personas tienen distintos tiempos para adaptarse a las nuevas ideas, e introdujo el concepto de «pioneros», personas que se adaptan rápido a las nuevas tecnologías, a una empresa, un producto o una manera de trabajar. Los pioneros tienden a desempeñar un papel activo en el proceso de gestión del cambio.

El modelo de tres etapas de Kurt Lewin (ver cuadro, dcha.) ha sido popular desde los años 50 y hoy sigue siendo válido. La consultora de gestión McKinsey desarrolló su propio modelo de las 7 S (ver pp. 96-97) en los años 80, que destaca siete elementos esenciales de la gestión del cambio, y tiene en cuenta los efectos del cambio en los trabajadores. El modelo de ocho pasos de John Kotter, de su libro de 1996 *Al frente del cambio,* es uno de los más conocidos por integrar los nuevos comportamientos exigidos en un cambio organizativo de éxito (ver debajo).

Paso a paso

El experto en gestión del cambio John Kotter ideó ocho pasos para liderar un proceso de cambio exitoso. Recalcó la importancia de implicar a los empleados en cada paso del proceso, preparándolos para el cambio antes de aplicarlo.

1

Transmite urgencia
Habla de lo que está pasando. Si el equipo cree que se necesita el cambio con urgencia, este avanzará con mayor fluidez.

2

Forma una coalición fuerte
Convence a los miembros del equipo que acepten el cambio siendo un líder fuerte con aliados visibles.

3

Crea una visión
Desarrolla una visión clara de cambio para que el equipo pueda ver la diferencia entre el presente y cómo será el futuro.

4

Comunica la visión
Transmite la visión de manera nítida y tan a menudo como puedas, utilizando distintos canales de comunicación.

MODELO DE CAMBIO DE LEWIN

El psicólogo Kurt Lewin diseñó un modelo de cambio de tres fases que influyó en muchos modelos posteriores. Recalcó que los empleados primero tienen que reconocer la necesidad de cambio. Luego, una vez que este se aplica y está completamente integrado, se acepta la nueva manera de hacer y se convierte en norma.

Descongela
Conciencia sobre por qué es necesario el cambio y evita así la resistencia de los empleados.

Cambia
Fija objetivos y los comunica al equipo para implicarlo en el proceso de cambio.

Vuelve a congelar
Integra el cambio en la cultura de equipo y celebra el nuevo *statu quo*.

Anima a actuar
Empieza a construir una estructura de cambio, ofreciendo apoyo al personal reticente y recompensando a los que ayudan.

Asegura logros a corto plazo
Define una serie de objetivos a corto plazo en vez de uno grande a largo plazo. El éxito motivará al equipo.

Aprovecha el cambio
Busca mejorar siempre. Cada pequeña victoria es una oportunidad para identificar qué ha ido bien y qué no.

Haz que perdure
Para un éxito duradero, integra la visión en los valores diarios de la organización y anima a todos a aceptarla.

EL EMPUJONCITO

El libro *Un pequeño empujón* (2008) de R. Thaler y C. Sunstein explica la idea de alentar o «dar un empujoncito» (*nudge* en inglés) al cambio, en vez de intentar imponerlo de una manera tradicional. Es menos probable que las personas se resistan al cambio si tienen un elemento de control. El gobierno del Reino Unido creó una *nudge unit* para abordar asuntos políticos y de servicio. El retraso en el pago de impuestos era un problema continuo, pero los funcionarios descubrieron que añadir una nota a la carta de pago atrasado —diciendo que la mayoría de las personas paga sus impuestos a tiempo— aumentaba en gran medida la tasa de pago de impuestos.

El modelo de las 7 S

El modelo de las 7 S se considera la herramienta definitiva de planificación estratégica. Ayuda a los líderes a entender y evaluar los elementos clave de su organización que influyen en su capacidad de cambio.

Elementos interdependientes

El modelo de las 7 S lo desarrollaron Tom Peters y Robert Waterman de la consultora McKinsey & Company en su obra *En busca de la excelencia* (1982). Hasta entonces, la teoría de la gestión se había centrado en el uso de los recursos y de la estructura empresarial. Sin embargo, a medida que las organizaciones se hicieron cada vez más grandes y complejas, se le empezó a dar la misma importancia a la coordinación.

El modelo de las 7 S introdujo la idea de que hay siete aspectos de una organización que deben estar armonizados para que pueda lograr sus objetivos. Estos elementos se dividen en «duros» y «blandos». Los duros son la estrategia, la estructura y los sistemas, que se suelen asociar con la gestión y el liderazgo, y tienden a implicar objetivos mensurables y tareas físicas. Los elementos blandos son el personal, las habilidades, el estilo y los valores compartidos. Son igual de importantes que los duros, puesto que establecen la cultura y el entorno que permiten a los equipos conseguir sus objetivos. Los siete aspectos tienen la misma importancia e interdependencia, por lo que un cambio en uno de ellos tiene que estar coordinado con los demás.

Utilizar el modelo de las 7 S

El primer paso es analizar los elementos para ver cómo se armonizan entre ellos: hay muchas listas de comprobación en línea, con preguntas sobre cada elemento, que ayudan con este proceso. El siguiente paso debería ser decidir la disposición ideal de los elementos. Después se debería definir y aplicar la mejora o el cambio deseados.

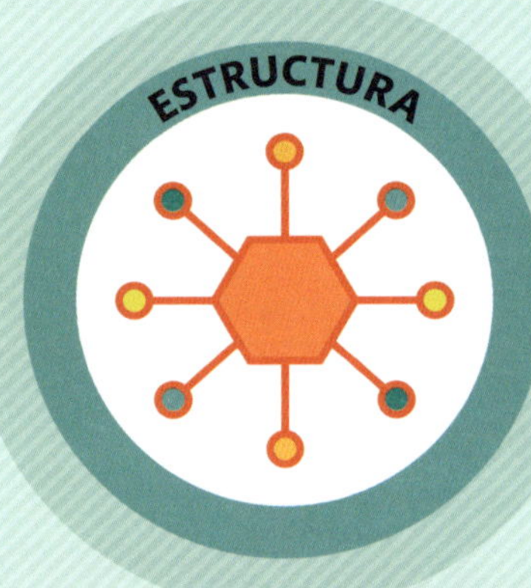

Las jerarquías que determinan quién rinde cuentas ante quién, y las líneas de comunicación entre ellos.

> **Los valores compartidos** subyacen en el núcleo del modelo de las 7 S. Plantean la primera pregunta sobre el análisis estratégico: ¿el plan concuerda con los valores de la organización?

> **El modelo de las 7 S** es particularmente útil en épocas de cambio, como durante las fusiones, las adquisiciones, las eorganizaciones o la introducción de nuevos sistemas.

Las habilidades del personal, tanto de manera individual como colectiva.

Todos los miembros de la organización, desde los becarios hasta el CEO.

Planificar el cambio

El modelo de las 7 S se suele utilizar a menudo para identificar problemas de rendimiento y resaltar cualquier discrepancia entre la situación actual y el objetivo deseado. Esto permite a los líderes concretar las áreas que se pueden mejorar, predecir los efectos probables de cualquier cambio, poner en marcha nuevas estrategias y prever cualquier disrupción. Es particularmente útil durante las fusiones, cuando las cuestiones de finalidad y valor pasan a primer plano.

ADAPTAR EL MODELO

El modelo de las 7 S ha sido muy criticado por centrarse solo en las actividades internas y dar relativa poca importancia a las actividades externas a la organización. En respuesta a esto, se han añadido otras dos S: *stakeholders* y *setting* (escenario o contexto). Con la creciente preocupación actual sobre el medioambiente mundial, se ha añadido una nueva S: sostenibilidad.

El plan general para lograr los objetivos y aventajar a la competencia.

Todas las actividades y procedimientos que utiliza el personal para llevar a cabo su trabajo.

ELEMENTOS DUROS

Estos son los elementos que se asociaban tradicionalmente al funcionamiento de una organización. Son relativamente fáciles de definir y de influir en ellos comparados con los elementos blandos.

ELEMENTOS BLANDOS

Estos elementos dan forma a la cultura de una organización más que las tareas cotidianas. Determinan la finalidad y el foco de una organización y de sus empleados.

El modo en que los líderes interactúan con sus equipos.

La misión de **la organización** y sus valores fundamentales. Establecen la visión y las normas éticas para todos los empleados.

«**Una** empresa **no** funciona **si su** personal **no** lo hace con ella».

Ping Fu, vicepresidenta para EE. UU. de 3D Systems, 2016

Datos e información

Para tomar decisiones eficaces y oportunas, los líderes a menudo deben procesar antes los datos para hallar la información que necesitan. En una época de recopilación de datos extrema, eso requiere una estrategia de gestión de datos moderna.

Gestión eficaz

Las decisiones de los líderes se deben basar en hechos, y por ello necesitan acceso a datos relevantes y rigurosos sobre cualquier asunto, y una manera fiable de analizarlos y recabar la información que precisen. Hoy en día, esto puede suponer un reto porque las empresas suelen guardar muchos datos sobre los clientes, las transacciones financieras, las campañas de marketing, consultas sobre el servicio y muchos otros aspectos. Tal caudal de información puede permitir potencialmente a las empresas operar más eficientemente y aprovechar nuevas oportunidades de negocio. Sin embargo, para hacerlo se necesita una estrategia apropiada de gestión de datos. Los mejores modelos proporcionan un acceso fácil a datos esenciales de la empresa, y escudriñan correos y flujos de redes sociales en busca de hechos, cifras u observaciones (datos sin procesar) que puedan ser útiles para la organización.

Recopilar datos

Los datos internos y externos los pueden introducir en el sistema los empleados o se pueden obtener electrónicamente desde varias fuentes distintas.

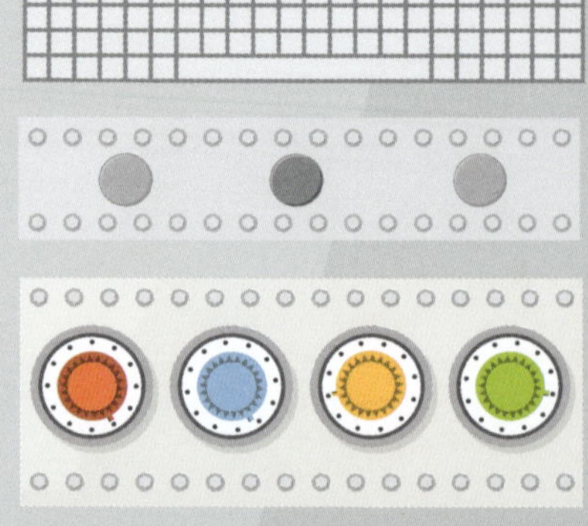

Recibir los datos

Los analistas de datos, ayudándose de algoritmos (un tipo de inteligencia artificial), ayudan a escudriñar y almacenar los datos entrantes en áreas relevantes. Lo más útil es un sistema que vincule todo tipo de datos porque permite comparar distintos grupos de datos.

Manejar los datos

Los líderes que tienen que procesar datos sobre varios temas para tomar decisiones necesitan que sean relevantes, precisos y que estén actualizados, y el proceso de recuperación debe ser rápido y eficiente. Los sistemas de gestión de datos completamente integrados facilitan el proceso y permiten a los líderes revisar la fuente de un grupo de estadísticas, por ejemplo, o comparar datos similares.

DATOS, INFORMACIÓN, CONOCIMIENTO, SABIDURÍA

A menudo representado como una pirámide, el modelo DIKW describe cómo la información proviene de los datos, el conocimiento de la información y la sabiduría del conocimiento. Este proceso lineal de análisis y comprensión de los datos ayuda a los líderes a tomar buenas decisiones.

Los datos se componen de una maraña de hechos, símbolos, medidas, cifras u observaciones. Sin contexto, no tienen sentido; hace falta que una persona o un ordenador los organicen, los interpreten y los verifiquen para que lo tengan: convertirlos en información.

Las decisiones empresariales más importantes, como los despidos, se basan en la información recabada de los datos.

Sin embargo, tomar la decisión correcta también requiere conocimiento, que proviene de la información que se ha recibido y entendido correctamente. El conocimiento permite al líder ver patrones en la información y hacer predicciones. Entonces, su propia sabiduría le permite usar este conocimiento de la mejor manera.

Revisar los datos

Idealmente, los datos de un sistema de gestión de datos estarán organizados de tal manera que los líderes puedan recuperar los que necesiten rápidamente, revisar que están actualizados y que son precisos, y compararlos con otros datos para convertirlos en información.

Actuar a partir de la información

Un sistema eficiente de gestión puede escudriñar datos para generar información fiable casi inmediatamente. Esto ayuda a tomar decisiones y a reaccionar rápidamente —por ejemplo, a las preferencias cambiantes de los clientes— dándole a la empresa una ventaja competitiva. No obstante, en la mayoría de los casos, la experiencia en el análisis de datos es muy valiosa.

Se calcula que cada persona genera

1,7

megabytes por segundo

Data Never Sleeps 6.0, Domo, 2017

Toma de decisiones

La capacidad de tomar decisiones equilibradas, incluso cuando la información está incompleta, es indispensable en un líder. Una toma de decisiones clara infunde confianza al equipo y garantiza el progreso hacia los objetivos.

¿Análisis o intuición?

Tomar decisiones supone definir el objetivo a alcanzar, recopilar la información necesaria, evaluar las posibles soluciones y entonces tomar una decisión firme. El líder necesita las habilidades complementarias del análisis racional y la intuición para que le ayuden a tomar decisiones de manera eficaz. El análisis paso a paso puede ayudar cuando hay tiempo para hacerlo y se requiere una decisión más meditada. Sin embargo, el ritmo de la empresa a menudo demanda a los líderes tomar decisiones rápidas con información limitada; en tales casos, la intuición puede ser valiosa. Muchos líderes quizá tengan un modo de tomar decisiones predilecto. Algunos insisten en el detalle y el análisis, por lo que confían en la intuición que confiere la experiencia. Los mejores líderes se basan en su estilo preferido y trabajan para diseñar alternativas.

TOMAR DECISIONES RÁPIDAS

Según los teóricos daneses Kristian Kreiner y Søren Christensen, los líderes deberían tomar decisiones rápidas, incluso con la mínima información. Su modelo muestra que las consecuencias de la decisión de un líder tienen una relación inversa con el alcance del conocimiento disponible: cuanto menos conocimiento, mayores son las consecuencias, y viceversa. Aunque al principio un líder pueda querer más información sobre un asunto, esta tendrá un impacto decreciente en la decisión final que se tome.

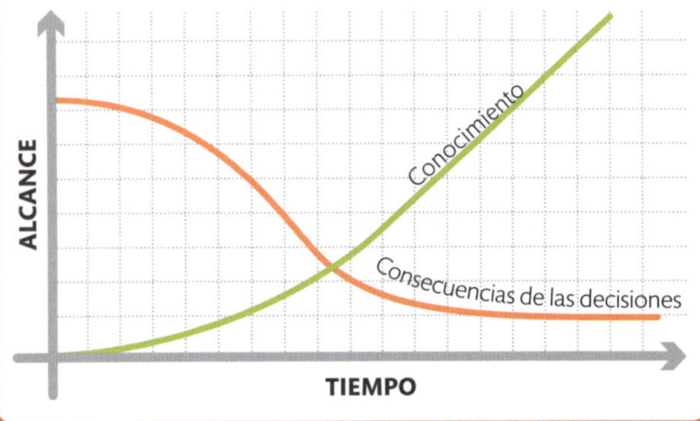

Trazar el mapa de una decisión

Cuando se toma una decisión compleja, es importante evaluar antes todas las consecuencias posibles, voluntarias e involuntarias. Una manera de hacerlo es creando un gráfico o un diagrama «sí/no». Los líderes pueden usarlo para organizar sus pensamientos y explicar su decisión a los afectados por ella.

«**Mantente fiel
a tus decisiones,
pero sé flexible
en el enfoque**».

Tony Robbins, coach de desarrollo personal, 2012

SIETE PASOS CLAVE

Hay siete pasos esenciales que los líderes deberían seguir para que les ayuden a tomar decisiones claras y efectivas:

1. Identificar la decisión que hay que tomar. Definir el asunto principal y el resultado deseado.

2. Recabar información relevante. Buscar consejo de otros que tengan conocimiento en la materia.

3. Determinar todas las opciones viables. Elaborar una lista de al menos cuatro, para proporcionar un amplio abanico de posibles soluciones.

4. Sopesar cada opción. Establecer los pros y los contras; evaluar cada opción por viabilidad y deseabilidad.

5. Elegir la opción o combinación de opciones que es más probable que suceda con el nivel de riesgo más aceptable.

6. Ponerse en marcha, identificar los recursos necesarios —personal incluido— y elaborar un plan para aplicar la decisión.

7. Revisar la decisión periódicamente para asegurarse de que sigue siendo el procedimiento más eficaz.

Análisis del campo de fuerzas

Una organización de éxito es aquella que está en constante evolución. El análisis del campo de fuerzas es una herramienta de gestión del cambio. Ayuda a los líderes a identificar las fuerzas que apoyan el cambio y las que trabajan en contra.

Fuerzas positivas

Los principios del análisis de fuerzas los desarrolló en los años 40 del siglo xx el psicólogo social Kurt Lewin y los describió en *La teoría del campo en la ciencia social* (1951). La base de la idea de Lewin es que en toda organización hay fuerzas positivas que impulsan el cambio y fuerzas restrictivas que generan resistencia al mismo. Donde hay equilibrio entre dos fuerzas, hay estabilidad y poco cambio; pero cuando las fuerzas positivas (impulsoras) superan a las restrictivas, el cambio es posible. Para que tenga lugar un cambio, deben aumentar las fuerzas positivas o debilitarse las restrictivas.

Ambos tipos de fuerza pueden venir desde dentro o desde fuera de la organización. Entre las fuerzas positivas externas podrían estar la demanda del cliente o la aparición de nuevas tecnologías; entre las internas, la necesidad de aumentar los beneficios de la organización,

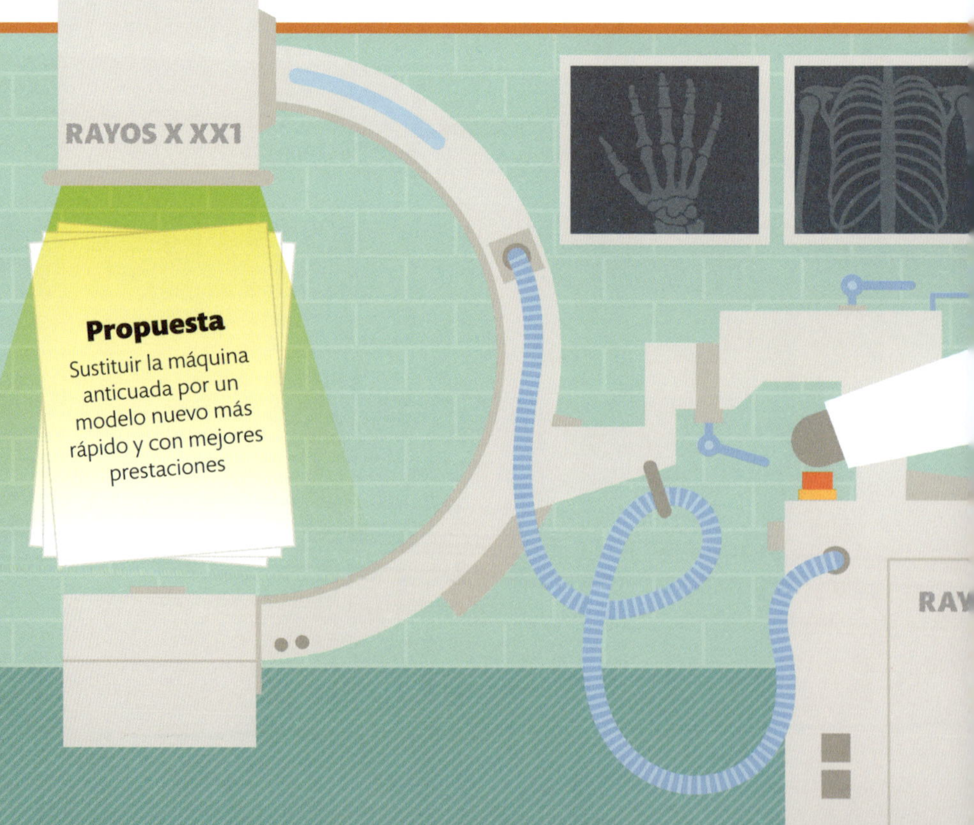

actualizar equipamiento o los cambios de personal.

Entre las fuerzas restrictivas externas podrían estar un mercado difícil o unas regulaciones rigurosas; y entre las internas podría haber factores como el aumento de los costes y la disrupción del flujo de trabajo.

Gestionar el cambio

La resistencia del trabajador a cambiar puede ser una de las restricciones internas más fuertes. Un líder puede minimizar esta resistencia hablando primero de los cambios con el equipo. Diseñar juntamente con este un análisis de campo de fuerzas puede proporcionar un buen resumen visual. El líder define el objetivo específico del cambio que quiere ver. Luego, el equipo identifica tanto las fuerzas impulsoras como las restrictivas. Evalúan y clasifican cada una de las fuerzas —de uno (débil) a cinco (fuerte)— y sacan los totales de cada lado. El equipo también determina en cuál de estas fuerzas puede influir o cuál de ellas tiene algo de flexibilidad al cambio. Entonces el líder, quizá conjuntamente con el equipo, desarrolla una estrategia para reforzar las fuerzas impulsoras y debilitar a su vez las restrictivas. Por último, el líder priorizará las medidas a tomar e identificará los recursos necesarios para poder aplicarlas.

Los beneficios de un análisis del campo de fuerzas son que dan tiempo al líder y al equipo para hablar a fondo de los asuntos, explicitar las preocupaciones y ofrecer soluciones para llegar a un consenso. Los potenciales escollos son la naturaleza subjetiva de la puntuación, la división del equipo entre los que están a favor y en contra del cambio, y un panorama incompleto si no participan todos los miembros del equipo.

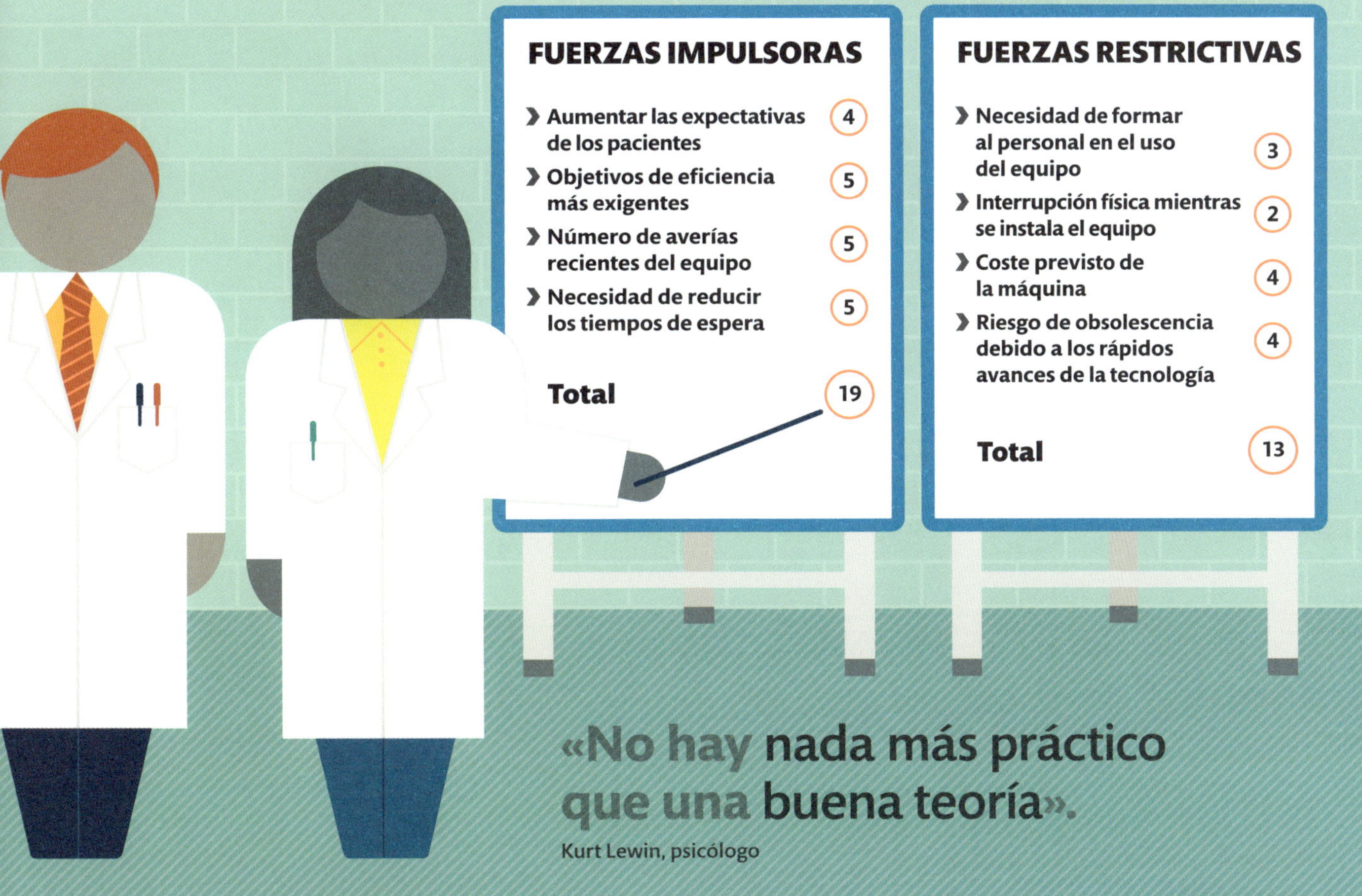

Análisis DAFO

El análisis DAFO es una herramienta sencilla pero poderosa que pueden usar los líderes para identificar factores internos y externos que puedan afectar al rendimiento de una organización en todos los ámbitos de sus operaciones.

Explorando el terreno

Desarrollado por Albert S. Humphrey en 1966 utilizando datos de empresas de la lista Fortune 500, el análisis DAFO es una herramienta creativa y sistemática que examina las Debilidades, Amenazas, Fortalezas y Oportunidades con las que puede encontrarse una organización. Se puede utilizar para las operaciones empresariales cotidianas, para proyectos aislados o para desarrollar nuevas estrategias. También se podría usar para examinar oportunidades de mercado a largo plazo o para involucrar al personal en la formulación de una estrategia para la organización.

Un líder que utilice el análisis DAFO empezaría por identificar las fortalezas y las debilidades internas. Son factores que controla el líder o la organización y, por tanto, entre ellos podrían estar el personal, el catálogo de productos, la experiencia de marketing, la capacidad de fabricación y la estructura organizativa. Lo siguiente sería que el líder evaluara las oportunidades y las amenazas externas. Son factores ajenos al control de la organización y, por tanto, incluirían el cambio de hábitos del cliente, la sostenibilidad medioambiental, las perspectivas económicas o los avances tecnológicos, como el marketing en redes sociales y las herramientas de venta por internet.

En un análisis DAFO también es fundamental establecer objetivos empresariales claros, como los operativos o los económicos. En cuanto los líderes han identificado los factores internos y externos, pueden evaluar su impacto positivo o negativo en la persecución de los objetivos empresariales.

ANÁLISIS PEST

El análisis PEST, que se cree que es obra del profesor de Harvard Francis Aguilar, es un acrónimo de Político, Económico, Social y Tecnológico. El acrónimo, que aparece con diversas variantes (ver pp. 72-73), puede ayudar a los líderes a identificar factores que podrían influir en una organización. Se debería llevar a cabo un análisis PEST antes de efectuar uno de tipo DAFO.

Hacer balance

Los análisis DAFO son útiles cuando se toman decisiones clave, como la expansión de un negocio. Freda Flour regenta una panadería en la parte norte de la ciudad y es especialista en pan artesano y tartas sin gluten. Tiene mucho éxito, con una gran base de clientes fieles. Freda quiere abrir una segunda tienda en la parte sur de la ciudad, pero sabe que ya hay otra panadería en esa zona. Elabora un análisis DAFO para evaluar los posibles riesgos y recompensas.

«Los ganadores se evalúan a sí mismos de manera positiva y buscan sus fortalezas mientras luchan por superar sus debilidades».

The One Year Daily Insights with Zig Ziglar, 2009

FORTALEZAS

- Ingredientes de **gran calidad**
- Productos **diferenciados**
- **Base de clientes fiel** a la panadería existente
- Conocimientos **especializados en panadería**

DEBILIDADES

- **Precio alto** por los métodos artesanales y el coste de los ingredientes
- **Los productos prémium** limitan el mercado
- **Solo un empleado**, Fred, está especializado en panadería

OPORTUNIDADES

- **Tendencia creciente** de comida saludable
- **Frutería ecológica** cercana complementa la panadería
- **Muchos clientes por la cercanía** a la estación de tren

AMENAZAS

- **Posible aumento de precio** de la harina artesanal
- **La panadería existente** cobra menos porque no vende productos prémium
- **El súper** ofrece envíos en línea de productos sin gluten y artesanos

ESQUEMA DAFO

El análisis DAFO funciona mejor con preguntas abiertas. Por ejemplo, un líder podría preguntar:

- **Fortalezas:** ¿Qué les gusta a los clientes de nuestros productos? ¿Qué es lo que hacemos mejor que otras empresas del sector?
- **Debilidades:** ¿Qué podríamos mejorar? ¿Por qué los clientes no aprecian/no compran nuestros productos?
- **Oportunidades:** ¿Qué cambios de tendencias o debilidades de la competencia podemos explotar?
- **Amenazas:** ¿Qué podría hacer la competencia que nos afectara? ¿Qué tendencias sociales/de compras podrían ser una amenaza?

PLANIFICACIÓN ESTRATÉGICA

Tras abordar cada hallazgo del análisis DAFO, Freda elabora los siguientes planes:

- **Fortalezas:** desarrolla fuertes vínculos con los clientes en la nueva tienda para clonar la base fiel de la tienda existente.
- **Debilidades:** contrata y forma a panaderos especialistas para la nueva tienda.
- **Oportunidades:** satisface el interés por la comida saludable usando ingredientes producidos de forma ética.
- **Amenazas:** diseña una estrategia de marketing para promocionar que usa ingredientes de alta calidad.

Análisis de la ruta crítica

El análisis de la ruta crítica es una herramienta de gestión de proyectos para programar actividades. Priorizar y planificar tareas a lo largo de una ruta confiere una panorámica clara de todo el proyecto y permite planear y optimizar los recursos.

Optimizar el trabajo del proyecto

El análisis de la ruta crítica permite a un líder programar las tareas necesarias para completar un proyecto en la secuencia adecuada y de la manera más eficiente en términos de tiempo. También ayuda a evitar conflictos de prioridades y de cuellos de botella. El primer paso es identificar las tareas que son «críticas», de las que dependen otras, y planificarlas en el orden correcto, creando «la ruta crítica». Luego, el líder debería calcular el tiempo necesario para acabar cada tarea, que una vez sumados, dan el tiempo total necesario para el proyecto. Las tareas no críticas o «flotantes» se planifican en paralelo a la ruta principal en las etapas apropiadas del proyecto y se completan dentro del plazo general.

Construir una casa

El análisis de la ruta crítica es un término acuñado en 1956 por James Kelly y Morgan Walker mientras desarrollaban el Proyecto Manhattan. El modelo es ideal para planificar proyectos complejos que requieran planificación precisa de gran cantidad de recursos humanos y materiales, como la construcción de una casa. El esquema simplificado que se ve aquí resalta 11 actividades clave de una ruta crítica de 34 días, el tiempo máximo para completar este proyecto. Identificar las dependencias —actividades que dependen de otras tareas— determina el calendario y revela dónde el retraso en una sola actividad pone en riesgo que se retrase todo el proyecto

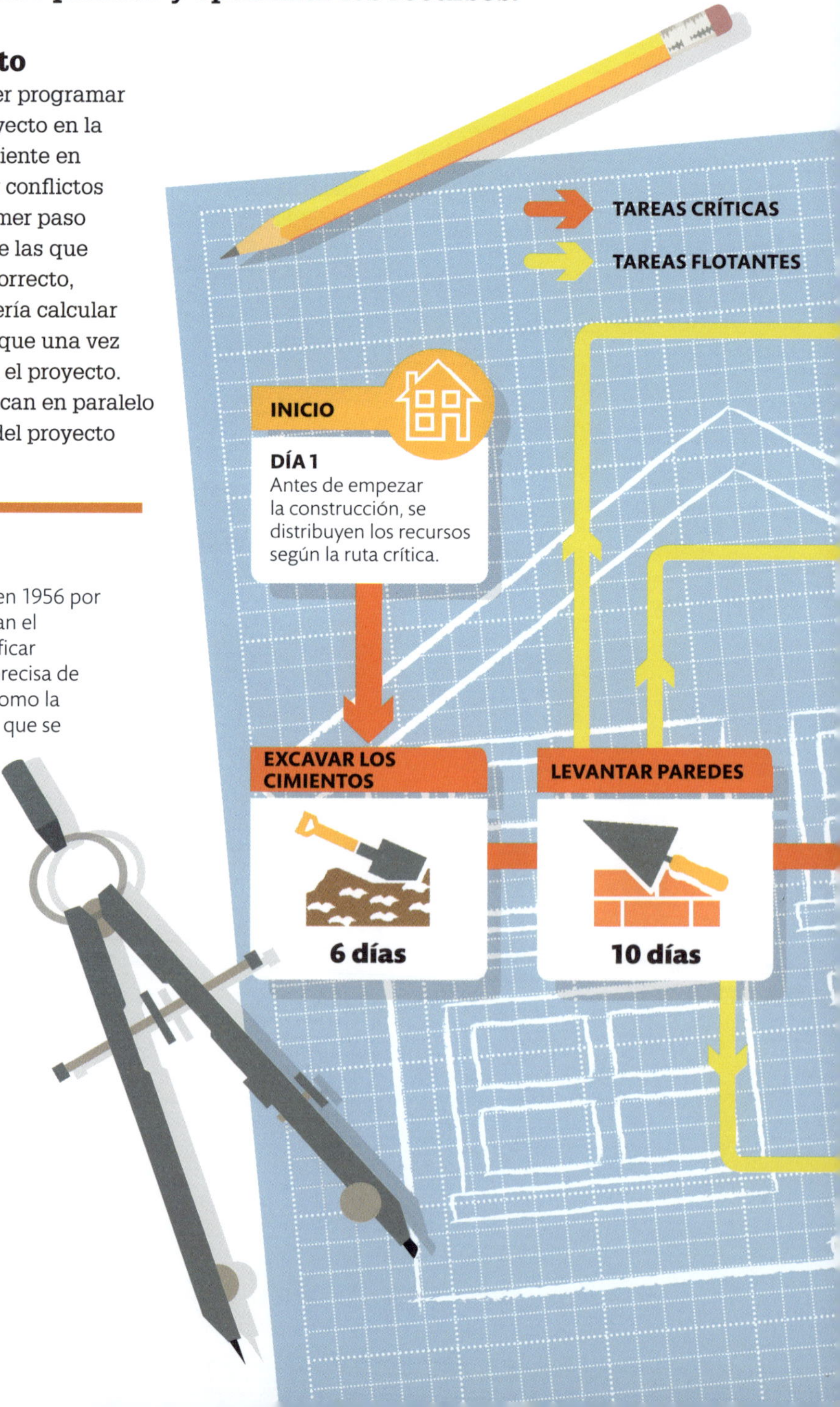

«**Empezar** fuerte **está** bien.
Acabar fuerte es **genial**».

Robin Sharma, experto en liderazgo, 2013

PROS Y CONTRAS

❯ **Pro** Posibilita una evaluación detallada de los requisitos de cada actividad

❯ **Pro** Permite una ubicación óptima de los recursos

❯ **Pro** Puede reducir riesgos y costes

❯ **Contra** Solo es tan fiable como las conjeturas y los cálculos hechos

❯ **Contra** Sin garantía de éxito pues que cada tarea aún necesita una gestión eficiente

❯ **Contra** Identificar el tiempo de sobra no hace que los recursos estén disponibles

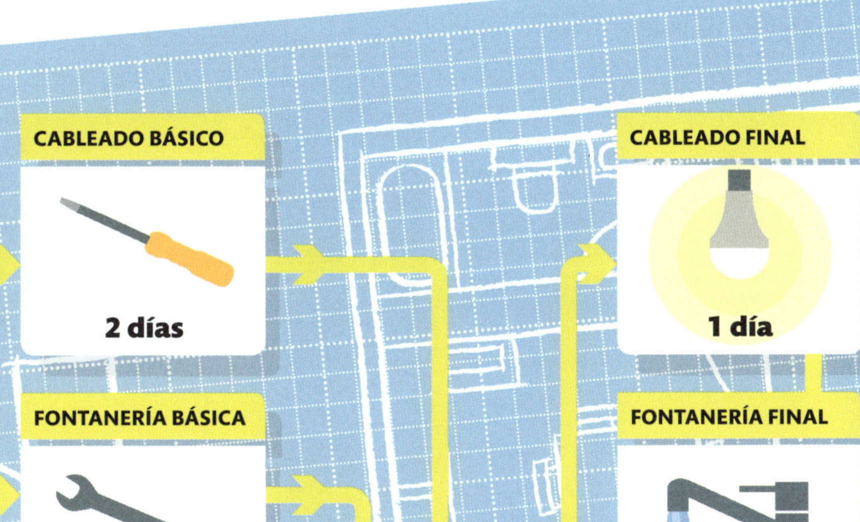

DECORAR

FINAL

DÍA 34
Si la mano de obra y los materiales se asignan a cada tarea como está planificado, la construcción durará 34 días.

Resolución de problemas

Una parte de las funciones del líder consiste en afrontar los muchos problemas que surgen dentro de una organización. El objetivo es entender qué ha salido mal y buscar soluciones que ayuden a evitar que se repita.

Oportunidad de aprender

Mientras que un objetivo clave de la gestión es evitar los problemas, igual de importante es detectarlos, analizarlos y resolverlos de manera eficaz cuando aparecen (ver pp. 110-111). Los diferentes problemas, desde la falta de entrega de materias primas hasta una alerta de seguridad o una denuncia por acoso, requieren soluciones y medidas viables que eviten su repetición.

Gestionados correctamente, los problemas pueden ser oportunidades de aprendizaje y mejora. Los líderes habilidosos desarrollan la capacidad de analizar un problema de manera sistemática. Han de evaluar su prioridad, descubrir los hechos, señalar la causa principal y trabajar en la mejor solución. Dominar este proceso —aplicable a muchos problemas— ayuda a evitar futuras complicaciones. Los líderes que pueden gestionar problemas de manera efectiva son clave para el éxito de una organización.

El plan de acción

Los problemas a los que probablemente se enfrenten los líderes van desde asuntos menores hasta crisis en toda regla. La tarea de resolver los problemas requiere la capacidad de examinar concienzudamente los hechos y hacer las preguntas correctas para diagnosticar con precisión qué ha ido mal. El enfoque paso a paso que se ve aquí se ha diseñado para alcanzar una solución, mediante el análisis y la discusión, que todos puedan aceptar. Lograr ese objetivo de manera constante cuando surjan problemas refuerza los equipos y contribuye a la salud de una organización.

1 Comprender el problema

Señalar y priorizar el asunto:

> **Identificar** su naturaleza y su gravedad: si tendrá consecuencias significativas si no se resuelve.

> **Calibrar** su urgencia y si esperar hará que el problema empeore.

> **Valorar** si se puede hacer y si una solución provisional podría evitar que el asunto fuera a peor.

3 Generar una solución

Solo cuando se entiende el verdadero problema, debería un líder empezar a explorar las vías de solución. Por ejemplo:

> **Implicar** a los demás para contar con distintas perspectivas.

> **Dividir** los asuntos grandes en problemas pequeños y fáciles de resolver.

> **Pensar de forma paralela** para hallar un enfoque creativo e indirecto.

> «Los problemas no son más que oportunidades con uniforme de trabajo».

Henry Kaiser, industrial estadounidense, 1967

2 Identifica todos los elementos

Analiza el problema desde múltiples perspectivas:

> **Tómate un tiempo** para escuchar a todos aquellos que están implicados.

> **Identifica** el origen (ver pp. 110-111); aborda esto en vez de los síntomas.

> **Evita suposiciones** y establece los hechos.

> **Haz las preguntas** adecuadas (ver cuadro, abajo derecha).

4 Actúa siguiendo un plan

Zanja la cuestión siguiendo estos pasos:

> **Selecciona** la mejor solución.

> **Redáctala**, resumiendo cualquier recomendación.

> **Comunica** y pon en marcha la solución con todos los implicados.

> **Halla** maneras de evitar que se repita el problema, si es posible.

HAZ LAS PREGUNTAS ADECUADAS

La resolución de problemas eficaz requiere juicio y hacer las preguntas adecuadas. Las mejores preguntas son las de final abierto y empiezan con las palabras que Rudyard Kipling llamaba sus «seis honrados servidores»: quién, qué, cuándo, dónde, por qué y cómo. Centrarse y explayarse en estas preguntas ayudará a evitar las generalizaciones y establecerá los hechos precisos.

# Identificar las causas

La resolución de problemas es una parte clave de la función del líder, pero no todos los problemas tienen soluciones obvias. Para entender —y con suerte arreglar— un problema, un líder tiene que identificar y analizar primero todas las posibles causas.

Ir a la raíz

Desarrollado en los años 60 del pasado siglo por Kaoru Ishikawa, teórico de la organización japonés, el análisis de causa y efecto permite a los líderes definir los problemas con claridad, resolverlos y asegurarse de que no vuelven a suceder jamás.

El punto de partida es definir el problema: qué está pasando, dónde y a quién afecta. El paso siguiente es agrupar todas las causas posibles en seis categorías: procesos, equipamiento, materiales, personas, entorno y gestión. La mejor manera de hacerlo es dibujar un «diagrama de espina de pescado» (ver debajo). Representa las seis categorías como líneas verticales que se proyectan desde la espina central del problema. De cada una de estas líneas el líder dibuja entonces líneas horizontales en las que identifica todas las posibles causas del problema; un proceso que puede requerir una investigación detallada, como por ejemplo entrevistar al personal.

Cuando se hayan identificado todas las necesidades, el líder debería tener claro dónde reside el problema y qué acción debería emprender para resolverlo. Esta debería tomarse de manera rápida y los detalles de las lecciones aprendidas comunicados a toda la organización.

Diagrama de espina de pescado

En este ejemplo de un diagrama de espina, el proceso de producción de un componente ha estado generando demasiado rechazo, lo que ha provocado un alto nivel de desperdicios. El problema se define en la cabeza del «pescado» y luego se subdivide en las seis categorías de Ishikawa. Cada causa se divide a su vez en subcausas: por ejemplo, la causa «personas» incluye factores como la falta de formación y los conflictos dentro del equipo. El paso final es el análisis del diagrama. En este ejemplo, se identifica el uso de material de baja calidad como la causa principal.

«El fracaso es la semilla del éxito».

Kaoru Ishikawa

LA TÉCNICA DE LOS «CINCO PORQUÉS»

Una manera rápida de llegar a la raíz del problema es utilizar la técnica de los cinco porqués que desarrolló Toyota. Eso supone preguntar repetidamente «¿Por qué?» para hallar la raíz de un problema. Un líder normalmente puede hacerlo en cinco etapas, la respuesta a la primera pregunta se convierte en la base de la segunda pregunta y así sucesivamente. Por ejemplo, si el trabajador de una fábrica se cae y se hace daño, las siguientes cinco preguntas pueden llegar a la raíz del problema.

UN TRABAJADOR SE CAE, Y SURGEN CINCO PREGUNTAS SOBRE LA CAUSA.

❭ **¿Por qué?** Había una mancha de aceite en el suelo del departamento de mecanizado.

❭ **¿Por qué?** Una de las máquinas de prensado perdía aceite.

❭ **¿Por qué?** El sellado era de mala calidad.

❭ **¿Por qué?** Se habían comprado sellados más baratos, de calidad inferior a la establecida, a un nuevo proveedor.

❭ **¿Por qué?** Se había emitido una directriz a toda la empresa para recortar costes de fabricación.

Causa 3: Materiales

❭ **Calidad irregular de la materia prima**

❭ **Compra de material de peor calidad**

❭ **Subcomponentes mal montados**

❭ **Conflicto dentro del equipo**

❭ **Falta de formación oficial**

❭ **El equipo se siente incapaz de plantear sus inquietudes al líder**

Causa 4: Personas

Causa 5: Entorno

❭ **Espacio insuficiente alrededor de la máquina**

❭ **La pésima ventilación provoca sobrecalentamiento**

❭ **La suciedad de la zona de trabajo oculta la raíz del problema**

❭ **El líder no tiene capacidad para afrontar el cambio**

❭ **No hay una cadena clara de responsabilidades**

❭ **Los objetivos se basan en la cantidad más que en la calidad**

Causa 6: Gestión

✔ DEBES SABER

❭ **Las causas salvables** son las partes de un problema que se pueden solucionar; este es el área que el líder debería tratar de abordar.

❭ **Las causas insalvables** son aquellas partes del problema que no se pueden solucionar. Hay que identificarlas para que el líder no pierda tiempo tratando de arreglarlas.

❭ **La revisión de la causa** es un método de evaluación del impacto potencial de una causa y de lo fácil que resulta evitarla.

Pensamiento de diseño

Desarrollado originalmente para identificar las necesidades de los clientes, el pensamiento de diseño es un enfoque que todos los líderes pueden adoptar para localizar y resolver problemas complejos y exigentes dentro de su organización.

Resolver problemas

Aunque muchos de los problemas que afronta un líder son inequívocos, como una máquina averiada o la falta de financiación, otros no están tan definidos; por ejemplo, por qué el personal tiene un rendimiento bajo. En esas situaciones, el pensamiento de diseño es una herramienta útil para hallar soluciones. A diferencia del enfoque tradicional de resolución de problemas (ver pp. 108-109), que supone identificar la raíz, este método centra la atención del líder en aquellos que se beneficiarán de la solución, como el personal. El pensamiento de diseño es una técnica de paso a paso por la que un líder debería intentar entender y resolver un problema desde la perspectiva de los implicados. Los primeros pasos son entender quiénes son estas personas y establecer sus necesidades; por ejemplo, las funciones del personal y las herramientas que necesitan para trabajar mejor. Con esta información, el líder debería pensar de manera paralela y creativa e implicar a las personas en cuestión para hallar ideas. Los pasos siguientes son desarrollar las posibles soluciones, como nuevas prácticas laborales o nuevas estructuras de gestión, y probarlas antes de aplicarlas. Aunque requiere mucho tiempo, el pensamiento de diseño permite a los líderes desarrollar soluciones a medida que beneficien a una parte concreta del personal y por consiguiente a toda la organización.

Caso de estudio: Apple Inc.

Cofundada por Steve Jobs en 1976, Apple Inc. empezó a tener dificultades en los años 80 y 90 debido a la fuerte competencia en el mercado de los ordenadores. Jobs, que se había ido de Apple, regresó en 1997 y utilizó el pensamiento de diseño para desarrollar productos basados en lo que los clientes realmente querían. Apple lanzó el iMac en 1998 y el iPhone en 2007, ambos con enorme éxito. El proceso que siguió Jobs lo puede usar cualquier líder, ya sea para desarrollar nuevos productos o para intentar resolver problemas difíciles.

PRESENTE

SEIS MANERAS DE PENSAR

Edward de Bono, una autoridad destacada en habilidades cognitivas y autor de *Seis sombreros para pensar* (1985), desarrolló la idea de los seis enfoques en los que sombreros de distintos colores representan un estilo de pensamiento diferente. Para solucionar los problemas de manera eficaz, los líderes deberían experimentar «poniéndose» los distintos sombreros —pensando de maneras diferentes— y debería animar al resto del equipo a hacer ellos también lo mismo.

NEUTRALIDAD
Centrarse solo en los hechos y en los datos para determinar toda la información relevante.

OPTIMISMO
Explorar los aspectos positivos y los beneficios de las ideas y de los planes.

JUICIO
Valorar los escollos y los peligros, y las posibles consecuencias.

EMOCIÓN
Analiza tus reacciones viscerales e instintos. Pide y expresa opiniones.

CREATIVIDAD
Ten en cuenta todas las posibilidades, alternativas e ideas innovadoras.

ORGANIZAR
Definir la cuestión, gestionar el proceso y sintetizar.

3

Idear

Lluvia de ideas para resolver el problema. Se requieren creatividad, juicio analítico y la voluntad de tomar riesgos.

4

Prototipo

En cuanto se han generado las ideas, se desarrollan en soluciones viables o productos prototipo. Deberían ser sencillos y fáciles de usar, y resolver los problemas identificados en el paso dos.

5

Prueba

Prueba las soluciones o los nuevos productos con quienes los van a utilizar, para poder evaluar sus fortalezas y sus debilidades. Las pruebas quizá muestren que hay que redefinir el problema.

«Empieza con un propósito y construye a partir de él. Úsalo como tu plan y como tus cimientos».

Arne van Oosterom, formador en liderazgo, 2017

FUTURO

Resolución de bloqueos

Cuando las distintas partes no son capaces de llegar a un acuerdo sobre un asunto, quizá el líder tenga que dar un paso adelante. Una estrategia que diseccione el problema puede romper el bloqueo y ayudar a las partes a encontrar una solución aceptable para todas.

Romper un círculo vicioso

Un bloqueo puede suceder cuando dos o tres partes tienen distintas soluciones para un problema y se niegan a variar sus exigencias. Sea cual sea la razón de ese punto muerto —un acuerdo empresarial, un asunto organizativo interno o una negociación con una tercera parte— hace falta bastante diplomacia. Puede que al líder le toque actuar de mediador si el bloqueo implica a miembros del departamento o es el departamento el que está en desacuerdo con otro sector de la organización o con un organismo externo. Generalmente, cada parte cree tener la solución correcta y que la otra parte está equivocada.

Entonces puede empezar un círculo vicioso, en el que a cada parte le preocupa más salir bien parada que reexaminar el asunto original. Se convierte en una batalla en la que ningún bando quiere ser visto como el perdedor.

El líder ha de alejarse del conflicto y analizar los argumentos de cada parte de manera justa e imparcial. En un bloqueo interno, quizá sea aconsejable llamar a una persona neutral para que haga de mediador. Adoptar una estrategia que identifique cada punto de vista, las áreas en las que las partes no están de acuerdo y por qué, así como los puntos en los que coinciden, puede ayudar a crear un compromiso que rompa el bloqueo.

Decisión grupal

Una empresa fabrica camisetas ecológicas en el Reino Unido. En el equipo de Sofia hay dos miembros sénior —Kwame y Mark— que están en un punto muerto sobre la introducción de nueva maquinaria. Cada uno tiene conjeturas, intereses e información diferentes debido a sus distintos cargos. Kwame es el jefe de contabilidad y le preocupan los costes de la inversión porque es responsable de la rentabilidad. Mark es el jefe de recursos humanos y le preocupa el tiempo de formación que conlleva y si más cambios organizativos afectarán a la motivación. Sofia tiene que llegar a un acuerdo con el equipo, así que convoca una reunión y posteriormente un proceso de cinco pasos. Al compartir la información, acuerdan que merece la pena invertir en la nueva maquinaria.

CONECTAR LOS PUNTOS

El psicólogo organizacional Roger Schwarz describe los bloqueos como una versión adulta de los pasatiempos en que hay que unir los puntos. En un bloqueo de equipo, los puntos son las conjeturas, intereses e información que utiliza cada persona para crear su propio cuadro. La línea que conecta los puntos es el proceso de razonamiento, pero cada miembro del equipo tiene su propio conjunto de puntos y los conecta de distinta manera para llegar a lo que creen que es la solución correcta. Discutir sobre soluciones que compiten sin entender las conjeturas, intereses e información que generó ese cuadro lo único que consigue es mantener el bloqueo.

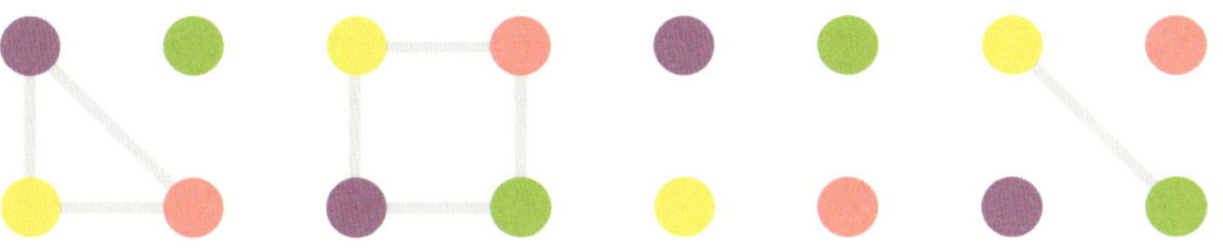

«... los bloqueos... tienen al menos una ventaja... nos obligan a pensar».

Jawaharlal Nehru, primer ministro de la India, 1942

Procesos de negocio

Al igual que un proyecto, un proceso es una serie de actividades vinculadas. Pero mientras que el proyecto es temporal y genera cambio —o un producto o servicio nuevo—, un proceso es parte del flujo cotidiano de trabajo de la organización.

Una serie de pasos

El concepto de proceso de negocio se originó en la manufactura, donde los materiales se transforman de materia prima en un producto final acabado mediante una serie de pasos. Pero los procesos también se dan en todos lados. En el caso de un restaurante, el proceso puede incluir recibir una reserva, dar la bienvenida al cliente, tomar el pedido y preparar y servir la comida. Está ampliamente aceptado que los negocios pueden gestionarse con cuatro procesos operativos de alto nivel. Son estos: conseguir el pedido; suministrarlo; servir al cliente; y desarrollar nuevos productos o servicios. Cada uno de estos procesos operativos se puede dividir en pasos más pequeños. Por ejemplo, el proceso de conseguir un pedido se puede subdividir en: atraer clientes (mediante actividades de marketing) y cerrar el pedido (mediante actividades de venta). Los líderes

Mapeo de procesos

Los líderes pueden analizar los procesos de negocio para ver si los pasos que incluye están añadiendo valor por ser necesarios, eficientes y eficaces. Los diagramas de flujos se utilizan para ayudar a entender las etapas de un proceso, en este ejemplo, reservar una mesa en un restaurante. El paso siguiente es diseñar y aplicar un proceso de mejora. Las mejoras pueden incluir eliminar pasos innecesarios o hallar mejores maneras de hacer las cosas, como introducir la automatización.

deben aspirar a entender y mejorar cualquier proceso que esté a su cargo, así como los pasos asociados. El mapeo de procesos (ver debajo) se diseñó con ese objetivo.

Dos tipos de procesos

Los procesos se describen a menudo como «los que aportan valor» o «los que no aportan valor» (ver pp. 118-119). Los primeros son parte de los procesos operativos que ofrecen valor al cliente o usuario. Los últimos son procesos de apoyo, como los de TI o de contabilidad, que no proporcionan un valor directo al usuario o al cliente.

CARRILES

Las acciones en un mapa de proceso (ver debajo) se pueden organizar en carriles, para dejar más claro quién realiza cada acción. Por ejemplo, una queja de un cliente podría hacer que una organización intentara resolver el asunto, y estas actividades las pueden seguir todos los departamentos o unos contratistas externos.

CLIENTE
ADMINISTRADOR
SUBCONTRATISTA

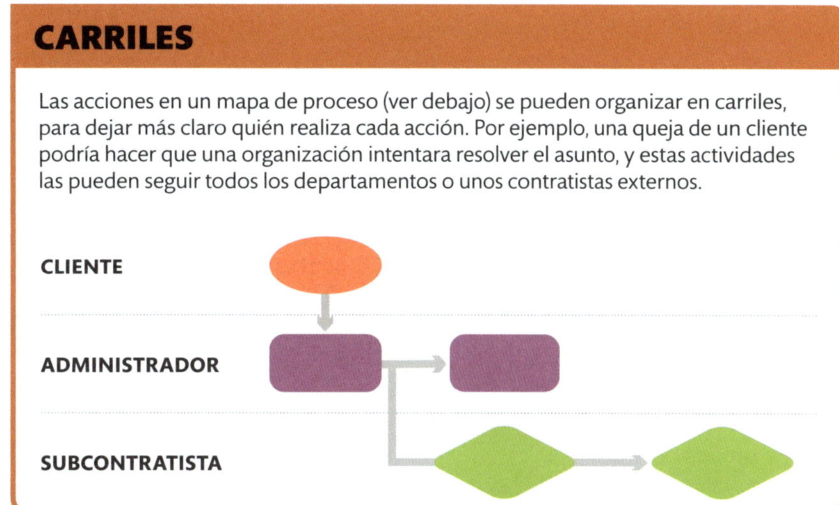

«Culpa al proceso, no a las personas».

W. Edwards Deming, estadista estadounidense, 1992

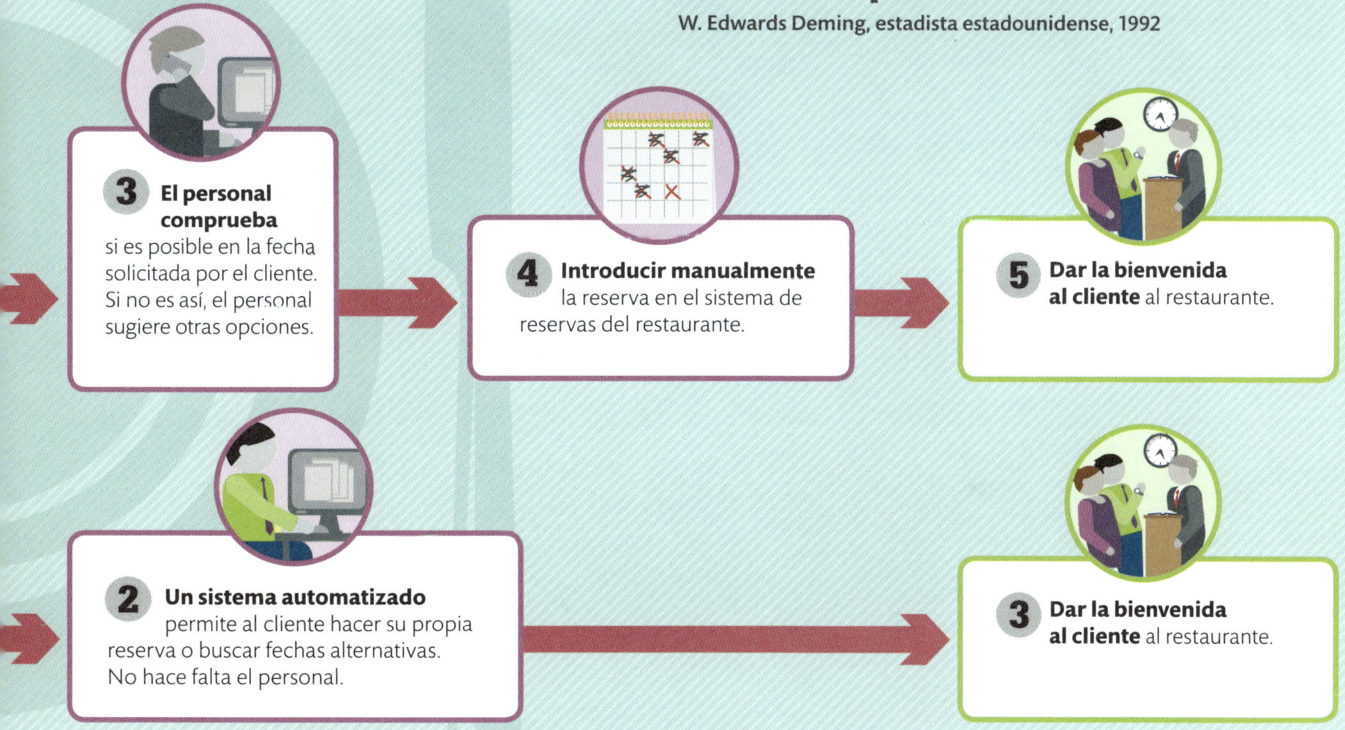
3 El personal comprueba si es posible en la fecha solicitada por el cliente. Si no es así, el personal sugiere otras opciones.
4 Introducir manualmente la reserva en el sistema de reservas del restaurante.
5 Dar la bienvenida al cliente al restaurante.
2 Un sistema automatizado permite al cliente hacer su propia reserva o buscar fechas alternativas. No hace falta el personal.
3 Dar la bienvenida al cliente al restaurante.

Cadena de valor

Una cadena de valor es un conjunto de actividades mediante las cuales se desarrollan los bienes o los servicios. Los líderes tienen que asegurarse de que cada actividad funciona de manera eficiente para maximizar el valor del producto final.

Gestión de la cadena de valor

El concepto de «cadena de valor» lo introdujo el académico estadounidense Michael Porter en su libro de 1985 *Ventaja competitiva: creación y sostenimiento de un desarrollo superior.* Una cadena de valor comprende todas las actividades, desde la entrada de materia prima hasta la distribución, que añaden valor al producto final. Para que una organización obtenga beneficios, el valor final de un producto o servicio tiene que ser mayor que el coste de crearlo.

El análisis de la cadena de valor supone desgranar una operación en partes más pequeñas para que resulte más fácil ver qué sucede en cada etapa del proceso y cómo se conectan las distintas etapas. Primero, las actividades que añaden valor se dividen en dos grupos: actividades primarias y secundarias (ver debajo). El paso siguiente es identificar los «inductores de coste» —cualquier cosa que afecte al coste de una actividad o proceso, como las horas de trabajo— y determinar si los costes se pueden reducir sin sufrir efectos negativos en otras actividades. El tercer paso es identificar las actividades «de diferenciación», como mejorar la calidad del producto, la innovación y el marketing, todo lo cual añade valor al producto y le confiere una ventaja competitiva. El análisis puede mostrar cómo se puede mejorar (o eliminar, si hace falta) cada actividad para que añada valor.

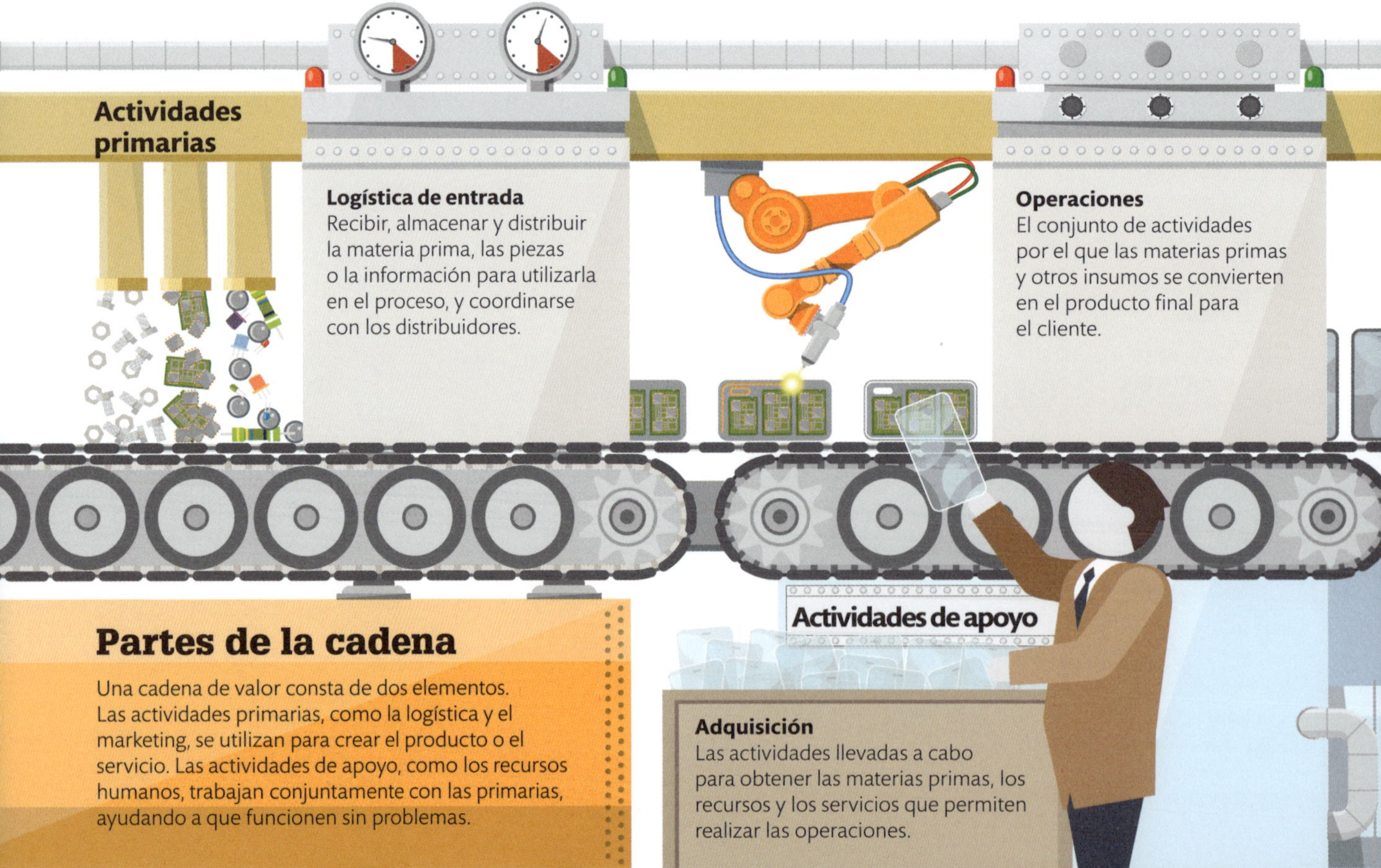

Partes de la cadena

Una cadena de valor consta de dos elementos. Las actividades primarias, como la logística y el marketing, se utilizan para crear el producto o el servicio. Las actividades de apoyo, como los recursos humanos, trabajan conjuntamente con las primarias, ayudando a que funcionen sin problemas.

DEBES SABER

> **El margen de venta** es la cantidad de dinero que se gana tras deducir los costes directos del precio de venta del producto o el servicio.

> **El rendimiento de los activos** es una manera de calcular la rentabilidad de una empresa basada en sus activos.

> **Un inductor de coste** es un factor que provoca que suba o baje el coste de una actividad.

> **La ventaja de diferenciación** es el grado en que un producto o un servicio es mejor que el de la competencia.

«**Si no** añade valor, **es un** desperdicio».

Henry Ford, fundador de la Ford Motor Company, *ca.* 1920

Marketing y ventas
La publicidad, los precios y las actividades promocionales para vender el producto o servicio y quitarle compradores a la competencia. También pueden incluir la asistencia posventa.

Logística de salida
Todas las actividades relacionadas con la entrega del producto o del servicio; pueden incluir la coordinación con el transporte externo, el almacenamiento o las empresas de servicios logísticos.

Servicios
Las actividades necesarias para hacer que el producto funcione para el comprador tras la venta y entrega, como la asistencia técnica o las actualizaciones de software.

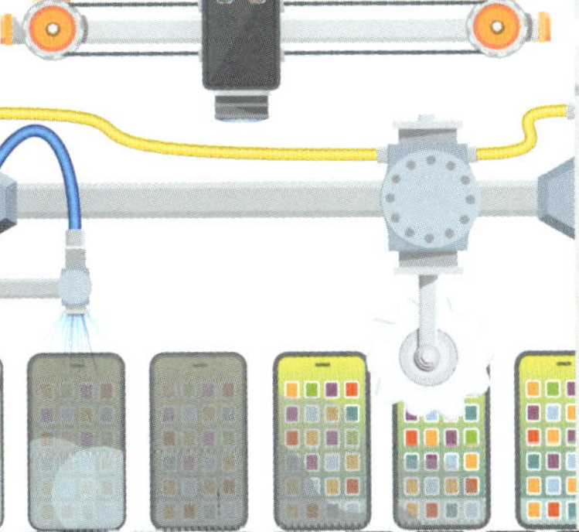

Gestión de los recursos humanos
Actividades para contratar, formar, desarrollar y conservar a los trabajadores (o despedirlos si es necesario).

Tecnología e infraestructura
El equipamiento y los procedimientos tecnológicos que se utilizan en las operaciones, más las funciones de apoyo como las legales, las financieras y las contables.

Producción ajustada

El objetivo de la producción ajustada (o producción lean) es identificar y entregar lo que el cliente quiere de un producto. Esto permite a los líderes dirigir a su equipo y los recursos para maximizar la productividad y minimizar los desperdicios.

Establecer el valor

La producción ajustada implica identificar primero qué valora el cliente final de un producto o un servicio concreto, que a su vez influye en lo que el cliente está dispuesto a pagar por él. Esto permite a los líderes y a los equipos perfeccionar el «flujo de valor», todas las actividades necesarias para fabricar y entregar un producto. Todas las actividades «sin valor añadido», como el almacenaje de los productos sin vender, se eliminan.

Los resultados incluyen procesos más rápidos y eficientes y productos de mayor calidad.

La producción ajustada la aplicó por primera vez Henry Ford a comienzos del siglo xx, pero llegó a su punto álgido con el fabricante de automóviles japonés Toyota. El sistema depende de un flujo constante a lo largo de todo un proceso y de la comunicación continua entre todos los implicados en perfeccionar el proceso.

Taiichi Ohno, ingeniero y fundador de Toyota Production System, 1978

Una máquina ajustada

En los años 50, Toyota redujo las operaciones ajustadas a cinco principios para fabricar vehículos de la manera más eficiente posible. También identificó los siete tipos de desperdicios que deberían evitarse, y desde entonces se ha añadido un octavo: concretamente, el talento desaprovechado. El objetivo de Toyota sigue siendo maximizar el valor a la vez que se reducen todos los tipos de pérdidas.

1. Identifica el valor
Descubre qué valora más el cliente de un proceso o un producto.

2. Mapear el flujo de valor
Define el flujo de actividades desde el inicio hasta el final de un proceso para eliminar cualquier actividad «sin valor añadido».

Tipos de pérdidas

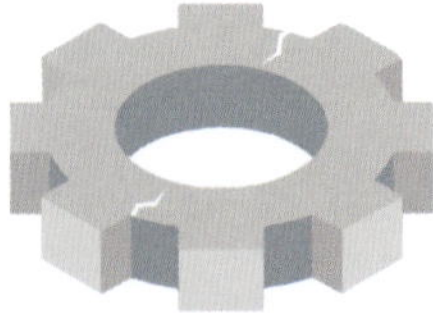

DEFECTOS
Desperdicio de trabajo y de recursos en un servicio que no cumple las expectativas del cliente

SOBREPRODUCCIÓN
Los artículos producidos exceden la demanda del cliente

ESPERA
Tiempo de espera improductivo para el siguiente paso del proceso

TALENTO DESAPROVECHADO
Infrautilización de las capacidades y el conocimiento de los trabajadores

KAIZEN

KAI   **ZEN**

改   善

CAMBIO   **BUENO**

El kaizen es un concepto que se originó en la industria manufacturera japonesa tras la Segunda Guerra Mundial. Se hizo popular debido a que se centraba en producir bienes de alta calidad a bajo coste. El kaizen, que significa «buen cambio», requiere que los líderes hagan mejoras pequeñas pero constantes en el entorno de trabajo para aumentar la productividad y la eficacia. También anima a los empleados a que sugieran maneras de mejorar la vida laboral, ya sea en la línea de producción como en la empresa de un modo más general. La filosofía kaizen ha tenido un impacto tremendo en el mundo empresarial japonés, sobre todo en el ámbito de la fabricación «justo a tiempo». Hoy, en día, por ejemplo, Toyota ensambla vehículos en cuestión de horas.

3. Crear un flujo

Organizar los pasos que crean valor en una secuencia armonizada para que el proceso fluya sin problemas hasta la entrega del producto al cliente.

4. Establecer atracción

Comenzar cada nueva actividad solo cuando haya una demanda del cliente o de los trabajadores de la siguiente etapa del proceso.

5. Perseguir la perfección

Seguir perfeccionando el proceso hasta que se cree el valor perfecto sin desperdicios.

TRANSPORTE
Tiempo, recursos y dinero desperdiciados en trasladar productos y materiales innecesariamente

INVENTARIO
Exceso de stock de materia prima y de productos acabados

SOBREPROCESAMIENTO
Reelaborar el producto o producir bienes con más especificaciones de las necesarias

MOVIMIENTO
Tiempo y esfuerzo desperdiciados por una pésima gestión del flujo de trabajo

Cumplir los objetivos

Fijar objetivos, ponerlos en marcha y luego supervisar que se consiguen es una función esencial de cualquier organización. Hay dos modelos estratégicos que pueden utilizar los líderes.

Guiarse por los objetivos

El modelo de Administración por Objetivos (APO) lo desarrolló Peter Druker en los años 50, mientras que Robert Kaplan y David Norton introdujeron el Cuadro de Mando Integral (CMI) en los 90. La finalidad del modelo APO es mejorar el rendimiento mediante una definición clara de los objetivos —acordados por los líderes y su personal— que dependen de la visión y la misión de la organización. Al implicar a los empleados en la planificación y definición de los objetivos, los líderes fomentan también el empoderamiento y el compromiso. El modelo CMI comporta que el rendimiento del negocio

Cómo trabajan juntos los modelos APO y CMI

El modelo de administración por objetivos se puede usar conjuntamente con, o para informar de, el marco del cuadro de mando integral, ya que ambos modelos se ocupan del éxito mediante la definición de una estrategia y estableciendo unos objetivos. Por ejemplo, el modelo APO se puede usar para fijar objetivos, que después se miden utilizando el modelo CMI. O, podrían usarse las cuatro perspectivas del modelo CMI para ayudar a fijar los objetivos del modelo APO.

Aplicar Administración por Objetivos

Los líderes establecen y revisan los objetivos para un periodo concreto. Este modelo funciona mediante recompensas, de modo que las personas reciben un reconocimiento por cumplir los objetivos.

y del empleado se gestionen internamente, mientras que los clientes o las partes interesadas pueden medir el éxito externamente.

Medir cómo se cumplen los objetivos

El modelo APO es una herramienta para medir el rendimiento muy utilizada como ayuda para traducir los preceptos de la misión y la visión en acciones operativas, y para evaluar el funcionamiento del CMI. Los líderes no lo suelen utilizar para evaluar rendimientos individuales, sino para revisar el rendimiento del equipo respecto a la estrategia empresarial. Al examinar cuatro áreas mensurables del negocio —percepción del cliente, procesos empresariales internos, perspectiva financiera, y aprendizaje y crecimiento— sin dejar de tener en mente la visión de la empresa, el APO revela cómo se están cumpliendo los objetivos, y resalta dónde se pueden hacer cambios y mejoras. Utilizar los modelos APO y CMI juntos permite a los líderes alinear y aplicar objetivos medibles con sus equipos.

Aplicar el Cuadro de Mando Integral

Los líderes utilizan la declaración de misión de la organización como base para completar un cuadro de mando para cada una de las áreas medibles, concretando objetivos, metas e iniciativas que puedan transformar los fines de la empresa en acciones concretas.

La percepción del cliente es cómo quiere presentarse una empresa ante sus clientes para conseguir su misión.

Aprendizaje y crecimiento es la capacidad de una empresa de autoformarse e innovar para poder seguir cambiando y mejorando.

Utiliza la misión, la visión y la estrategia de la organización para evaluar las cuatro áreas medibles del negocio.

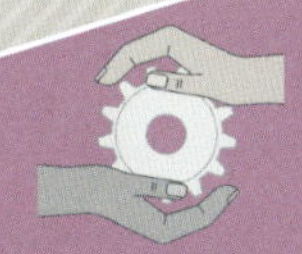

Los procesos empresariales internos son las prácticas internas que añaden valor y que se necesitan para garantizar la satisfacción de los *stakeholders* y los clientes.

La perspectiva financiera se basa en el rendimiento pasado y evalúa la viabilidad a largo plazo de la estrategia elegida en términos monetarios.

Para descubrir qué acciones son vitales para el éxito, a veces los líderes crean un mapa del éxito (también llamado mapa estratégico), que vincula directamente una serie de actividades con las metas que se deben alcanzar. Este mapa muestra a todos dónde se deberían centrar los esfuerzos porque son las actividades que se medirán. Como todas las partes de la organización tienen que trabajar juntas, es importante no medir solo las actividades de un área. Para garantizar un equilibrio en las actividades, se suelen agrupar en cuatro perspectivas: el rendimiento financiero, la percepción del cliente, los procesos internos y el aprendizaje y crecimiento. Los resultados de estas mediciones se muestran en un cuadro de mando de rendimiento para que todo el mundo pueda ver los avances que se han hecho.

Indicadores de rendimiento clave

Los indicadores de rendimiento clave (KPI, por sus siglas en inglés) proporcionan un marco a los líderes para monitorizar el buen funcionamiento de áreas concretas dentro de la organización y para identificar posibles mejoras.

Entender los KPI

Para utilizar los KPI, el líder tiene que identificar primero las áreas de la organización que contribuyen a su éxito, como la fabricación y las ventas. Se fijan los objetivos medibles de rendimiento para cada área y luego se supervisan a intervalos regulares, ya sea semanal, mensual o cuatrimestralmente. Para evaluar el rendimiento de un área, el líder debería comparar los resultados conseguidos con los objetivos establecidos. Al hacerlo, los líderes obtienen una mejor comprensión de qué áreas de la organización rinden bien y dónde deberían centrar la atención para abordar de inmediato cualquier debilidad. Cuando se utilizan durante largos periodos, los KPI también pueden ayudar al líder a identificar tendencias de rendimiento, ya sea para poder aprovecharlas, o para ayudar a prevenirlas en el futuro.

Seguimiento de objetivos

Para evaluar el rendimiento de su restaurante, Marco identificó seis aspectos del negocio que eran esenciales para su éxito, entre ellos la satisfacción del cliente, las ventas y el tiempo de entrega. Tras establecer objetivos para cada área, pidió a sus empleados más veteranos que buscaran maneras de cumplir los objetivos y que registraran sus avances y le informaran de los resultados cada semana. Al final del trimestre, Marco fue capaz de identificar las áreas del negocio que habían rendido de manera constante y cuáles necesitaban una mejora.

> **«Lo que se mide se gestiona».**
>
> V. F. Ridgway,
> científico administrativo
> estadounidense, 1956

CÓMO ESTABLECER LOS KPI

Los KPI se pueden utilizar en cualquier tipo de organización, aunque para que den resultados óptimos solo se deberían aplicar en las áreas que contribuyen a su éxito. Por ello, los líderes deben ser concretos y decidir exactamente dónde y cómo usar los KPI dentro de la organización. También es importante que los objetivos que fije un líder sean realistas y alcanzables. Si los que se fijan son muy altos, es probable que la organización no los cumpla, lo que dará una falsa impresión de su verdadero potencial de rendimiento. Cuando se establecen los KPI, el líder debe asegurarse de que tienen:

❯ **Un título y un propósito** que describa lo que se está midiendo y por qué.

❯ **Objetivos** flexibles pero alcanzables dentro de un plazo.

❯ **Una fórmula** que garantice que las mediciones se hacen igual cada vez, como calcular un porcentaje.

❯ **Una frecuencia** que establezca cada cuánto se mide y se revisa el indicador.

❯ **Una persona o equipo** responsable de la medición y de la puesta en marcha.

✓ DEBES SABER

❯ **Los objetivos** son descripciones de lo que se debe alcanzar para llegar a una meta.

❯ **Los propósitos** son los niveles de rendimiento necesarios para alcanzar un objetivo.

❯ **Los hitos** son puntos a lo largo del camino hacia la consecución de un objetivo.

❯ **Las iniciativas de mejora** son cambios que se hacen a las operaciones para mejorar su rendimiento.

GESTIÓN DE PERSONAS

Roles de equipo

La gestión consiste en crear equipos de éxito. Los mejores equipos son aquellos en los que el papel de cada persona se ajusta a sus capacidades e intereses.

Crear un equipo

Una de las responsabilidades del líder es formar equipos para llevar a cabo tareas y proyectos. Sus miembros ya no tienen que estar en el mismo espacio físico; un equipo puede ser más eficaz teletrabajando. Cada equipo tiene su propia función, y cada miembro del mismo su papel particular. Un método para hacerlo lo desarrolló el doctor Meredith Belbin, psicólogo de la gestión, en los años 70 del siglo xx, y lo perfiló en su libro *Equipos directivos: el porqué de su éxito o fracaso* (1981).

Nueve tipos de personalidades

Belbin llevó a cabo un experimento de cinco años para identificar los tipos de comportamiento que ayudarían a crear un equipo de alto rendimiento. Pese a que concluyó que no existía el equipo «perfecto», identificó nueve roles principales, que basó en los nueve tipos de comportamiento. Al reconocer los roles de Belbin, los líderes pueden optimizar sus equipos y contratar a miembros que tengan las características personales que garanticen con más probabilidad el éxito en una tarea concreta. Es importante destacar que Belbin señaló que cada uno de los nueve roles tiene debilidades intrínsecas: por ejemplo, el pensador creativo puede no ser un buen coordinador.

El tamaño importa

Tras cinco años de investigaciones, Belbin determinó que el tamaño de un equipo es primordial para su eficiencia. Si, por ejemplo, un equipo tiene demasiados miembros, los roles se pueden superponer, lo que lleva a la confusión sobre qué debería hacer cada uno. Belbin concluyó que el número ideal de miembros es cuatro. Esto evita la duplicación de roles y fomenta debates productivos y una toma de decisiones más rápida. Además, aunque hay nueve roles de equipo en total, cada individuo suele tener fortalezas en dos o tres áreas, con lo que esas cuatro personas pueden cubrir todos los roles.

INVESTIGADOR DE RECURSOS

Extrovertidos y curiosos, los investigadores de recursos son expertos en explorar nuevas oportunidades y crear relaciones con fuentes externas.

COORDINADOR

Tranquilos, contenidos y maduros, los coordinadores tienen una perspectiva de cómo debe rendir el equipo e inspiran a sus miembros a centrarse en los objetivos comunes.

IMPULSOR

Los impulsores, que viven de los retos y no temen al enfrentamiento, son miembros asertivos y dinámicos del equipo, que, si el grupo llega a un punto muerto, hacen que las cosas sucedan.

COHESIONADOR

Prestos a adaptarse a situaciones y personas, los cohesionadores se preocupan sinceramente del bienestar de los demás, apoyan a los compañeros y ayudan a que el equipo siga siendo eficaz.

ESPECIALISTA

Los especialistas, que ofrecen conocimientos y capacidades expertas en áreas temáticas concretas, actúan como asesores independientes, aportando seriedad al equipo.

FINALIZADOR

Concienzudos y ordenados, los finalizadores garantizan que no se ha pasado nada por alto y llevan al equipo a completar la tarea en cuestión.

«**¿Prefiere** una colección de mentes brillantes **o una** colección brillante de mentes?».

Dr. Meredith Belbin

Tipos de personalidad

Formar equipos bien equilibrados puede constituir un reto para cualquier líder. Entender la personalidad de los miembros individuales del equipo ayuda a maximizar la cooperación y a minimizar el conflicto.

Utilizar los test de personalidad

Identificar los rasgos de personalidad a fin de seleccionar a las personas adecuadas para contratarlas o ascenderlas es un procedimiento estándar en muchas organizaciones medianas y grandes. Las pruebas psicométricas —a menudo en forma de detallado cuestionario en línea— tratan de averiguar la autopercepción de un individuo y cómo respondería a situaciones concretas. También se puede utilizar para evaluar atributos

El indicador Myers-Briggs

El indicador de tipo Myers-Briggs®, uno de los modelos de test de personalidad más influyentes, clasifica a los individuos en 16 tipos de caracteres distintos. Para determinar qué tipo es el que más se ajusta a una persona, se evalúan cuatro pares de cualidades «opuestas»: extroversión-introversión; intuición-sensación; pensamiento-sentimiento; juicio-percepción. Un cuestionario indica si un individuo es extrovertido (E) o introvertido (I), intuitivo (N) o sensorial (S), racional (T) o emocional (F), y calificador (J) o perceptivo (P). Según esto, se le asigna un tipo de personalidad general. Por ejemplo, a alguien con características ENFJ se le denomina profesor, mientras que a alguien con características ISTJ se le llama inspector.

«Las personas mejor adaptadas son los "patriotas psicológicos", que se alegran de ser lo que son».

Isabel Briggs Myers, *Gifts Differing: Understanding Personality Type*, 1980

ENFJ

PROFESOR
Organizado, transformador

INFJ

CONSEJERO
Creativo, dedicado, perspicaz

ENFP

ACTIVISTA
Enérgico, apasionado

INFP

SANADOR
Idealista, centrado en el futuro

ESFP

ANIMADOR
Encantador y amante de la diversión

ISFP

COMPOSITOR
Flexible, espontáneo

ESFJ

PROVEEDOR
Empático con los sentimientos de los demás

ISFJ

PROTECTOR
Diligente, solícito

como la inteligencia, la resolución de problemas y la aptitud para un rol concreto.

Evaluar al personal

Existen muchos test, entre ellos el de Myers-Briggs (ver debajo), el Big Five, que mide cinco rasgos clave de la personalidad, y el DISC, las siglas en inglés de dominancia (disfruta teniendo el control), influencia (disfruta convenciendo a los demás), estabilidad (es dependiente y le gusta cooperar) y cumplimiento (sigue los procedimientos y es preciso).
Estos test se usan en ocasiones para ayudar a que los líderes se conozcan mejor a sí mismos y también para garantizar que los equipos están integrados por personas susceptibles de trabajar bien juntas. De todos modos, no existe el test 100 % preciso, por lo que estas pruebas se suelen combinar con otros métodos, como por ejemplo entrevistas y hablar con las personas para conocer al individuo y cuáles son sus motivaciones.

GENIO
Innovador, resolutivo

COMANDANTE
Abierto al cambio, sociable

ARQUITECTO
Lógico, analítico, sistemático

VISIONARIO
Innovador, inspirador

ARTÍFICE
Observador, práctico, resolutivo

DINAMO
Energético, dinámico, gestor de conflictos

INSPECTOR
Ordenado, orientado a los procesos

SUPERVISOR
Trabajador, orientado al trabajo grupal

¿EXTROVERTIDO O INTROVERTIDO?

El psiquiatra suizo Carl Jung presentó el concepto de introversión y extroversión en los años 20 del siglo pasado, sugiriendo que los extrovertidos reaccionan al entorno externo y a la estimulación externa, mientras que los introvertidos se centran internamente en la reflexión y el pensamiento. No obstante, hay un amplio espectro entre ambos, y la mayoría de la gente se encuentra en algún punto de esa escala. Los «ambivertidos» muestran rasgos de ambos lados del espectro.

Características del extrovertido

❯ Asertivo, carismático, parecen líderes naturales.

❯ Les motiva interactuar con la gente, amigos o desconocidos.

❯ Socialmente activos con sus pares y sus empleados.

❯ Excelente en intercambiar ideas con otros durante la jornada laboral.

❯ Propenso a sentirse amenazado por otros que tomen la iniciativa.

❯ Más proclive a ofrecerse voluntario para comités y otros trabajos extra.

Características del introvertido

❯ Más reticente a promocionarse.

❯ Saben escuchar muy bien.

❯ Se les da bien extraer energía de las ideas, las imágenes y las reflexiones.

❯ Capaz de construir relaciones profundas con las personas.

❯ Encantado de que sean otros miembros del equipo los que tomen la iniciativa.

❯ Propenso a tomarse tiempo para resolver las cosas a medida que avanza un proyecto, a menudo necesita periodos de soledad durante el día con objetivos de planificación estratégica.

Competencias

Una competencia es una habilidad necesaria para un trabajo específico. Los líderes tienen que ser capaces de definir y evaluar las competencias de los empleados para garantizar que cuentan con las personas adecuadas para cada puesto.

Tipos de competencia

Los objetivos o metas definen qué se le pide a un empleado. En cambio, las competencias revelan cómo consiguen los empleados los objetivos, por ejemplo, si la persona es buena solucionando problemas, trabaja bien en equipo o si persevera ante los retos.

Las competencias abarcan muchas áreas, desde las básicas hasta habilidades y conocimientos técnicos específicos para cada tarea, títulos profesionales y rasgos y conductas personales, como la automotivación. Las competencias deseadas pueden variar según la función del empleado y a menudo difieren según el sector. Por ejemplo, las necesarias para ser el director de un hospital pueden ser distintas de las que necesita el director de una agencia de valores, o un miembro más joven del equipo de esa misma organización.

Las competencias se pueden agrupar en dos tipos principales: esenciales y funcionales. Las esenciales son las habilidades que más se valoran en la mayoría de las organizaciones, así como los rasgos personales que se ajustan a la cultura del lugar de trabajo. Las competencias funcionales son las habilidades relacionadas directamente con el puesto, que a menudo se pueden medir y definir con cualificaciones concretas.

Al definir las competencias esenciales y funcionales, los líderes pueden aclarar qué se espera de puestos específicos y armonizar las actividades individuales y del equipo al propósito y los valores generales de la organización. Estas definiciones se pueden usar para contratar a solicitantes de empleo y para guiar el desarrollo de los empleados.

Conformidad normativa

Certificación que muestra cumplimiento de regulaciones sanitarias, de seguridad, medioambientales y otras

Titulaciones relevantes

Prueba de experiencia o formación, como las titulaciones académicas o profesionales

COMPETENCIAS FUTURAS

Un análisis de datos de entre 10 000 clientes mundiales de la empresa de soluciones de personal PSI (Psychological Services Inc.) se ha combinado con una investigación llevada a cabo por el Foro Económico Mundial para generar un estudio que prediga las siete competencias clave que los líderes necesitarán en el futuro. Son las siguientes: pensamiento crítico, agilidad de aprendizaje, destreza digital, establecimiento de relaciones, aceptación de la diversidad, resiliencia y orientación al cambio. En el mundo pospandemia, donde más personas teletrabajarán, se deberían añadir otras competencias a la lista. La capacidad de ser flexible, autosuficiente y comunicarse con eficacia son cada vez más importantes.

Definir las competencias

Cuando se define un trabajo para un puesto concreto, es útil resaltar una lista de competencias deseables que deben tener los solicitantes. Los líderes tienen que definir unas cuantas competencias esenciales (ver ejemplos, derecha) que indiquen si un empleado es adecuado para el puesto y que ayudará a alcanzar las metas de la organización. La descripción también debería especificar las competencias que se exigen al solicitante (ver arriba) y definir el nivel de rendimiento esperado.

Habilidades técnicas

Prueba de conocimientos técnicos, como un certificado de un curso de formación

Conocimientos actualizados

Prueba de que se mantiene al día de los avances en el sector o en el entorno laboral pertinente

Historial

Prueba de un éxito anterior en el campo de trabajo, como un expediente de proyectos completados

DEBES SABER

❯ **Las *hard skills*** son indicadores cuantificables de capacidad adquiridos de manera formal, como un certificado o un grado. Estas capacidades se engloban en las competencias funcionales.

❯ **Las *soft skills*** son capacidades personales, cognitivas y de comportamiento, como las habilidades comunicativas, el pensamiento crítico y la resolución de problemas. Se engloban en el grupo de competencias esenciales.

❯ **Las *transversal skills***, también llamadas capacidades transferibles, se pueden aplicar a una amplia variedad de trabajos. Entre ellas están la alfabetización y la aritmética básica, y las capacidades fundamentales personales como trabajar bien con los demás.

COMPETENCIAS ESENCIALES

❯ **Trabajo en equipo:** capacidad de colaborar y comunicarse eficazmente con los compañeros

❯ **Toma de decisiones:** respuestas efectivas a los retos

❯ **Buena ética laboral:** resiliencia, automotivación, tenacidad

❯ **Habilidades cognitivas:** ideas innovadoras, pensamiento analítico

El **50 %** de los empleados tendrán que reciclarse profesionalmente de cara a 2025, debido al aumento de la adopción de la tecnología

Foro Económico Mundial (2020) *The Future of Jobs Report*

Encontrar y seleccionar personal

Contratar a las personas adecuadas es esencial para formar un equipo de éxito. Los líderes tienen que planificar el proceso para asegurarse de que eligen a aquellos con las aptitudes personales y profesionales apropiadas.

Planificación inicial

Un proceso de contratación y selección eficaz consta de varios pasos, desde identificar un puesto que hay que cubrir hasta darle el empleo al nuevo candidato e integrarlo en el equipo.

La primera fase consiste en efectuar un análisis laboral del puesto. Para definir las funciones esenciales y las competencias necesarias, se pregunta a los empleados actuales en puestos similares cuáles son sus tareas principales y el resultado esperado de su trabajo. Esta información se usa para destacar las cualidades y habilidades que debería poseer el candidato.

Después, Recursos Humanos y los gestores del nuevo empleado tienen que planificar el proceso de contratación. Esto implica diseñar la descripción del puesto; decidir dónde y cómo anunciarlo; decidir la estructura de la entrevista, y si llevar a cabo una selección por teléfono o en línea previa a la misma y quién estará presente en ella; y recopilar preguntas para utilizarlas en la preselección y en la propia entrevista.

EL PROCESO DE CONTRATACIÓN

Encontrar y conservar a los empleados adecuados requiere una planificación minuciosa.

❯ **Anunciar** los puestos interna y externamente.

❯ **Dar a conocer** los valores de la organización, para que los solicitantes sean conscientes de su filosofía.

❯ **Programar** las entrevistas cercanas entre sí para poder comparar mejor a los candidatos.

❯ **Revisar** el historial de los candidatos y consultar sus referencias.

❯ **Asegurarse** de que los candidatos saben si una oferta es condicional (p. ej. pendiente de pruebas adicionales) o incondicional.

❯ **Implantar** procesos de inducción para ayudar a los nuevos empleados a adaptarse al puesto.

Pescando en busca de talento

Que una empresa anuncie una oferta de empleo, no significa que se presentarán los mejores candidatos, o que después aceptarán el puesto que se les ofrezca. Las personas pueden elegir dónde trabajar, por lo que, para atraer a los mejores, la organización y el puesto deben parecer atractivos. Los líderes tienen que dar a conocer a los candidatos los múltiples beneficios de la organización, como un trabajo gratificante y una progresión profesional estructurada.

En la entrevista

Una vez recibidas las solicitudes, se revisan los currículums. Puede ser útil hacer una preselección de los que serán entrevistados.

Los entrevistadores han de decidir quién preguntará sobre qué temas. Para evaluar a los candidatos de manera equitativa, se elaborará una lista de verificación, que incluirá preguntas sobre las competencias personales y técnicas. También puede resultar útil un test de aptitudes o uno de personalidad. Tras las entrevistas, los responsables deberían reunirse para hablar de los candidatos.

ENTREVISTA CONDUCTUAL

Esta técnica se basa en la idea de que la conducta pasada de una persona es la mejor manera de predecir su conducta futura. Aquí debajo hay algunos ejemplos de preguntas que ilustran la técnica.

✔ **Pregunte:** ¿Cómo abordó la formación de un supervisor?	✘ **No pregunte:** ¿Ha formado alguna vez a un supervisor?
✔ **Pregunte:** ¿Ha tenido que hacer frente a un cliente insatisfecho?	✘ **No pregunte:** ¿Qué haría si un cliente amenazara con irse?
✔ **Pregunte:** ¿Cómo aplicaría la administración de cambios en su antiguo empleo?	✘ **No pregunte:** ¿Cómo aplicaría la administración de cambios en nuestro departamento?

Beneficios de la diversidad

Todos los integrantes de una organización tienen distintas ideas y experiencia que aportar. Cuando se gestiona bien, esto crea una valiosa sinergia que permite a las organizaciones con diversidad superar a sus homólogos no diversos.

Gestionar un equipo con diversidad

Hoy en día, la mayoría de las empresas cuentan con políticas y programas de diversidad en el lugar de trabajo. Lo hacen no solo por cumplir con las normas de igualdad de oportunidades, sino también para mejorar la productividad, puesto que un ambiente diverso fomenta la creatividad. Sin embargo, a la hora de armonizar las distintas personalidades, valores y actitudes culturales de un equipo diverso surgen retos, y afrontarlos es una tarea fundamental del líder. El objetivo es respetar las

Fomentar la inclusión

Al igual que un jardín es más exuberante y alegre cuando cuenta con una mezcla de distintas plantas, un lugar de trabajo diverso es a menudo más productivo. Para un líder, la clave para conseguir un lugar de trabajo diverso es el uso de un proceso de selección y contratación sin sesgos, y una política de empresa que fomente la inclusividad.

diferencias individuales, a la par que incentivar lo que tienen en común.

Liderar un equipo eficaz, por tanto, conlleva equilibrar las necesidades del grupo y de los individuos que lo integran, y eso requiere que los líderes garanticen que sus valores personales no interfieran con las dinámicas del equipo. Los estudios también muestran que la diversidad entre los líderes se traduce en una mayor innovación y en la obtención de mayores ingresos para sus empresas. Esto ha llevado a que estas busquen la diversidad en todo su personal, así como a proporcionar formación sobre diversidad en el trabajo.

Las empresas con diversidad superan las cifras del sector en un

36 %

McKinsey & Company, asesoría de gestión, 2020

Bienestar en el lugar de trabajo

Desde actualizar el mobiliario y el equipamiento hasta supervisar la carga de trabajo, hay muchas maneras en las que un líder puede aumentar el bienestar del empleado y fomentar una plantilla más feliz, sana y comprometida.

Iniciativas de bienestar

Garantizar que un lugar de trabajo sea atrayente y funcione de manera óptima es cada vez una prioridad mayor para los líderes que quieren mantener al personal con ánimo positivo y comprometido. Un lugar de trabajo bien diseñado reduce el riesgo de accidentes, enfermedades y problemas de salud relacionados con el estrés. La ergonomía puede ayudar a los líderes a conseguirlo. Para ello cubre tres áreas: la ergonomía física, como el diseño del mobiliario y los dispositivos para que se adapten a la anatomía del usuario sin imponer ninguna tensión en parte alguna de su cuerpo; la ergonomía cognitiva que garantiza que los dispositivos y los sistemas son fáciles de usar; y la ergonomía organizativa, es decir, establecer estructuras, políticas y prácticas de trabajo que fomenten cargas de trabajo asumibles.

Las iniciativas de bienestar, a menudo conducidas por los gestores de RR. HH., varían según la empresa, pero pueden incluir seguro médico, áreas de trabajo fáciles de utilizar, evaluación de riesgos, remuneración justa y abierta, y un estilo de gestión que involucre al personal en la toma de decisiones y que garantice que se escucha su voz.

Diseñar el entorno de trabajo

Un lugar de trabajo luminoso, seguro, cómodo y completamente funcional salvaguarda la salud del empleado y fomenta el bienestar. En un entorno laboral planificado cuidadosamente, se adapta cada aspecto, desde las máquinas hasta la calidad del aire, a las tareas requeridas y al beneficio del personal que las lleva a cabo. Las empresas que han abordado estas cuestiones informan de una mayor productividad, menos absentismo y un aumento de la retención del personal.

DEBES SABER

> **La antropometría** es la ciencia que mide el cuerpo y sus proporciones. se utiliza, por ejemplo, en el diseño de lugares de trabajo.

> **La ergonomía participativa** alude a la implicación activa de los empleados en el desarrollo y aplicación de cambios en los lugares de trabajo.

> **La ingeniería de factores humanos** es una disciplina que tiene en cuenta las fortalezas y limitaciones humanas cuando se diseñan dispositivos, sistemas y estructuras interactivos.

> **La gestión de riesgos psicosociales** se ocupa de examinar las cargas de trabajo, las condiciones laborales y los métodos de trabajo para reducir la probabilidad de problemas de salud mental.

Equipamiento
La maquinaria segura que no provoca una tensión física puede ayudar a trabajar de manera eficiente.

Carga de trabajo
Supervisar y adaptar las cargas de trabajo puede asegurar que los empleados sean capaces de realizar su labor sin estrés.

CÓMO PUEDEN AYUDAR LOS EMPLEADOS

Colaborar con el personal puede ayudar a los líderes a:

❯ **Identificar** los riesgos del lugar de trabajo.

❯ **Garantizar** que los controles sanitarios y de seguridad son prácticos.

❯ **Conseguir** el compromiso del empleado de trabajar de una manera segura y saludable.

GESTIONAR EL BIENESTAR EN EL TELETRABAJO

El estrés en el lugar de trabajo no solo afecta a la vida de los individuos, sino también al negocio. Las causas del estrés son variadas, desde la incapacidad de cumplir las exigencias del trabajo hasta sufrir acoso o sentirse aislado. Con un aumento creciente del teletrabajo, al líder puede resultarle más difícil identificar cuándo está estresado un miembro del equipo. Algunas señales para detectarlo pueden ser el aumento de las bajas por enfermedad, una peor comunicación o no responder a las llamadas telefónicas. Al crear un entorno de trabajo favorable y garantizar que los trabajadores saben que siempre pueden pedir ayuda, un líder puede evitar que el estrés acabe por convertirse en un problema grave para la empresa.

Visión
Las revisiones oculares gratuitas y la optimización de las pantallas protegen la vista.

Iluminación
Un buen diseño de iluminación reducirá la fatiga ocular y garantizará que el personal pueda hacer su trabajo de manera eficiente.

Aire
Filtrar el aire, una buena ventilación y los ajustes de temperatura regulables facilitan el bienestar del empleado.

Software
Usar programas intuitivos que sean fáciles de manejar ayuda a evitar el estrés de los empleados.

Lugar de trabajo
Para que la plantilla trabaje cómodamente, hay que diseñar las oficinas y los espacios de trabajo para que se adapten a sus necesidades.

Mobiliario
El mobiliario de oficina debería facilitar una buena postura y ser ajustable para adaptarse a las necesidades de los distintos usuarios.

Ruido
La tecnología de enmascaramiento del sonido puede proteger la audición y reducir el impacto de ambientes ruidosos en la productividad.

Señalización de seguridad
Los avisos importantes deberían colocarse en lugares destacados y ser fáciles de leer.

Conservar al personal

Una plantilla comprometida y trabajadora es un enorme activo para cualquier organización. Cultivar y canalizar a su personal y alentarlo a quedarse es, por tanto, una parte fundamental del liderazgo.

Quedarse con los mejores

Gestionar a empleados con talento de manera eficaz y convencerlos de que lo den todo durante el mayor tiempo posible es importante para cualquier organización. El personal productivo y con talento contribuye al éxito y al futuro de una empresa, y también es caro de sustituir.

Por consiguiente, los buenos líderes intentan mantener satisfechos a todos los trabajadores estimulándolos y abordando con rapidez cualquier problema. Sin embargo, el personal de alto rendimiento puede aburrirse con facilidad y necesitar tareas exigentes para seguir comprometidos. Puede que también necesiten comentarios constructivos para garantizar que continúan motivados. Si es posible, se les debería dar una mayor autonomía y proyectos propios, así como incentivos monetarios, como un ascenso o un bonus (ver pp. 144-145).

Las personas permanecen en una organización cuando se sienten valoradas. Esto significa que los líderes tienen que confiar en ellos, respetar su opinión y escuchar cualquier queja que puedan tener. Sin embargo, cuando los empleados valorados deciden marcharse, es conveniente mantener una entrevista de despedida para determinar por qué se van y si se puede hacer algo para que cambien de opinión.

Rotación de personal

En el flexible mercado laboral actual, los empleados cambian de trabajo con mucha más frecuencia que en el pasado. Para evitar el alto coste de sustituir al personal, los líderes deberían hacer que los trabajadores se sientan bienvenidos desde el principio. También deberían establecer unas pautas claras para el trabajo y ofrecer incentivos que garanticen que los empleados siguen centrados y motivados.

1 **Dé a los nuevos empleados un primer día sin complicaciones** asegurándose de que dispongan de las instalaciones y el acceso necesario, dé la bienvenida al nuevo empleado y preséntelo a sus compañeros.

2 **Hable de las funciones y las responsabilidades**, asegurándose de que los empleados entienden sus objetivos concretos.

MEDIR LA ROTACIÓN

Al medir la tasa de rotación de empleados, las empresas pueden supervisar los costes de perder o contratar personal. El porcentaje de empleados que se va durante un periodo establecido, por ejemplo un año, se calcula con una fórmula: el número de empleados que se va se divide por el número medio de empleados, y el total se multiplica por 100.

$$\frac{\text{Personal que se va}}{(\text{Personal al inicio de un periodo establecido} + \text{personal al final de un periodo establecido}) \div 2} \times 100$$

La **tasa media mundial de rotación de personal es del**

10,9 %

LinkedIn, 2017

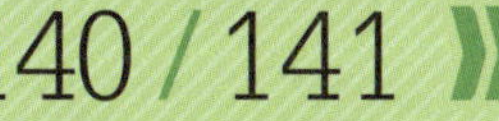

3 Instaure un periodo de prueba para permitir que los nuevos empleados se adapten y que los evalúen los líderes.

4 Motive a los empleados mediante elogios y comentarios periódicos, nuevos retos laborales y oportunidades de ascender dentro de la organización.

6 Invite a los empleados que deciden irse a rellenar un cuestionario o acudir a una reunión final para hablar de sus motivos y de qué podría hacer que se quedaran.

5 Ofrezca incentivos monetarios a los trabajadores productivos, como bonus, aumentos de sueldo, ascensos o prestaciones, como un seguro médico privado.

CASO DE ESTUDIO

Zappos

En la marca de ropa en línea Zappos, la manera de conservar al personal comienza contratando a las personas adecuadas. Hasta los chóferes que recogen a los candidatos en el aeropuerto pueden decidir si son o no adecuados. Tras cuatro horas de formación remunerada, se ofrece al nuevo personal un mes de sueldo por marcharse si la empresa no les conviene, así se aseguran de que todos los que eligen quedarse están plenamente comprometidos.

EL COSTE DE LA ROTACIÓN DE PERSONAL

Sustituir a un trabajador puede costarle a una empresa entre un 50 y un 60 % del sueldo anual de uno de ellos, según la Sociedad para la Gestión de Recursos Humanos. Cuando la rotación es alta, los líderes han de asegurarse de que la productividad no se resiente por la baja moral de la plantilla.

Satisfacer las necesidades de los empleados

La satisfacción laboral no solo depende de un buen sueldo. Las personas rinden mejor en el trabajo si se satisfacen sus necesidades emocionales y psicológicas.

Entender a los individuos

Los líderes exitosos entienden qué es lo que motiva a cada uno de los miembros de su equipo. Esto es esencial para garantizar que siguen centrados, que mantienen su lealtad a la empresa y que logran los objetivos empresariales. Una de las explicaciones más conocidas sobre lo que motiva el comportamiento es la «jerarquía de necesidades» del psicólogo estadounidense Abraham Maslow, que ayuda a los líderes a identificar qué necesita cada miembro de su equipo para rendir bien.

La jerarquía de necesidades

En 1943, Maslow publicó su artículo «Una teoría sobre la motivación humana», que describe como una jerarquía de necesidades: las cosas que mueven al ser humano a actuar para satisfacer esas necesidades. Su idea se visualiza como una pirámide, que empieza en el suelo con las necesidades básicas de una persona y va subiendo por las necesidades emocionales y espirituales, a medida que satisface cada nivel.

✓ DEBES SABER

> **No todo el mundo prioriza** sus necesidades en el mismo orden, y no todo el mundo tiene como objetivo la autorrealización, por lo que quizá haya que adaptar la jerarquía para distintas personas.

> **La jerarquía de Maslow** se basaba en estudios conductuales de los EE. UU., pero como las conductas varían según los países, los líderes deberían ser sensibles a las diferencias culturales.

> **Resulta difícil medir** la satisfacción en cada nivel ya que muchas de las necesidades son emocionales y, por tanto, subjetivas.

5 Objetivos vitales
Ofrece orientación, fomenta las trayectorias profesionales e interésate de verdad en cada trabajador como persona.

Auto-rrealización

Habiendo crecido y evolucionado a nivel espiritual, una persona logra una sensación de realización personal.

Estima

Cuando los demás reconocen a una persona por sus logros, esta comienza a sentirse mejor consigo misma, lo que la ayuda a potenciar la autoestima.

Amor y pertenencia

A las personas les gusta sentir que forman parte de un grupo, necesitan construir relaciones personales y tener la sensación de que se les acepta y de que importan.

Seguridad

Tener un hogar fiable donde refugiarse y un ambiente de trabajo estable ayuda a que las personas se sientan seguras en compañía de desconocidos o conocidos.

Fisiológicas

Las necesidades más básicas de una persona tienen que ver con la supervivencia: tener aire para respirar, comida, agua, calor, dormir y un lugar donde refugiarse y poder reproducirse.

4 ¡Bien hecho!
Anima a los empleados y recompensa el buen trabajo con elogios y reconocimiento.

3 Levantar la moral
Cultiva una actitud positiva en el equipo, fomenta la diversidad y las amistades personales.

2 Futuro seguro
Paga a los empleados de manera justa y proporciónales un entorno laboral seguro, estable y limpio.

1 Comodidad
Ofrece descansos a los empleados, unos horarios de trabajo razonables y condiciones cómodas.

FACTORES X E Y

Douglas McGregor, profesor estadounidense de gestión, desarrolló dos perspectivas alternativas de lo que motiva a las personas a trabajar. La teoría X da por hecho que los empleados no quieren trabajar y hay que seducirlos con recompensas para que lo hagan o castigarlos por no trabajar. Esto requiere un estilo de liderazgo práctico. La teoría Y asume que los empleados están motivados y trabajan para superarse, con lo que la mejor manera de liderarlos es fomentando su creatividad.

Motivación y recompensa

Los líderes cualificados cultivan equipos dinámicos y fieles escuchando sus puntos de vista, reconociendo su valor, recompensando el éxito y eliminando los factores que reducen la motivación.

Mantener motivada a la plantilla

Los empleados motivados lo demuestran con su compromiso y esfuerzo. El objetivo de muchas empresas es alentarlos a ellos, y al personal menos motivado, con un programa que recompensa el esfuerzo, los avances y el éxito.

Hay dos tipos de recompensas: las tangibles, como aumentos de sueldo, ascensos y bonos; e intangibles, como los elogios, trabajos interesantes y exigentes, y la esperanza de un desarrollo profesional. Un buen líder usará las recompensas intangibles y aplicará las tangibles donde es posible. Si fracasa en motivar a los miembros del equipo provocará una alta rotación de personal y menos productividad. Los empleados que teletrabajan han de entender su función a la hora de conseguir los objetivos y su líder debe comunicarse con ellos de forma regular y brindarles feedback sobre su progreso. Algunas organizaciones tienen reuniones de grupo por internet, en las que los empleados intercambian ideas, lo que ayuda a mantener el compromiso.

Los empleados valoran de manera diferente las recompensas. Unos quieren llegar al nivel directivo; otros valoran los comentarios positivos o tener más responsabilidad dentro de su puesto.

La teoría de la motivación de los dos factores de Herzberg

Publicada en 1958, la teoría de los dos factores de la motivación del psicólogo estadounidense Frederick Herzberg dividió los factores que influyen en el compromiso de los empleados en «motivadores» y «factores de higiene». Sostenía que los motivadores, como el logro, el reconocimiento y la responsabilidad, tienen un gran potencial para aumentar el compromiso. Sin embargo, a no ser que se eliminen los factores de higiene, como el sueldo y el estatus bajo y la inestabilidad laboral, la plantilla no se comprometerá por muy buenos que sean los motivadores.

COMPROMISO Y MORAL

Los líderes deberían reconocer si la plantilla está motivada o no. Un personal desmotivado tiende a ser menos productivo y a propagar el desánimo.

> **Los trabajadores comprometidos** trabajan con orgullo, proyectan positividad hacia sus compañeros y se sienten conectados con la empresa. Ayudan a impulsar la innovación y la rentabilidad.

> **Los empleados no comprometidos** cumplen con sus responsabilidades principales, pero no parecen tener pasión ni energía.

> **Los empleados activamente desmotivados** expresan su infelicidad e insatisfacción a los compañeros diariamente, lo que hace bajar la moral del equipo.

El **20 %** de los empleados está comprometido con su trabajo

El **32 %** de los empleados están prosperando

«State of the Global Workplace Report», Gallup, 2021

MOTIVADORES

Trabajo gratificante

Los empleados se sienten motivados si el trabajo es interesante, presenta retos, es gratificante y merece la pena.

Logro

Los líderes pueden establecer objetivos claros para el personal y animarlo a enorgullecerse de su trabajo para mejorar su rendimiento.

Elogio y reconocimiento

El elogio, los comentarios positivos y el reconocimiento del éxito pueden aumentar la satisfacción laboral y motivar a los empleados.

Responsabilidad y autonomía

Un buen gestor no debería «microgestionar», sino permitir que los empleados asuman responsabilidades en su trabajo.

Crecimiento y experiencia

Las oportunidades de crecimiento y desarrollo profesional son importantes factores motivadores.

Desarrollo profesional

Muchos trabajadores, sobre todo los júnior, o aquellos que aspiran a puestos directivos, se sentirán más motivados si los ascienden.

FACTORES DE HIGIENE

Sueldo injusto

El personal se sentirá desmotivado si el sueldo no refleja su rendimiento.

Bajo estatus

Los empleados desmotivados puede que no se sientan valorados, crean que su trabajo o es importante.

Condiciones pésimas

Las largas jornadas laborales y unas instalaciones o un equipamiento pésimos reducen la motivación.

Inseguridad laboral

Es menos probable que el personal se comprometa con su trabajo si siente que corre el riesgo de perder su puesto.

Mal ambiente laboral

Las malas relaciones entre el personal este y los líderes son desmotivadoras.

Desarrollo del equipo

Cultivar las capacidades de un equipo y ayudarlo a crecer, afrontar retos y conseguir resultados es un proceso crucial del liderazgo. Bien hecho, sube la moral, une al equipo y fomenta un buen rendimiento.

Sacar lo mejor del equipo

Cuando un líder se hace cargo de un equipo ya existente o forma uno nuevo para completar una tarea o un proyecto, debería comenzar el proceso de desarrollar el equipo. Esto significa montar el equipo y ayudar a la integración de los miembros, trabajar juntos, afrontar retos, solucionar problemas y conseguir resultados. También supone cultivar el talento, y reconocer y abordar las necesidades individuales.

Los psicólogos conductuales han identificado las etapas clave de la formación de un equipo, desde el encuentro inicial hasta la entrega de un proyecto finalizado. Una de las mejores ilustraciones de este proceso es el modelo *forming-storming-norming-performing* (formación-conflicto-normalización-desempeño), que propuso el investigador psicológico estadounidense Bruce Tuckman en 1965 (ver debajo). Cuando los miembros del equipo también son conscientes del proceso, los líderes pueden animarlos a observar su propia conducta y entender sus experiencias.

Desarrollar el talento de cada miembro del equipo, trabajen en el mismo lugar o teletrabajen, es importante. Estrategias probadas (ver cuadro, derecha), como dar feedback, delegar nuevas tareas y ofrecerles materiales de apoyo o un mentor, anima a los empleados a rendir al máximo.

El modelo FSNP

El modelo de Tuckman ilustra las distintas etapas del proceso de desarrollo de un equipo. En cada una, el líder utiliza varias técnicas para guiar el proceso por el camino correcto. Este modelo sigue siendo la base de las prácticas contemporáneas en muchas empresas.

Los individuos se reúnen y se relacionan. Se genera confianza y conocen la tarea que les espera, incluidos los retos y las oportunidades.

❯ **Rompe el hielo** con una reunión social.

❯ **Piensa si conviene** hacer ejercicios para generar confianza.

❯ **Da instrucciones claras** con funciones bien definidas.

Se desarrollan las relaciones, los miembros comienzan a expresar en voz alta sus ideas y puede que algunos luchen por conseguir poder. En esta fase, el equipo necesita un liderazgo fuerte por parte de los gestores, que deberían:

❯ **Identificar los posibles conflictos** e intervenir con tacto.

❯ **Ejercer un liderazgo claro** para no desviarse de los objetivos.

❯ **Estar listo para apoyar** a los miembros de forma individual.

DEBES SABER

❯ **La disolución** es la etapa final del modelo FSNP, que Tuckman añadió más tarde. Se refiere a la disolución del equipo, quizá al final de un proyecto. Puede que algunos miembros se sientan inquietos cuando se aproxime esta etapa.

❯ **La confianza rápida** se refiere a la formación ágil de relaciones de trabajo en el equipo, sobre todo por internet, donde no hay tiempo de desarrollar una confianza mutua antes de empezar a trabajar en la tarea común.

«Reunirse es un comienzo; seguir juntos es un progreso; y trabajar juntos es un éxito».

Henry Ford, fundador de la Ford Motor Company

FOMENTAR EL EQUIPO

Los líderes pueden ayudar a la plantilla a progresar con revisiones periódicas y dándoles la oportunidad de desarrollarse:

❯ **Asignando un compañero** a los que empiezan

❯ **Planificando sesiones** de coaching

❯ **Ofreciendo oportunidades** de trabajo con compañeros con una mayor experiencia

❯ **Delegando tareas** que suponen un reto mayor

❯ **Facilitando el traslado** a otras áreas de la organización para aprender otras competencias

❯ **Ofreciendo un mentor** para el desarrollo profesional

❯ **Organizando cursos de formación** para el desarrollo profesional

❯ **Animando a afiliarse** a organismos profesionales relevantes

NORMALIZACIÓN

El equipo encuentra el equilibrio ya que sus miembros trabajan juntos sin problemas, y cada uno asume la responsabilidad de su puesto y está centrado en el éxito. Los líderes deberían:

❯ **Celebrar sesiones periódicas** de feedback para evaluar el progreso.

❯ **Estar atentos a la complacencia** identificando las primeras señales.

❯ **Alentar** y recompensar los pequeños éxitos.

DESEMPEÑO

Ahora, los miembros del equipo están tomando la iniciativa y adquiriendo mayores responsabilidades. Dado que el equipo necesita menos dirección, el líder podría:

❯ **No intervenir** innecesariamente y dejar que el equipo siga trabajando.

❯ **Permitir un cierto grado de reto**; que los miembros respeten las opiniones de los demás no supone un problema, y puede dar lugar a innovaciones.

❯ **Identificar el talento en las personas** que podrían recibir ayuda para avanzar en su trayectoria profesional.

Gestión SMART

Antes de asignar una tarea a un miembro del equipo, es vital definir los puntos clave. Establecer objetivos SMART garantiza que la tarea vaya por buen camino.

Fijar objetivos

Iniciativas como la Administración por Objetivos (ver pp. 122-123) son maneras efectivas de ayudar a que una empresa alcance sus metas. Hay que establecer objetivos y crear procesos para cumplirlos. Pero en cuanto a las tareas cotidianas, es más útil la planificación SMART. La desarrolló en 1981 George T. Doran, y responde a las siglas en inglés de específico, medible, alcanzable, realista y con un límite de tiempo. Su sencillo enfoque pretendía ayudar a los líderes ante el exceso de asesoramiento que tenían al alcance. Según Doran, para ser eficaz un objetivo no tiene por qué cumplir los cinco criterios, pero cuanto más se acerque a ellos más smart (inteligente) es.

Tras establecer los objetivos SMART, es vital desarrollar un plan de acción específico para alcanzarlos.

Planificación SMART

La sencillez del enfoque SMART lo ha convertido en una de las herramientas más conocidas para establecer y alcanzar objetivos. Al requerir que cada uno de los objetivos de una organización se mida según los cinco criterios, SMART permite a los líderes y a los miembros del equipo enfocar las tareas de un modo coherente. También reduce el riesgo de establecer metas que sean vagas, difíciles de medir o que quizá al final nunca se alcancen.

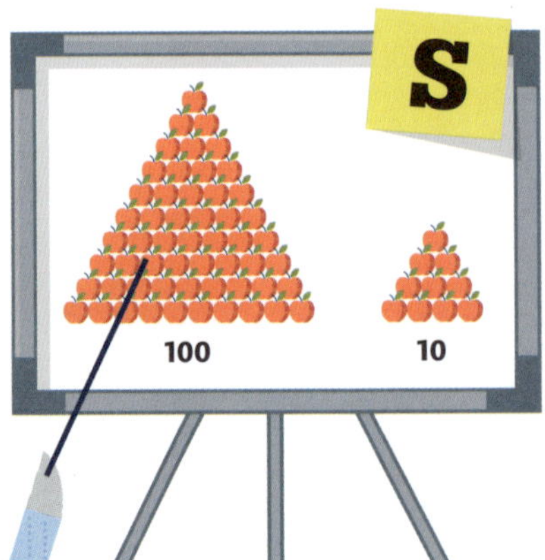

S: Específicos

Establecer objetivos precisos —tipo «aumentar la producción de manzanas de 10 a 100 en un día»— más que generalizar sobre los resultados deseables, como «producir manzanas». Especificar lo que se necesita cumplir, por qué es importante, a quién implica, dónde ocurrirá y cuáles son los recursos disponibles.

M: Medibles

Garantizar que los objetivos son cuantificables para que el éxito de la tarea se pueda evaluar en cuanto esté completada. En otras palabras, garantizar que hay un sistema de medición —por ejemplo, registrar el número de manzanas que se recogen cada día— y medir al principio y al final de la tarea.

> «Los objetivos y... los planes de acción son los pasos más cruciales del proceso de gestión de una empresa».

George T. Doran

METAS Y OBJETIVOS

Los expertos en liderazgo empresarial hablan a menudo sobre las diferencias entre metas y objetivos.

Metas

> Formulaciones conceptuales
> Se relacionan con el panorama general de la organización
> Emplean lenguaje emotivo
> Definen la dirección que los líderes quieren darle a un negocio
> Expresan aspiraciones
> A menudo son continuas y a largo plazo

Objetivos

> Pasos específicos para alcanzar metas
> Suelen ser cuantificables y medibles
> Emplean un lenguaje objetivo
> Motivadores, ya que lograr metas sube la moral de los miembros del equipo
> Apoyan metas a largo plazo
> A menudo a corto plazo, sobre todo a nivel de departamentos

A: Alcanzable

Cuestiona si el grupo posee las habilidades necesarias para alcanzar el objetivo. Por ejemplo, el negocio de manzanas podría requerir de horticultores expertos que sean capaces de aumentar la producción porque poseen las capacidades y la experiencia para cultivar los árboles frutales.

R: Realista

Garantiza que toda la tarea es posible. Cuestiona si se pueden alcanzar los resultados dadas las limitaciones y condiciones actuales. Por ejemplo, si el arriendo del terreno del huerto está a punto de expirar, no es realista pretender una expansión sin renegociar primero el contrato de arriendo.

T: Con límite de tiempo

Establecer un marco temporal para alcanzar el objetivo. Hay que podar los manzanos en invierno para generar una cosecha mayor el verano siguiente. Puede que tarden dos años en aumentar el rendimiento y, por tanto, la producción, por lo que es preciso asegurarse de que esto se tiene en cuenta.

Desarrollar la confianza

Difícil de ganar, pero fácil de perder, la confianza es una parte fundamental de crearse y mantener una reputación profesional. Comprender cómo funciona es la base de todos los aspectos de la gestión.

Acciones, no palabras

Como todo en la vida, los líderes no se ganan la confianza por lo que dicen, sino por lo que hacen y por cómo actúan. Según encuestas en lugares de trabajo, los empleados esperan que sus jefes se comporten de manera sincera y transparente, y que sean responsables.

Primero, los líderes deben demostrar que confían en sus empleados y mostrar disposición a cumplir su palabra. Es importante fomentar la confianza entre los miembros de un equipo, y entre los empleados y la empresa. Un líder debería también tener en cuenta lo ético de su propia conducta, y cómo la observan y la experimentan constantemente los demás en el trabajo.

Establecer confianza entre el líder y su equipo, y dentro de este, también tendrá un efecto positivo en el éxito de una organización. No solo es más probable que los empleados se comprometan y sean más productivos, sino también que confíen en su organización y la defiendan. La confianza se puede conseguir animando a los empleados a hablar, con ejercicios de fomento de la confianza y dando ejemplo siendo siempre sincero y hablando abiertamente sobre situaciones complicadas.

Un equilibrio delicado

Cuanta más confianza tengan los empleados entre ellos y con sus líderes, más fuerte y productivo será un equipo. Un líder que lleva a cabo asuntos comerciales y personales con ética, se comunica abiertamente con sus empleados sobre lo que ocurre dentro de la organización y acerca de lo bien que trabajan los miembros del equipo, y que admite que comete errores es más probable que sea considerado digno de confianza. Aquí vemos algunas maneras en las que los líderes pueden generar confianza mutua en el lugar de trabajo.

CASO DE ESTUDIO

Ritz-Carlton

La cadena de hoteles de lujo Ritz-Carlton publicita su excelencia en el servicio al cliente y reconoce la importancia de que el personal alcance los estándares requeridos. Su Promesa del Empleado afirma: «Al aplicar los principios de confianza, honestidad, respeto, integridad y compromiso, cultivamos y maximizamos el talento para beneficiar a cada persona y a la empresa». La empresa pone esto en marcha al confiar en que los empleados harán lo correcto. Los empleados de cualquier nivel pueden gastar hasta 2000 dólares diarios por huésped sin pedir permiso para arreglar un problema.

Las personas confían más en su empleador que en cualquier otra institución, con niveles de confianza mundiales del

75 %

Barómetro Edelman Trust 2019

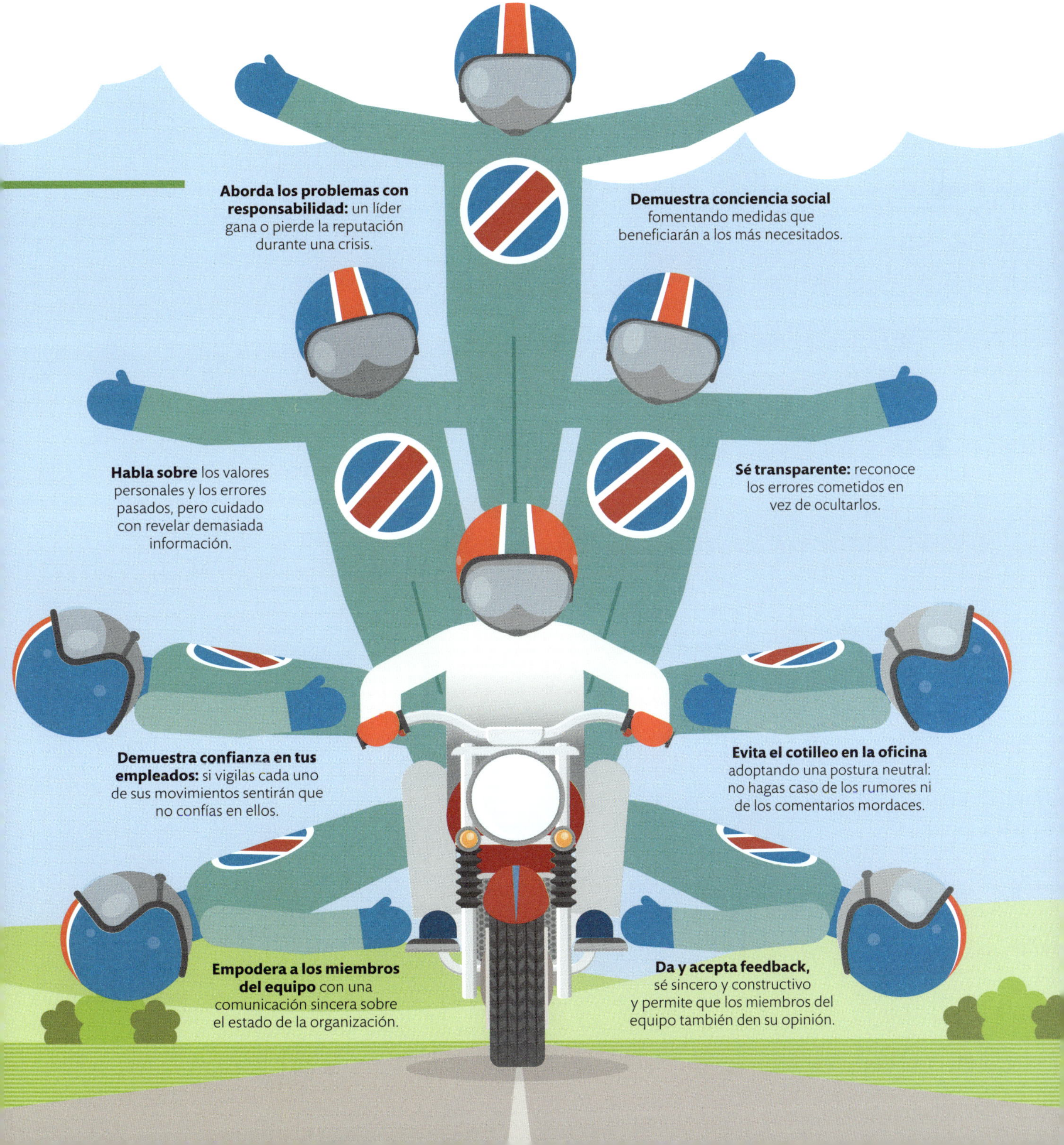

Aborda los problemas con responsabilidad: un líder gana o pierde la reputación durante una crisis.

Demuestra conciencia social fomentando medidas que beneficiarán a los más necesitados.

Habla sobre los valores personales y los errores pasados, pero cuidado con revelar demasiada información.

Sé transparente: reconoce los errores cometidos en vez de ocultarlos.

Demuestra confianza en tus empleados: si vigilas cada uno de sus movimientos sentirán que no confías en ellos.

Evita el cotilleo en la oficina adoptando una postura neutral: no hagas caso de los rumores ni de los comentarios mordaces.

Empodera a los miembros del equipo con una comunicación sincera sobre el estado de la organización.

Da y acepta feedback, sé sincero y constructivo y permite que los miembros del equipo también den su opinión.

Gestionar los conflictos de personal

Incluso en los equipos que funcionan, pueden surgir momentos de conflicto. La clave para gestionarlos es reconocer los primeros signos y aplicar estrategias antes de que unas leves desavenencias se conviertan en algo más serio.

Supervisar y comprender el conflicto

Aunque un líder debería tratar de mantener unas buenas relaciones laborales en la organización, es probable que haya casos en que las personas, los equipos o los departamentos se enfrenten en momentos de tensión. Si no se gestionan, estas situaciones pueden derivar en auténticas batallas que podrían ser destructivas, no solo para la moral del empleado, sino también para la cultura de la empresa y el rendimiento del negocio. En cualquier conflicto, el objetivo es identificar las causas subyacentes y alcanzar un acuerdo amistoso. En ocasiones, los conflictos se pueden haber estado gestando durante un tiempo antes de que el líder tenga conciencia de ellos. Conocer a cada persona del equipo y cómo reacciona ante la adversidad ayuda a los líderes a detectar los primeros indicios de conflicto (ver cuadro, debajo). El tiempo también es importante; un líder que gestiona un conflicto con decisión antes de que se agrave se ganará el respeto de sus empleados. Si una disputa no se puede resolver al principio, o en el conflicto hay una queja sobre el trato en el lugar de trabajo o sobre los procedimientos de la empresa, la mayoría de las organizaciones cuenta con un proceso formal que los líderes deben seguir.

LAS CINCO SEÑALES PRINCIPALES DE CONFLICTO

Los efectos negativos del conflicto en una organización se manifiestan de muchas maneras. Los líderes tienen que ser capaces de reconocer las siguientes señales para evitar que una situación se agrave.

❯ **Pérdida de motivación:** los miembros del equipo se vuelven reacios a participar en reuniones o a ofrecerse voluntariamente para nuevas tareas.

❯ **Abandono y antagonismo:** se puede oír al personal hacer comentarios incendiarios, y puede que tomen parte en menos actividades sociales que antes.

❯ **Caída de la productividad:** la disminución de la cooperación entre los empleados a menudo conduce a procesos menos eficientes y más errores evitables.

❯ **Aumento del absentismo:** la depresión o el estrés en el trabajo pueden llevar a enfermedades prolongadas o apatía por ir al trabajo.

❯ **Feedback negativo:** los cuestionarios y las encuestas a los empleados son útiles para revelar el malestar subyacente dentro de una organización.

Resolver el conflicto

El proceso esbozado por una organización para gestionar el conflicto suele incluir directrices formales e informales que han de seguir los líderes. Los conflictos de bajo nivel quizá puedan abordarlos de un modo más personal el líder y los miembros del equipo, pero las quejas más graves requieren respuestas más oficiales.

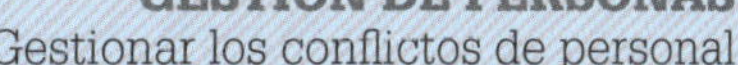

CONFLICTO GRAVE
Una demanda ante el tribunal laboral

ACCIÓN FORMAL
Solicita un arbitraje (acuerdo) mediante un organismo independiente

CONFLICTO GRAVE
Una queja formal contra otro empleado

ACCIÓN FORMAL
Sigue los procedimientos de la empresa para abordar las quejas

CONFLICTO MENOR
Un problema recurrente, con signos de rivalidad, estrés o animadversión

ACCIÓN INFORMAL
Habla de manera informal de la situación con las personas implicadas y aborda las cuestiones subyacentes

CONFLICTO MENOR
Un desacuerdo puntual

ACCIÓN INFORMAL
Habla con el empleado, escucha sin juzgar; lleva un diario sobre el asunto si amenaza con volverse continuo

PREVENIR EL CONFLICTO

> **Actúa rápido** si crees que hay un conflicto, para poder obtener pruebas de una infracción antes de confrontar a alguien. Un retraso a la hora de abordar el asunto se puede traducir en una pérdida de respeto de los miembros del equipo por sus líderes.

> **Sé consciente** de los límites variables entre las personalidades individuales, que pueden abordar el conflicto de un modo distinto.

> **Ofrece asesoramiento constante** para proporcionar a los empleados las herramientas emocionales para gestionar los problemas de un modo más objetivo y ayudarles a evitar los conflictos.

> **Respeta las diferencias** y evita los conflictos ofreciendo un trato equitativo al personal que parezca diferente o que tenga valores distintos.

> **Prevé la tensión** gestionando las cargas de trabajo para que la plantilla no se sienta estresada durante periodos prolongados, que puedan provocarles tensión y malhumor. Habla con el personal sobre su trabajo.

Delegación

Delegar —conferir autoridad a un miembro del equipo para desempeñar una tarea o función específica— es una herramienta esencial para los líderes. Empodera al personal con nuevas capacidades y hace más eficaz una organización.

Delegar autoridad

Distribuir las tareas entre un equipo es un principio básico de gestión, pero para trabajar de manera eficaz un líder necesita delegar: entregar parte de sus responsabilidades y de su autoridad a otra persona de su elección. Esto tiene un doble efecto: el líder queda libre para concentrarse en otras tareas propias de su cargo, mientras que el miembro del equipo elegido se siente empoderado, no solo por la confianza puesta en sus capacidades, sino también por la oportunidad de reforzar y desarrollar el conjunto de sus habilidades. Además, la nueva experiencia y la responsabilidad pueden aumentar su importancia en el equipo. Delegar responsabilidad en los miembros del equipo puede ser vigorizante ya que les permite a estos afrontar nuevos retos, y también los anima a asumir la responsabilidad de los proyectos. Cuando delegan una tarea concreta en distintos miembros del equipo por turnos, los líderes contribuyen a mejorar las habilidades generales y la flexibilidad de su equipo.

Delegar de manera efectiva

Como el empleado tendrá que rendir cuentas del resultado de la tarea o función, la delegación de la tarea por parte del líder es crucial, pues es su guía inicial. Los líderes tienen que preparar a los miembros del equipo animándolos a tener en cuenta factores relevantes, entre ellos cómo integrar la nueva tarea con las ya existentes.

Piensa en qué miembro del equipo es el más adecuado

> ¿Quién puede hacer la tarea?
> ¿Quién está haciendo un trabajo que ya no le supone un reto y se beneficiará de hacer esto?
> ¿Ya está agobiado?
> ¿Estará interesado?

Da al empleado autoridad para llevar a cabo el proyecto

> Confirma que está de acuerdo y que entiende las expectativas.
> Evita controlar de forma excesiva al empleado.
> Insiste a sus compañeros que el empleado tiene un cierto grado de autonomía.

Fija objetivos y directrices claros

> Especifica bien cualquier aspecto de la tarea que no sea negociable.
> Define qué puede y qué no puede hacer sin permiso.
> Dale un calendario claro y establece fechas de revisión y fechas límite.
> Permite que el empleado haga la tarea de un modo más eficiente.

CUÁNDO DELEGAR

Algunas tareas siempre las debería gestionar el líder, pero otras muchas se pueden delegar. Si un líder es reacio a ceder responsabilidades, quizá solo sea una actitud que se puede cambiar, más que un obstáculo real.

❯ **«No hay tiempo para delegar; es más rápido si lo hago yo».** Aunque se tardará un tiempo en informar al empleado, será provechoso más adelante cuando pueda entender con más rapidez lo que se necesite en el futuro.

❯ **«Nadie podrá hacer esto como lo hago yo».** Aunque sea difícil transmitir experiencia y conocimientos, con la información y la formación adecuadas, el personal lo puede lograr. Sin embargo, algunas tareas, como los elogios, las acciones disciplinarias y los asuntos confidenciales, no se deberían delegar.

❯ **«Este miembro del equipo ya tiene mucho trabajo; no quiero sobrecargarlo».** Aunque quizá el personal esté ocupado, puede que sea una oportunidad para aumentar el conjunto de sus capacidades y su experiencia.

> «Intento rodearme de personas muy preparadas que compensen mis debilidades».

Sir Richard Branson, empresario, 2021

Sé justo y razonable

❯ Proporciona al empleado los recursos adecuados para llevar a cabo la tarea, como un presupuesto.

❯ Concédele tiempo suficiente para completar cada etapa.

❯ Ten disponibilidad para ofrecer apoyo o consejo si el empleado lo solicita.

Evalúa el rendimiento del delegado

❯ Ofrécele tu mentoría, sobre todo si es la primera vez que realiza esa tarea.

❯ Revisa su trabajo y dale feedback constructivo.

❯ Reconoce el éxito en cada etapa y anímalo.

Mantén la responsabilidad

❯ Conserva la responsabilidad del resultado final del proyecto.

❯ Si el empleado no está cumpliendo, vuelve sobre los pasos 1 al 5 y modifica lo que haga falta.

❯ Si es posible, evita volver a hacerte cargo del proyecto.

❯ Evalúa el resultado final y dale tu valoración el empleado.

Grandes ideas

Las sesiones de lluvia de ideas —en las que se anima a la gente a generar nuevas ideas— pueden ser una contribución valiosa para resolver problemas e innovar. Cuando se gestionan bien, las lluvias de ideas facilitan el pensamiento rompedor.

Lluvia de ideas exitosa

Los negocios dependen de la innovación, pero en el transcurso normal del trabajo hay oportunidades limitadas de generar nuevas ideas. El ejecutivo publicitario Alex Osborn creó la técnica del *brainstorming* o lluvia de ideas en 1948, tras identificar que la falta de ideas originales estaba frenando el crecimiento de algunas organizaciones. La lluvia de ideas es un foro específico en el que las personas pueden proponer ideas libremente, sin importar lo extravagantes que sean. Luego se pueden evaluar, desarrollar o adaptar.

Incluir a personas con perfil diverso en el grupo es clave para una lluvia de ideas grupal eficaz: una muestra representativa de personas de distintas disciplinas, con experiencias varias, generalmente genera una gran creatividad. También es importante plantear las preguntas adecuadas. A la gente le resultará más fácil contribuir de manera constructiva si el ámbito de la sesión se centra en un problema concreto que necesita solución. Durante la sesión, se deberían grabar las ideas propuestas, y hacer una lista final con las más prometedoras para hacerles un seguimiento.

¿Solo o acompañado?

Los expertos en gestión están divididos sobre si es más eficaz hacer lluvia de ideas en solitario o en grupo. A veces las personas generan más ideas en solitario, ya que es menos probable que les influyan los demás, mientras que las sesiones de lluvia de ideas en grupo pueden ser beneficiosas para aumentar el compromiso entre los miembros del equipo a la hora de aceptar las soluciones, y para generar ideas variadas. No obstante, las investigaciones muestran que, como el número de ideas que genera una persona se reduce a medida que el grupo crece, lo ideal es que este sea reducido, de entre cinco y siete personas. Teniendo en cuenta estos beneficios variables, una combinación de ambos puede lograr los mejores resultados.

> **«La lluvia de ideas** significa usar el cerebro para **abordar un problema creativo».**
>
> Alex Osborn, *Tu poder creativo*, 1948

CASO DE ESTUDIO

Regla del 20 % de Google

Google tiene una iniciativa de larga trayectoria: la regla del 20 %. Esto anima a la gente a gastar al menos el 20 % de su tiempo explorando nuevos proyectos, incluso si no es probable que generen beneficios inmediatos. Esta iniciativa ha dado como resultado muchos productos nuevos, como Gmail.

LOS MEJORES CONSEJOS PARA UNA LLUVIA DE IDEAS

La creatividad se desata en una lluvia de ideas cuando se fijan unos ciertos límites al principio de la sesión.

❭ **Imparte instrucciones claras** con un objetivo concreto para facilitar un enfoque más centrado durante la sesión.

❭ **Mantén el orden** gestionando a los implicados y evitando que cualquier participante deseche las ideas de los demás y ahogue la creatividad, y asegúrate también de que todos participen.

❭ **Haz preguntas que les hagan pensar**, tipo: «¿Cuál es la mayor desventaja del producto de la empresa?», «¿Cómo identificamos nuevos mercados?», o «¿De qué manera puede la empresa reducir costes sin un impacto significativo sobre nuestros consumidores y clientes?».

LLUVIA DE IDEAS GRUPALES

Estos son algunos consejos para sesiones eficaces:

❭ **Usar un facilitador externo** para que el líder y el equipo se centren en las ideas.

❭ **Fijar un tiempo límite** para la sesión.

❭ **Eliminar cualquier posible distracción,** como los dispositivos electrónicos.

❭ **Animar a los participantes** a generar tantas ideas como sea posible.

❭ **Evitar la crítica;** tratar todas las ideas como igual de válidas.

❭ **Priorizar las ideas inusuales** o prometedoras.

❭ **Desarrollar** y refinar las propuestas.

❭ **Dar a los participantes un tiempo determinado** tras la reunión durante el cual pueden aportar más ideas.

Coaching y mentoría

La formación de los empleados mediante coaching y mentoría se ha convertido en parte del tejido de la gestión empresarial moderna. Garantiza que el personal recibe la formación pertinente y consigue que estén más comprometidos y sean más productivos.

El líder como guía

Un aspecto clave del buen liderazgo implica la guía y la formación de la plantilla. La formación tiende a ser instructiva, mientras que el coaching y la mentoría se ajustan a las metas de la persona, y permiten que desarrolle sus propias ideas y soluciones bajo la guía de su coach o mentor.

Los líderes de la empresa con experiencia práctica pueden convertirse en buenos mentores compartiendo su conocimiento, pero los mentores también pueden ser miembros sénior de una organización externa que aporten una perspectiva diferente. A menudo el coaching toma la forma de una discusión estructurada, en la cual el coach hace preguntas al coachee y le insta a pensar en cómo está abordando los retos a los que se enfrenta y en la mejor manera de lograr sus objetivos. El coaching y la mentoría cada vez se practican más por internet, mediante videollamadas, por ejemplo, y la persona intenta aportar nuevas ideas y enfoques entre las sesiones de coaching e informa sobre cómo han funcionado.

COACHING

> **Una intervención** diseñada para permitir a una persona aprovechar a fondo sus capacidades.

> **Se puede centrar** en ayudar a alguien a abordar un problema o un reto concreto en el trabajo.

> **Puede ser más general**, quizá para preparar a alguien para un ascenso.

> **Ofrece apoyo** a una persona para que aprenda a desarrollar soluciones por sí misma.

Formación a medida

El coaching y la mentoría son técnicas distintas con objetivos diferentes. Los líderes desempeñan un papel en ambas. Pueden designar a un formador externo o a un miembro experimentado de la plantilla para adiestrar a un empleado nuevo en capacidades importantes para su puesto, pero puede que elija hacer de mentor a largo plazo para otros empleados, ayudándoles a avanzar en su carrera profesional.

CASO DE ESTUDIO

Conservar los conocimientos en American Express

La dirección de American Express introdujo una iniciativa en una apuesta por conservar los conocimientos que se pudieran perder cuando sus empleados se jubilaran. Se invitó a quienes estaban a punto de hacerlo a liberarse gradualmente de sus responsabilidades y pasar parte del tiempo enseñando y mentorizando a empleados más jóvenes. Esto permitía al personal que se jubilaba disfrutar de los beneficios de un sueldo y un lugar de trabajo durante más tiempo, a la vez que formaban a otros empleados.

El **94** %
de los empleados se quedaría más tiempo **en una empresa si esta invirtiera en su carrera profesional**

LinkedIn, Workplace Learning Report, 2018

IMPLICARSE

Hay muchas maneras en las que un líder puede desempeñar un papel activo en mentorizar personalmente a los miembros del equipo:

❯ **Dedica tiempo a ello.**
❯ **Observa a un miembro nuevo del equipo** mientras realiza una tarea.
❯ **Charla de manera informal** sobre cómo va la tarea.
❯ **Invita al miembro del equipo** a autoevaluarse.
❯ **Ofrece feedback** y acordad objetivos futuros.
❯ **Anima al miembro del equipo** a probar enfoques nuevos.

MENTORÍA

❯ **Programa a largo plazo** en el que el líder, otro miembro sénior de la plantilla con experiencia (que informa al líder) o un mentor externo guía a uno o más empleados.

❯ **Se centra en** el crecimiento profesional o personal general de **una persona**.

❯ **Fija metas fluidas** que se puedan ajustar a medida que cambien los objetivos empresariales.

❯ **Tiene una agenda** que evoluciona con el tiempo a medida que la persona se desarrolla.

Aprendizaje continuo

La práctica de una formación continua del personal, dentro y fuera del lugar de trabajo, se conoce como aprendizaje continuo. Iniciado por el líder, permite a la plantilla mejorar sus capacidades y su desempeño, y ayuda a aumentar su motivación.

Educar a los empleados

Los líderes pueden desempeñar un papel crucial a la hora de facilitar de manera activa que sus empleados se desarrollen a cualquier nivel, con mentorías internas u organizando cursillos externos. Un empleado aprenderá sobre el trabajo con la experiencia, pero el aprendizaje continuo formaliza el proceso y proporciona apoyo y recursos mediante una «curva» de formación que ofrece resultados tangibles. El programa de instrucción no solo debería abarcar las competencias del trabajo, sino también incluir oportunidades de crecimiento intelectual y conductual. Hoy en día, las organizaciones se enfrentan al hecho de que muchas personas sienten que no tienen tiempo para asistir a cursillos fuera del horario laboral. Como resultado, ha surgido el concepto de «aprendizaje en el flujo de trabajo». Ahora las organizaciones a la vanguardia del aprendizaje continuo ofrecen sistemas digitales que dan acceso inmediato a los empleados a recursos de «microaprendizaje», como y cuando lo necesiten (ver cuadro, derecha). Sin embargo, en cualquier organización, los líderes deberían proponerse cultivar el desarrollo de los miembros de su equipo garantizándoles el acceso al tipo de programa de aprendizaje que más precisen.

La curva de aprendizaje continuo

Para animar al personal a progresar por la curva de aprendizaje continuo, los líderes deberían proporcionar todo un abanico de oportunidades de desarrollo. Los tipos concretos de aprendizaje —y el orden en el que se abordan los distintos aspectos del mismo— variarán según las necesidades de la persona y de la organización.

MACRO VS. MICROAPRENDIZAJE

La mayor parte de los empleados tiene poco tiempo para hacer cursos oficiales de macroaprendizaje impartidos por expertos, por lo que las herramientas de microaprendizaje digital autoguiado se han hecho cada vez más populares.

Microaprendizaje	Macroaprendizaje
«Tengo que saberlo ya»	«Aprender nuevas capacidades»
Requiere 5 minutos o menos; de escritorio	Requiere varias horas o días; basado en aula
Basado en temas/problemas	Conceptos, principios y prácticas
Busca la respuesta a una pregunta	Ejercicios de estudio evaluados y calificados por expertos
Acceso a sistemas indexados y con capacidad de búsqueda	Aprende de los expertos; con coaching y mentoría
Contenido digital, fácil de usar y riguroso	Materiales autorizados del profesor o el autor
Fuentes: vídeos, artículos, plataformas de microaprendizaje y herramientas de aprendizaje en el flujo de trabajo	Fuentes: cursos, clases y programas corporativos

CASO DE ESTUDIO

Uber Technologies, Inc.

Para ayudar a formar a los conductores de Uber en Europa, Oriente Medio y el África subsahariana, Uber adoptó una plataforma de microaprendizaje a través de los teléfonos móviles de los usuarios. Los conductores que la usaron estuvieron listos para empezar en el negocio un 13 % más rápido que los que asistían a sesiones en un centro de formación. La formación continua con la plataforma de aprendizaje ofreció más oportunidades de ganar dinero a los conductores y ayudó a aumentar la productividad y la satisfacción en un 8 %, en comparación con los demás conductores.

Gestión del desempeño

Los líderes pueden medir el desempeño de los miembros del equipo usando un sistema de gestión del desempeño (PMS, por sus siglas en inglés). Es una infraestructura que define las metas del empleado y permite un debate periódico sobre sus avances.

Feedback continuo

Un sistema de gestión del desempeño pretende medir el progreso de una persona desde el día en que entra en una organización, durante toda su trayectoria, hasta que se vaya o se jubile. Al usar un PMS, los líderes monitorizan los avances de los miembros del equipo y estos reciben feedback sobre su progreso, de este modo los líderes sénior consiguen una panorámica sobre qué áreas de la organización están progresando y cuáles no.

Antes de medir el progreso, el líder fija puntos de referencia u objetivos. Son el punto de partida del empleado en la empresa y tienen que estar alineados con los valores de la organización. Se debería supervisar el progreso periódicamente, mientras que las sesiones de feedback ofrecen a los líderes una oportunidad de elogiar y animar. Al final del año, o tras un intervalo pactado, los líderes deberían hacer una evaluación oficial del rendimiento del empleado.

1. Planifica

> **Comienza** el proceso tan pronto como un empleado entre en la organización.

> **Acuerda** las expectativas de desempeño y las metas con la persona.

> **Establece** objetivos con plazos y fechas límite.

> **Asegúrate** de que las metas son coherentes con la descripción original del puesto.

> **Reevalúa** y resetea las metas de manera periódica, por lo general al inicio de cada año empresarial.

4. Recompensa

> **Garantiza** que se reconozcan formalmente los logros del empleado.

> **Recompénsale** en proporción al logro y las metas conseguidas. Puede ser con un aumento de sueldo, un bonus, un ascenso o vacaciones.

> **Asígnale** un proyecto diseñado especialmente para él que le permita seguir desarrollándose.

> **Asegúrate** del reconocimiento de sus compañeros elogiándole en público por sus logros.

2. Supervisa

❯ **Mide** el desempeño periódicamente; lleva a cabo evaluaciones mensual o trimestralmente.

❯ **Da** feedback constructivo.

❯ **Entrena** al empleado para ayudarle a alcanzar sus metas de desempeño.

❯ **Adapta** sus metas cuando un cambio en el entorno empresarial obligue a la organización a reevaluar sus prioridades.

El sistema de gestión del desempeño

No existe un PMS único que sirva para todos los casos: cada organización tiene que crear un sistema que refleje sus valores y metas. Para que tenga éxito, es vital que exista un compromiso compartido entre líderes y empleados para esforzarse en alcanzar metas que se alineen con los objetivos de su organización. Mantener sesiones periódicas de supervisión y de coaching es útil tanto para los empleados como para los líderes (ver cuadro, derecha), para animar a una progresión continua y evitar que aparezcan malas costumbres.

GESTIÓN CONTINUA DEL DESEMPEÑO

En los últimos años, organizaciones como Adobe y Microsoft han encontrado útil tratar la gestión del desempeño como un proceso continuo en el que se habla y se evalúa el rendimiento en ciclos consecutivos y más cortos, en vez de anualmente. Han comprobado que debates más periódicos sobre el desempeño y un feedback más inmediato consiguen empleados más motivados.

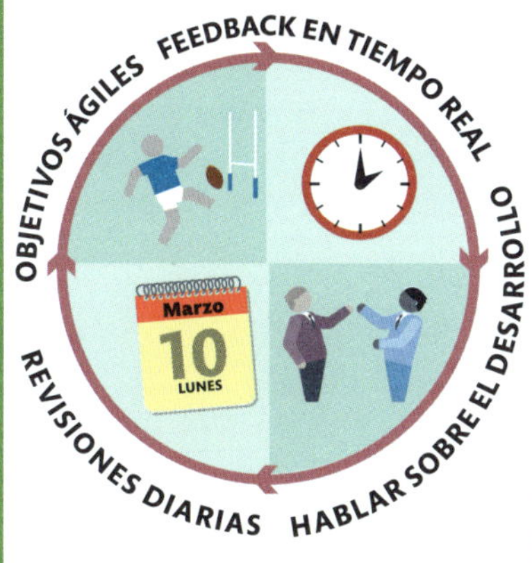

3. Evalúa

❯ **Valora** el desempeño del empleado durante la evaluación.

❯ **Escucha** el feedback de sus compañeros (incluidos otros líderes) sobre el empleado.

❯ **Identifica** cualquier ajuste que haya que hacer en la trayectoria del empleado.

❯ **Ayuda** al empleado a planificar su futuro.

Al **83 %** de los empleados les gusta recibir feedback periódicamente aunque no siempre sea positivo

Officevibe, 2021

Evaluación de 360 grados

La evaluación de 360 grados, un método estructurado de evaluar las capacidades de un empleado, implica recopilar opiniones de varios compañeros de trabajo para generar un resumen justo y holístico.

Evaluación de amplio espectro

El primer uso conocido de la evaluación de 360 grados fue el del personal militar alemán durante la Segunda Guerra Mundial. Más tarde lo utilizaron la Esso Research and Engineering Company en los años 50 y la General Electric en los 80, y ahora es práctica habitual en un amplio abanico de organizaciones.

Se suele solicitar opinión sobre una persona a sus compañeros de trabajo, el supervisor directo, los subordinados, los líderes de otros departamentos e incluso a consumidores o clientes. Esta evaluación de amplio espectro aporta una visión equilibrada de las capacidades de una persona frente a la que tiene un líder.

Pese a que la técnica de los 360 grados ofrece una panorámica amplia del rendimiento de una persona, es menos detallada que la evaluación del rendimiento que se centra en capacidades prácticas y objetivos concretos. Aun así, los líderes deberían dar feedback de manera objetiva pero positiva; en caso contrario, el evaluado se podría desmoralizar ante cualquier comentario crítico de los encuestados.

Subordinados
Miembros del equipo o del personal que informan sobre el evaluado

Cuestionario estructurado

El proceso de 360 grados implica un cuestionario estructurado que usan tanto los encuestados como el evaluado. Las preguntas invitan a los encuestados a valorar al evaluado en áreas importantes como el liderazgo, el trabajo en equipo, la planificación y los logros. La mayoría de las organizaciones usan ahora cuestionarios en línea que les ayudan a analizar la información y generar resultados rápidamente.

1 Selección
Para generar confianza y seguridad, se le debería dar al evaluado toda la información posible que pueda influir en el proceso. Se puede invitar a la persona a seleccionar a los encuestados que puntuarán su desempeño.

2 Cuestionario
Se entrega un cuestionario a los encuestados. Las preguntas deberían ser de final abierto y centradas en habilidades concretas que el evaluado muestre o necesite mejorar. Este también rellena una copia, a modo de autoevaluación.

3 Resultados
El líder recopila los resultados y luego los comenta con el evaluado. El feedback sirve para ayudarle a desarrollar más sus fortalezas y a trabajar en las áreas que necesita mejorar.

Pares
Compañeros de trabajo de un rango parecido al del evaluado

Uno mismo
El evaluado, que se describe con sinceridad

Líder
El jefe o jefes directos del evaluado

Clientes o consumidores
Las personas externas a la empresa que dependen del evaluado

El **26 %** de los empleados creen firmemente que el feedback les ayuda a mejorar en su trabajo

Encuesta de Gallop, 2017

DIFERENCIAS CULTURALES

Pese a que la evaluación de 360 grados es una práctica ampliamente aceptada, las diferencias culturales pueden afectar a los resultados mediante los «sesgos de indulgencia», es decir, la tendencia de las personas a sobrevalorar o subestimar a los compañeros, o a sí mismos, dependiendo de las actitudes culturales. Por ejemplo, en regiones con una fuerte jerarquía social, como el sudeste asiático, los encuestados pueden inflar las puntuaciones por miedo a ofender o faltar al respeto al evaluado. También pueden verse inclinados a subestimar su propio desempeño. Esto provoca una gran brecha entre cómo se evalúa un empleado y cómo lo evalúan los demás. En EE. UU., en cambio, los resultados de autoevaluación y los de los encuestados, por lo general, suelen coincidir mucho más. Las multinacionales tienen esto en cuenta cuando comparan el rendimiento de las oficinas regionales.

DEBES SABER

> **Usar de ocho a diez encuestados** maximiza la fiabilidad de los resultados del feedback.

> **En algunos territorios**, como el Reino Unido, los EE. UU. y la Unión Europea, un empleado tiene derecho a ver la información que la empresa guarda sobre él; incluida cualquier evaluación de un cuestionario de 360 grados.

COMUNICACIÓN

Comunicación eficaz

La comprensión de la manera en que las personas procesan la información visual y escrita es la base de una buena gestión. Es fundamental para la formación de equipos productivos, ya que garantiza la claridad de los objetivos y una conexión positiva.

Comunicación clara

Ya en 1964, los suscriptores de la *Harvard Business Review* calificaron la habilidad de comunicarse como «el factor más importante para que un ejecutivo pueda ascender». Numerosos informes confirman significativas pérdidas empresariales como resultado de una comunicación deficiente.

Unas buenas habilidades comunicativas son vitales para cualquier aspecto de la función de un directivo, pues garantizan la capacidad de ir al grano con claridad y concisión a la hora de informar al personal, debatir asuntos y dar feedback. Eso también significa elegir el medio adecuado (ver pp. 176-177) y el nivel de formalidad, y hacer las preguntas correctas en el momento justo (ver cuadro, extremo derecha). La necesidad de una comunicación clara ha aumentado ahora que muchas personas teletrabajan.

La habilidad de escuchar y de responder al personal es otro componente clave, pues motiva e implica a los demás (ver, pp. 170-171). También es importante una comprensión de la comunicación no verbal (ver pp. 172-173), para que los líderes no debiliten sus propios mensajes sin darse cuenta y puedan interpretar bien las señales de los demás.

Formas de comunicación

Los líderes tienen que ser competentes a la hora de manejar todas las formas de comunicación, ya sea verbal (en persona, por teléfono o en una reunión por internet), no verbal (lenguaje corporal y tono) o escrita (en cartas y correos electrónicos). Cada una requiere ciertas habilidades para transmitir eficazmente el significado y fomentar una conexión personal positiva. Es importante recordar que la comunicación por internet no es igual de directa que en persona.

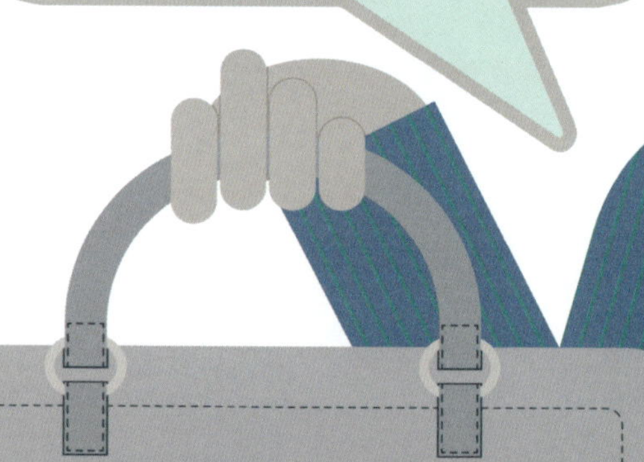

Asignar tareas con eficacia

❯ **Reflexiona sobre tus expectativas** y defínelas con claridad, verbalmente o por escrito.

❯ **Informa directamente al empleado**; pídele que repita tus instrucciones para asegurarte de que las entiende.

❯ **Comenta con el empleado** cómo tiene previsto llevar a cabo la tarea; comprueba que dispone de los recursos adecuados.

❯ **Pon una fecha límite clara** para la tarea y concierta una charla de seguimiento.

PREGUNTAS A EVITAR

Las preguntas abiertas invitan a respuestas más amplias, mientras que algún tipo de preguntas puede distanciar al personal y habría que evitarlas.

❯ **Las preguntas manipuladoras** pueden resultar intimidatorias y provocar desconfianza. No digas: «Entonces me enviarás el resumen esta noche, ¿no?». Di mejor: «¿Me podrías enviar el resumen esta noche?».

❯ **Las preguntas múltiples** provocan confusión. No preguntes: «¿Cuándo lo haces? ¿Qué tal hoy? ¿Mañana? ¿Pasado?». Haz una sola pregunta.

❯ **Las preguntas destructivas** pueden provocar animadversión. No digas: «¿Dices que estoy mintiendo?». En vez de eso, descubre qué piensa la otra persona preguntando: «¿Qué te preocupa de lo que acabo de decir?».

Comunicación escrita

❯ **Redacta mensajes concisos;** utiliza palabras y frases cortas.

❯ **Define el tema** o instrucción principal al inicio del mensaje.

❯ **Utiliza vocabulario agradable y respetuoso,** incluso al plantear problemas o hacer críticas.

❯ **Finaliza el mensaje** con una petición clara de la respuesta o acción necesaria y fija una fecha límite.

❯ **Revisa el mensaje** antes de enviarlo.

> «El arte de la comunicación es el lenguaje del liderazgo».
>
> James Humes, redactor de discursos presidenciales de EE. UU.

Escucha activa

La escucha activa implica participar plenamente de lo que dice el interlocutor, así como observar las señales no verbales. Es una parte fundamental de la comunicación eficaz y una habilidad esencial para cualquier líder.

Aprender a escuchar

Algunas investigaciones han demostrado que el desempeño de un gestor y su eficacia como líder están vinculados a su capacidad de escuchar correctamente. Esta habilidad es especialmente importante en la gestión, ya que se ha comprobado que prestar atención ayuda a cultivar un equipo motivado y fiel, que, por tanto, después tendrá la confianza para compartir sus ideas. La escucha activa también permite al líder recabar información más precisa y reduce la probabilidad de malentendidos.

A diferencia de oír, escuchar no es una respuesta automática. Saber escuchar requiere una plena concentración en lo que dice el interlocutor; es una habilidad que se puede aprender y perfeccionar con el tiempo. Los psicólogos conductuales también hacen una distinción entre escucha activa y pasiva. En la escucha pasiva no hay reacción, mientras que la

activa requiere una respuesta de quien escucha. Esto implica captar el lenguaje corporal y el tono de voz del interlocutor, tomar nota mental de las cuestiones que está planteando y resistirse al impulso de interrumpirlo. Dominar las habilidades de escucha activa permite a los líderes abrir canales de comunicación dentro

del lugar de trabajo. Es más probable que los miembros del equipo hablen de sus ideas o de cualquier asunto si sienten que se les escucha de verdad y, como resultado, mejorarán su rendimiento.

Cómo escuchar de manera activa

Escuchar con toda tu atención puesta anima al interlocutor pues le muestras que le estás escuchando. Una buena escucha activa puede requerir respuestas no verbales, como asentimiento, hacer contacto visual o sonreír; o verbales, como hacer preguntas pertinentes o recordar detalles concretos. Durante una conversación es importante mostrar escucha activa.

1. Concéntrate

Elimina distracciones apagando el teléfono e intentando no hacer más cosas al mismo tiempo; presta atención, sé paciente y no interrumpas.

2. Muestra empatía

Asiente para confirmar que estás escuchando las palabras del interlocutor, y, si procede, mantén contacto visual.

3. Haz de espejo

Presta atención al lenguaje corporal de quien habla imitándolo sutilmente.

4. Parafrasea

Confirma que lo entiendes repitiendo con tus propias palabras lo que crees que ha dicho el interlocutor.

5. Responde

Espera a que el hablante haya acabado de hablar antes de contestar a lo que ha dicho.

ESCUCHA ACTIVA EN LLAMADAS

El aumento del teletrabajo y los equipos dispersos implica que se hacen más reuniones por teléfono o videollamadas. Las reglas de la escucha activa se siguen aplicando, pero hay algunas dificultades, sobre todo durante las llamadas telefónicas cuando no recibes señales visuales. Concentrándote, puedes percibir las señales, como el tono de voz. Prepárate bien y asegúrate de que se minimiza el ruido de fondo y que no hay interrupciones. Si utilizas vídeo, apaga tu propia imagen para que tu concentración se centre solo en la otra persona y no te distraigan tus expresiones faciales.

BARRERAS A LA ESCUCHA ACTIVA

> **Distracciones externas**, como una llamada de teléfono o el ruido del tráfico en la calle

> **Distracciones físicas**, como la sed, el hambre, un dolor de cabeza, o la necesidad de ir al baño

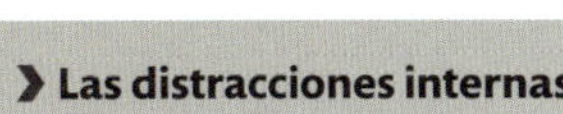

> **Las distracciones internas**, como pensar en cómo responder antes de que el interlocutor haya acabado

Comunicación no verbal

Los mensajes que transmiten las personas mediante las señales no verbales revelan a menudo más que sus palabras. Entender su significado puede ayudar a los líderes a interactuar mejor con sus compañeros de trabajo, los empleados y los clientes.

Una herramienta poderosa

Las expresiones faciales y los gestos de las personas influyen poderosamente en sus interacciones con quienes les rodean. Las primeras investigaciones en esta área de estudio —la kinésica— las hizo el antropólogo Ray Birdwhistell en los años 50 del siglo xx, que la describió por primera vez en su libro *Introducción a la kinésica* (1952). En él explica que el 55 % de la comunicación es lenguaje corporal, el 38 % es vocal (como el tono de voz) y solo el 7 % es verbal.

El uso eficaz de señales no verbales puede influir en los resultados en el lugar de trabajo. Por ejemplo, un líder que sonríe, usa un tono ligero y tiene una postura relajada cuando da feedback al personal puede crear una impresión positiva, aunque esté abordando asuntos complicados. Sin embargo, un uso inconsciente de un lenguaje corporal negativo puede tener un efecto adverso. Una postura rígida y evitar el contacto visual cuando te reúnes con un cliente nuevo se podría interpretar como hostilidad, y un feedback neutral transmitido con un lenguaje corporal negativo puede verse como crítica.

Usar señales no verbales

En el lugar de trabajo y en cualquier sitio, los gestos, el tono de voz, el contacto visual y la postura pueden transmitir de inmediato un mensaje más allá de tus palabras. Ser consciente de tu lenguaje corporal y del de los demás, y entender lo que indica, puede ser muy valioso en las interacciones con los compañeros y en las negociaciones.

MODOS DE COMUNICACIÓN ELECTRÓNICA

Con la tecnología en continuo avance, y a medida que las empresas persiguen la conectividad global y el acceso inmediato a la información, cada vez menos transacciones se realizan cara a cara y se usan otras formas de comunicación (ver pp. 176-177). En ausencia del lenguaje corporal, es crucial evitar los malentendidos. Estas son algunas directrices para las llamadas telefónicas, los correos y la mensajería instantánea.

Llamadas telefónicas

Un tono seco y cortante puede sonar frustrado e incluso enfadado cuando el oyente no ve tu expresión facial. Usar un tono de voz ligero y animado transmite cordialidad.

Correos electrónicos

Frases como «Un cordial saludo» son una señal de educación y respeto. Evita otras más pretenciosas, como «tal y como indiqué en mi anterior correo», que pueden sonar groseras o condescendientes.

Mensajería instantánea

En los mensajes informales, un emoji con la cara sonriente puede ayudar a transmitir la intención y el contexto de tu mensaje. Pero cuidado con usar smileys que contradigan otra parte del mensaje, pues pueden parecer sarcásticos.

CUIDADO CON TOCAR

Las expectativas o las prohibiciones de tocar a los demás en el contexto empresarial varían de una cultura a otra. Los líderes deberían asegurarse de que son conscientes de las costumbres locales y que las respetan.

SÉ CONSCIENTE DEL CONTACTO VISUAL

Hacer contacto visual con alguien suele reforzar la confianza; no obstante, en algunas culturas asiáticas, mirar a un superior a los ojos mientras le hablas se considera una falta de respeto.

USA DINÁMICAS VOCALES

La manera en que se dice algo puede ser más importante que lo que se dice. El tono, el volumen, la velocidad, el timbre, la intensidad y la enunciación contribuyen al significado de las palabras que se utilizan y transmiten cómo se siente el orador respecto a los presentes.

Mismo gesto, distinto significado

Utilizar el lenguaje corporal de modo eficaz puede ser una manera estupenda de reforzar lo que se dice, pero cuidado: no todos los miembros de una organización mundial pueden interpretar el lenguaje corporal del mismo modo. Los gestos pueden tener connotaciones bastante distintas en diferentes culturas, y es fácil ofender sin querer. Por ejemplo, los gestos entusiastas con el brazo se consideran de mala educación en Japón, y un pulgar hacia arriba, un gesto de aprobación o acuerdo en muchos países, en Bangladés se considera un insulto, y es visto como una señal de mala educación en ciertos países islámicos (ver pp. 28-29).

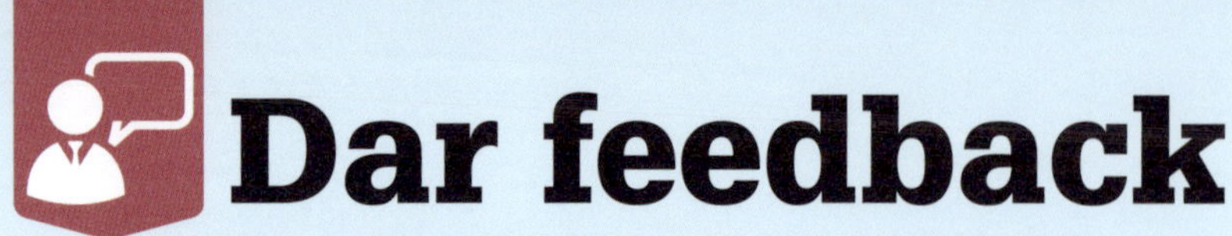

Dar feedback

Toda organización confía en que su personal desempeñe su función de manera eficaz y trabaje para alcanzar las metas comunes. Dar y recibir feedback del rendimiento es una parte esencial de este proceso.

Hacer que funcione el feedback

Es algo comúnmente reconocido que, cuando es constructivo y se comunica bien, el feedback —ya sea de los líderes de un equipo a los integrantes de este o del personal a la gerencia— beneficia la eficacia organizativa (ver pp. 164-165). El feedback se puede dar de manera informal diariamente, pero también es una parte importante de un proceso de valoración formalizado y estructurado. Trascendental para la sensación del empleado de sentirse valorado, también proporciona una sensación de avance que puede ser más motivadora que otros factores basados en incentivos, como un aumento de sueldo.

La manera en que los líderes dan feedback puede influir en si la plantilla progresa o se desmoraliza. Una investigación del Center for Creative Leadership ha demostrado que el feedback que se da de manera brusca y poco constructiva no es eficaz, ya que puede hacer que el receptor se ponga a la defensiva, mientras que el feedback (positivo o negativo) dado de manera constructiva es crucial para el desarrollo del personal. No obstante, el líder no debería poner el foco solo en las fortalezas del receptor. Ignorar sus debilidades le da a este una falsa impresión y obstruye la mejora del trabajo en equipo. En su lugar, los líderes deberían dar cualquier feedback negativo de una forma constructiva y sin juzgar.

Ofrece al receptor la oportunidad de dar su feedback de cómo se siente gestionado, para que ayude a abrir un diálogo en las dos direcciones.

Da feedback sin demora, si no los miembros del equipo quizá se sientan frustrados de que se les deje continuar con sus tareas sin la debida corrección.

Estrategias para dar feedback

Los líderes deberían dar un feedback inmediato, que sea específico, pero no personal, y asegurarse de que se hace de manera positiva, tanto en términos de formulación como de señales emocionales (ver cuadro, arriba a la derecha). Las preguntas deberían ser de final abierto para permitir al receptor desarrollar sus ideas en respuesta.

Dar feedback de manera positiva y constructiva. Formular los comentarios de forma negativa puede hacer que el receptor se sienta amenazado.

Haz preguntas que estimulen la reflexión, más que aleccionar al receptor. Animar a la autorreflexión podría ayudar al receptor a experimentar con ideas diferentes y a explorar nuevos enfoques.

Asegúrate de que el feedback no es personal. Sean positivos o negativos, tus comentarios deberían referirse al rendimiento de la persona en su puesto, y no a su carácter.

Sé específico en vez de general. El feedback debería centrarse en ejemplos concretos de comportamiento, indicando el momento y el lugar.

SIGNOS EMOCIONALES

Marie Dasborough, profesora de Administración de Empresas en la Universidad de Miami, estudió a dos grupos de personas que recibían feedback. Al primero se le dio feedback negativo acompañado de señales emocionales positivas, como sonrisas y asentimientos. El segundo recibió feedback positivo acompañado de señales emocionales negativas, por ejemplo, ceño fruncido y una mirada crítica. En las entrevistas posteriores, los del primer grupo se sentían mejor con respecto a su rendimiento que los del segundo. La conclusión del estudio fue que la manera de dar feedback puede tener un efecto motivador más potente que el propio contenido.

FEEDBACK REMOTO

La comunicación es clave cuando se gestiona un equipo de empleados que teletrabaja. El feedback ha de ser periódico, y el líder debería darlo y recibirlo para garantizar una fácil «corrección de rumbo» para el equipo al completo. Esto también debería ayudar a fomentar la confianza y evitar la sensación de aislamiento. La claridad en la comunicación y una visión compartida de los objetivos y los propósitos son esenciales para que el equipo tenga confianza en que todos trabajan por una meta común. Date un tiempo para celebrar las contribuciones individuales a los logros del equipo; no serán tan visibles necesariamente a distancia y corren el riesgo de pasar desapercibidas.

Herramientas de comunicación

Cuando la comunicación cara a cara no es posible, es importante elegir el método alternativo adecuado, que depende del público, del contexto y de la naturaleza del mensaje.

Cara a cara virtual

El teórico de la comunicación Marshall McLuhan acuñó la frase «el medio es el mensaje» en 1964, para explicar que la manera como se entiende un mensaje depende de cómo se hace llegar. Esta idea sigue siendo la base de enfoques comunicativos actuales. Aunque el teléfono o el correo electrónico siguen siendo pilares de la comunicación, los líderes han recurrido ampliamente a software y plataformas más sofisticadas basadas en la nube que permiten la comunicación remota. Esto facilita que los miembros del equipo trabajen como si estuvieran en una sala de reuniones virtual que siempre está abierta, usando chats grupales o videoconferencias, compartiendo documentos y creando trabajo. Esas herramientas se adoptaron a nivel mundial cuando la epidemia de COVID-19 obligó a la gente a teletrabajar, y siguen simplificando el trabajo a distancia, que está muy extendido.

Tipos de herramientas

Hay dos tipos principales de herramientas de comunicación: las unidireccionales y las bidireccionales. Las primeras son eficaces tablones de anuncios, pero llegan a un público muy amplio y, por eso mismo, son buenas para informar o instruir al personal. Para un feedback o una formación inmediata, motivar a la plantilla, dar apoyo y consejo, y para cohesionar al equipo, las herramientas bidireccionales son más adecuadas.

Unidireccional

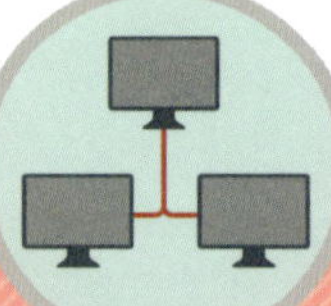

Intranet
Una intranet (red interna de ordenadores) es una manera útil de transmitir un mensaje a muchos empleados.

Webcasts
Son buenos para instruir a los empleados; hay presentaciones y eventos que se transmiten en directo por internet.

Webinarios
Como los webcasts, los webinarios son herramientas de enseñanza útiles. Algunas incluyen una participación limitada del público.

Bidireccional

Correo electrónico
Ha sustituido al postal en muchos casos y es un modo rápido de contactar tanto con compañeros de trabajo como con clientes.

Videollamadas
Una videollamada permite participar en una reunión y presentar documentos a muchas personas desde lugares diferentes.

Teléfono
Una llamada telefónica o una conversación con mensajes de texto permite a dos o más personas comunicarse instantáneamente.

El 45 % de los consejos directivos invirtió en tecnología/herramientas que permiten más colaboración digital desde la crisis del COVID-19.

McKinsey Global Institute, 2021

HERRAMIENTAS VITALES: ¿CUÁL Y CUÁNDO?

Cuándo

❯ **Los empleados no saben cómo contactar** si tienen preguntas o necesitan más detalles de miembros de los departamentos y a quién informar

❯ **Los líderes no controlan el avance** de las fechas y los plazos del proyecto, o este se estanca esperando la aprobación de un directivo sénior

❯ **El personal pierde información vital enviada por correo,** y los líderes no están seguros de si los correos se recibieron

❯ **Menor retención de clientes**, el feedback del cliente es negativo, o los empleados no responden a las consultas

Qué herramienta

Intranet de la empresa con perfiles de los empleados

Herramienta de flujo de trabajo con pasos, notificaciones y alertas de avances

Herramienta de alertas y notificaciones

Software de seguimiento de incidencias

Pódcasts
La información respecto a un proyecto o un cambio en la política de la empresa se puede subir a internet como un archivo de audio digital.

Presentaciones
Una presentación, ya sea en directo o grabada, es una manera excelente de transmitir información vital a un público numeroso.

Buzón de voz
Durante emergencias, cuando se cae internet, se pueden dejar mensajes en el servicio de buzón de voz de los empleados.

Webs para compartir vídeos
Sitios web como YouTube permiten a los usuarios ver o cargar vídeos, que pueden ser didácticos, de casi cualquier tema.

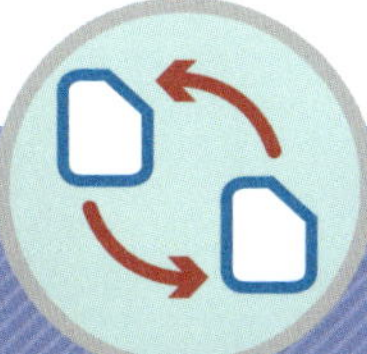

Plataformas colaborativas
Plataformas basadas en webs como Sharepoint facilitan a los miembros del equipo chatear, compartir documentos y trabajar juntos en proyectos.

Aplicacioness de comunicación
Aplicaciones como Slack y Microsoft Teams ofrecen servicios colaborativos, como mensajería instantánea, videollamadas y seguimiento de tareas.

Software de seguimiento de incidencias
Rastrea el historial de comunicación, favorece la rendición de cuentas y ayuda a resolver asuntos inmediatamente.

Reuniones eficaces

Las reuniones facilitan la comunicación, la colaboración y la toma de decisiones, ya sean en persona o por internet. Siguiendo unas sencillas directrices, los líderes pueden asegurarse de que se llevan a cabo bien y que mejoran el rendimiento de los equipos.

Potenciar la eficacia

Las reuniones son esenciales en cualquier organización y son parte integral de la gestión empresarial. En su forma más sencilla, permiten a los líderes compartir información con su personal, sus pares o sus superiores, como las actualizaciones rutinarias del equipo. Esas reuniones pueden ser informales, no hace falta un orden del día ni levantar acta. El líder debería transmitir la información de manera clara, con fotocopias o diapositivas, y luego invitar a hacer preguntas para garantizar que todos lo han entendido.

En cambio, las reuniones en las que hay que tomar decisiones deben estructurarse. Para ser eficaces, se debería establecer y seguir un orden del día. Aunque el líder puede guiar la reunión, debería animar a los demás a participar. Las reuniones por internet se pueden grabar y compartir, pero se debe levantar acta, registrando lo que ha dicho cada uno, qué se ha debatido y cualquier decisión tomada. Luego, las actas deberían distribuirse entre los participantes después de la reunión y usarlas para hacer un seguimiento.

Tipos de reuniones

Cuando se convoca una reunión, los líderes tienen que decidir qué tipo de reunión será, y comunicar su propósito de manera clara a los asistentes. También es vital fijar un lugar y una franja horaria adecuados (más corta para las reuniones de puesta al día y para compartir información, y más larga para las de lluvia de ideas y resolución de problemas). Los líderes también deberían ser claros sobre su papel en la reunión, desde presidirla, delegar o compartir información hasta animar a la creatividad.

Actualizaciones periódicas

Permiten al líder compartir información o pedirla a los miembros de su equipo. Pueden ser rápidas e informales.

Compartir información

Para ser eficaces, el líder debe tener toda la información necesaria y estar dispuesto y ser capaz de responder a todas las preguntas.

Toma de decisiones

Aunque un líder puede guiar una reunión, se debería animar a participar a todos los asistentes para llegar a acuerdos.

QUE LAS REUNIONES VALGAN LA PENA

Hay estudios que demuestran que las reuniones mal preparadas son improductivas y una pérdida de tiempo para los participantes. Para maximizar la productividad de las reuniones, conseguir resultados tangibles y dejar a los participantes una sensación de haber aprovechado el tiempo, el líder debería tener en cuenta los siguientes factores, dependiendo del tipo de reunión:

❯ **Decidir el objetivo** de la reunión y asegurarse de que todos los participantes lo entienden a la perfección, para que puedan decidir si deben asistir o no.

❯ **Facilitar un orden del día con antelación**, para que los asistentes puedan aportar toda la información necesaria o preparar preguntas.

❯ **Limitar la duración** de la reunión al tiempo necesario para alcanzar sus objetivos. No se debe convocar una reunión de más de 60 minutos si solo hacen falta 45.

❯ **Poco después de la reunión**, levanta las actas (previamente habrás invitado a alguien que las redacte bien). Deberían incluir la lista de decisiones y de plazos para las acciones.

❯ **Haz un seguimiento con los participantes** para asegurarte de que las acciones se están ejecutando bien de acuerdo con las actas.

El **75 %** de los **trabajadores** no **recibe** **formación sobre cómo** mantener **reuniones**

TED.com, 2017

Resolver problemas

Dependiendo del problema, las sesiones informales de lluvia de ideas (ver pp. 156-157), moderadas por el líder, pueden ser muy productivas.

Innovar

Parecidas a las reuniones de resolución de problemas; el líder debería aceptar todas las ideas y permitir que los asistentes debatan su mérito.

Puesta en común de ideas

Más productivas cuando las personas están relajadas; el líder debería permitir que todo el mundo hablara con libertad e intercambiaran ideas entre ellos.

Presentaciones

Ser capaz de interesar al público y transmitir un mensaje importante con una presentación convincente es una herramienta básica de un líder. No obstante, preparar y llevar a cabo buenas presentaciones en persona y por internet requiere práctica.

Captar la atención

La primera tarea cuando se hace una presentación es atraer la atención del público antes de que sus mentes comiencen a divagar o empiecen a mirar los móviles. Algunos informes indican que el presentador solo tiene siete segundos para conseguirlo. Abrir con una historia bien escogida es una buena manera de conectar con la gente, pero debe ser corta y relevante para quien la escucha. La información lógica y con datos viene después y es mejor presentarla con fotos, cuando sea posible.

Es importante investigar a fondo al público de antemano para preparar una presentación con la que se pueda identificar. Esto permite al orador satisfacer las necesidades del público al incluir historias, personajes y hechos que les resultarán relevantes.

Al elaborar una presentación, se debe tener en cuenta a los miembros del público con dificultades para oír o leer.

La preparación es crucial, no solo para pensar bien lo que decir y crear diapositivas, sino también para prever las posibles preguntas.

Una buena presentación

Una presentación eficaz es aquella que el público recordará. Mantener el contacto visual con los asistentes de vez en cuando, sonreír y usar gestos abiertos y naturales ayuda a que el orador parezca más competente. Un líder se ganará el respeto aprendiendo a hablar a un público numeroso con pasión y convicción, y a responder preguntas con seguridad.

1 Prepárate

Averigua quién va a asistir y elabora el contenido a medida. Envía un programa de antemano para recordar a la gente que asista.

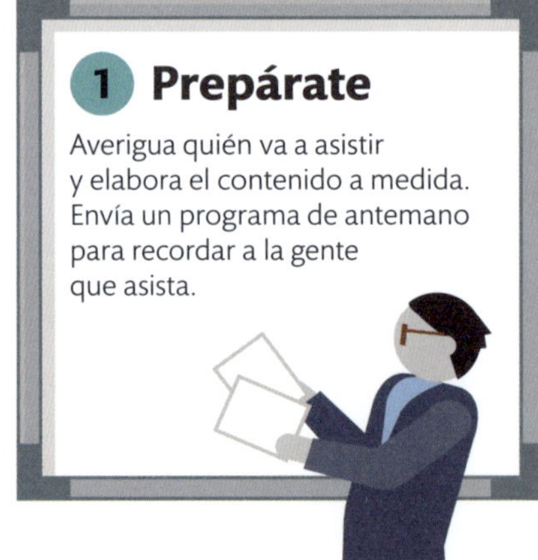

2 Elabora diapositivas creativas

Varía el formato y los colores de las diapositivas, e incluye imágenes que ayuden a hacer llegar el mensaje. Usa fuentes bien legibles: un tamaño de letra 30 funciona bien.

5 Estimula al público

Mantén la atención del público haciendo preguntas retóricas, mencionando investigaciones y anécdotas de tu experiencia, y citando a expertos.

6 Cierra

Acaba la presentación resumiendo los puntos clave, llamando a la acción si procede y pidiendo al público que haga preguntas.

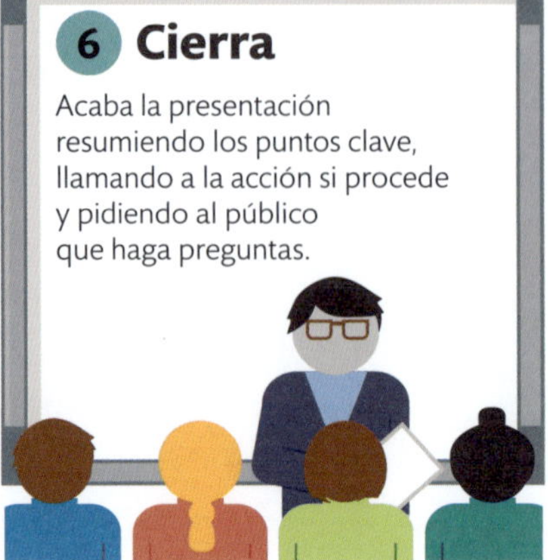

7 Listo para responder

Desarrolla tus propias preguntas (por si nadie pregunta), investiga a fondo para preparar todo un abanico de preguntas y ten a mano datos y cifras útiles.

PRESENTACIONES VIRTUALES

Ahora se hacen muchas presentaciones por internet, y, aunque se aplican las reglas generales para hacer una presentación, hay algunas diferencias.

Quizá no puedas ver al publico, por lo que te resultará difícil saber si han desconectado. Fragmenta la presentación en secciones cortas y hazla interactiva pidiendo feedback o usando la función de encuesta.

Modula la voz para alternar entre hablar bajo para que el público esté concentrado y alzar la voz para dar énfasis.

Mantén la energía alta ya que el entusiasmo natural suele estar ausente en un entorno virtual, a diferencia de cuando estás ante un público en directo. Haz descansos y camina un poco, haz una pausa y respira hondo.

CASO DE ESTUDIO

Apple Inc.

Presentar un concepto revolucionario es todo un reto, pero Steve Jobs lo hizo a la perfección cuando desveló el iPhone en 2007. En vez de comenzar con una descripción del nuevo producto, despertó la curiosidad: «Hoy es el día que llevo dos años y medio esperando». Despertó el entusiasmo y la expectación, refiriéndose a los éxitos pasados de Apple antes de continuar haciendo la sorprendente afirmación: «Hoy, Apple va a reinventar el teléfono». En vez de presentar las características de su nuevo producto, habló de las dificultades de la tecnología existente y entonces presentó las soluciones de Apple. Pero no solo importa la estructura: también utilizó la voz para aportar dramatismo, empezó hablando en voz baja y fue subiéndola hasta llegar a un *crescendo*.

3 Empieza con un impacto

Conecta emocional e intelectualmente con el público empezando con una historia cómica o conmovedora, o con un dato sorprendente.

4 Explica los objetivos de la presentación

Presenta cada idea por separado, un apartado por diapositiva y apoya cada punto con un dato estadístico.

> «Las personas que saben de qué están hablando no necesitan un PowerPoint».
>
> Steve Jobs, cofundador de Apple Inc.

8 Cierre final

Atrae otra vez la atención del público hacia el objetivo reiterando los puntos clave y llamando de nuevo a la acción si procede.

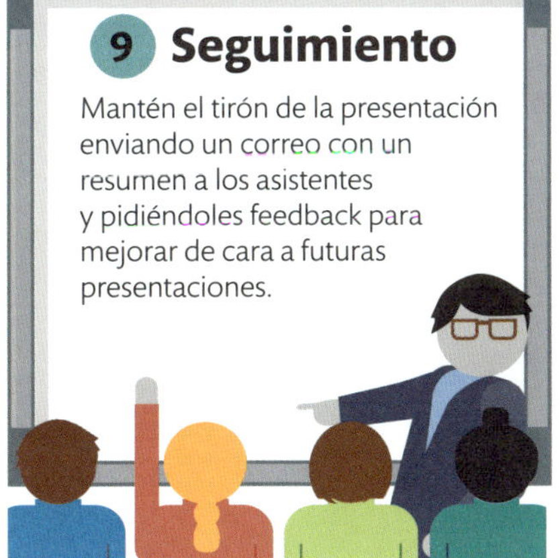

9 Seguimiento

Mantén el tirón de la presentación enviando un correo con un resumen a los asistentes y pidiéndoles feedback para mejorar de cara a futuras presentaciones.

✓ DEBES SABER

> **El mensaje principal** es el punto clave de una presentación. Hay que comunicarlo de forma clara y concisa.

> **La comunicación no verbal** (ver pp. 172-173) consiste en usar los gestos y el lenguaje corporal para hacer llegar un mensaje. Los oradores deberían usar gestos abiertos y seguros y moverse durante la presentación para mantener la atención del público.

Comunicaciones corporativas

Las comunicaciones corporativas sirven para desarrollar una reputación de la organización y transmitir sus valores a un público interno y externo. Poseer una buena reputación es fundamental para el éxito de una empresa.

Enviar el mensaje adecuado

La mayoría de las organizaciones cuentan con una persona, equipo o departamento responsable de las comunicaciones corporativas. Este cargo implica gestionar la imagen y la reputación de la organización, y promover sus valores internamente a los empleados y externamente a los medios de comunicación y a los *stakeholders* (incluidos los accionistas, los socios, los clientes y los consumidores).

En sus inicios, las comunicaciones corporativas se centraban en los productos de la empresa, y, por ello, se especializaron en montar eventos publicitarios externos y redactar notas de prensa. Más recientemente, el foco se ha desplazado a fomentar el compromiso de la plantilla y procurar el bienestar del empleado. Esto ha llevado a las organizaciones a crear intranets para compartir la información y a mantener reuniones periódicas con los empleados para hablar del rendimiento y de los objetivos futuros. Sin embargo, la tarea clave de las comunicaciones corporativas sigue siendo gestionar la reputación de la empresa, ya que cualquier cambio en ella puede afectar a los ingresos, a la productividad en el lugar de trabajo y a la retención de los empleados.

COMUNICACIÓN INTERNA

Bienestar del empleado

❯ **Desarrollar una intranet** para compartir información y mantener al personal comprometido

❯ **Facilitar a los empleados foros** en los que compartir y dar opiniones

❯ **Implicar a los directivos de primera línea** para que comuniquen los objetivos de la empresa a los empleados de todos los niveles

❯ **Publicar las políticas de empleo en internet**, facilitando que los *stakeholders* puedan ver cómo aplica la organización su programa de bienestar de los empleados

❯ **Gestionar el cambio** compartiendo información con el personal tan pronto como se tenga; hacer encuestas periódicas sobre cómo responde la empresa al cambio; celebrar los objetivos alcanzados con fiestas

REDES SOCIALES ESPECÍFICAS

Las redes sociales proporcionan unos medios excelentes a los negocios para aumentar su visibilidad y conectar con su público. Es importante dirigirse a las redes que utilizan los clientes más que intentar una cobertura total, y diseñar comunicaciones interesantes en vez de mensajes directos de venta. El poder de las redes sociales y el hecho de que las personas tienen libertad para expresar su opinión convierte en esencial la supervisión de las campañas —y la reacción que crean—, ya que la reputación se puede ver dañada muy rápidamente si los mensajes son inapropiados o se malinterpretan.

Consolidar una reputación

La meta principal de un gestor de comunicaciones corporativas es forjar la reputación de una empresa como la de un empleador para el que la gente quiera trabajar y la de un contribuyente responsable de la comunidad. Tanto las comunicaciones internas como las externas son vitales para crear y mantener esta imagen.

COMUNICACIÓN EXTERNA

Relaciones con los medios de comunicación
> **Sé sincero y abierto** en los medios de comunicación. Sé fiel a los valores organizativos y asegúrate de que las palabras se apoyan en hechos

Responsabilidad social
> **Adopta una postura sobre temas sociales**: esto mejorará el compromiso de los empleados y promocionará la imagen de la organización
> **Envía un mensaje claro y convincente** para mostrar cómo actúa la empresa en estos temas sociales (los *stakeholders* rechazarán los mensajes que parezcan huecos)
> **Calcula bien el momento de enviar un mensaje**: hablar demasiado pronto sobre un tema puede parecer precipitado, y cualquier mensaje se debe meditar cuidadosamente

Sostenibilidad
> **Anuncia metas de sostenibilidad**, luego mide los avances
> **Informa de los avances al personal y a los *stakeholders*,** que se verán afectados por la posición de la organización dentro de la comunidad

Filantropía corporativa
> **Utiliza las redes sociales para promocionar la filantropía organizativa**. Por ejemplo, los eventos para recaudar fondos
> **Presenta los datos con infografías** para transmitir las causas y los efectos filantrópicos de una manera atrayente y accesible

Reputación
> **Muestra que la organización** es una buena empleadora
> **Publicita los esfuerzos de la organización** para ser un negocio sostenible y ético

COMUNICAR DE MANERA EFICAZ

Entre los objetivos de los líderes de comunicaciones están:
> **Mantener a los empleados involucrados:** ayúdales a gestionar el cambio organizativo y a entender lo importantes que son para ellos los objetivos de la empresa.
> **Planifica minuciosamente las comunicaciones externas e internas:** crea contenido más interesante, adapta el creado por otros e identifica a los *stakeholders* que pueden ayudar a transmitir un mensaje clave.
> **Replantéate las comunicaciones digitales:** prueba varias tecnologías, como las aplicaciones o las redes sociales, para determinar qué canal es más probable que llegue al público.

CASO DE ESTUDIO

Marks & Spencer

En un episodio que subraya la importancia de la transmisión de su integridad por parte de las organizaciones, Marks & Spencer sufrió en 2019 una reacción violenta de los medios y de los consumidores tras una promoción dirigida a los niños que regalaba juguetes de plástico de un solo uso. La campaña iba en contra de la política publicitada por la empresa de reducir los envases de plástico y llegar al residuo cero en 2025.

Comunicaciones de crisis

En términos empresariales, una crisis es una situación que puede dañar a una organización o amenazar a sus clientes o consumidores. En tales situaciones, los líderes necesitan un plan de acción.

Estar preparado

Algunas crisis serán internas, como cuando los activos de una empresa pierden valor o no puede pagar su deuda; otras serán externas, como cuando se descubre que un producto es nocivo para los consumidores. Los peligros surgen no solo de la propia situación, sino también del efecto que tenga en el perfil público de la organización.

Incluso una crisis interna puede desembocar rápidamente en una externa si el asunto llega a las redes sociales o a los canales de noticias tradicionales. Por esta razón, los líderes han de anticiparse a las posibles crisis y desarrollar un plan para gestionarlas. Una comunicación clara y rápida, tanto dentro de la organización como con terceros externos, puede marcar la diferencia entre la recuperación y el desastre.

La respuesta inicial debería ser inmediata, reconociendo lo sucedido y mostrando empatía por los afectados. Lo siguiente debería ser hacer un anuncio entre 24 y 48 horas más tarde, exponiendo los datos clave. Los líderes necesitan tiempo para recopilar información, pero el malestar social irá en aumento si esperan demasiado tiempo. En esos momentos, quizá sea necesario apoyo jurídico, pero eso se debería gestionar con mucho cuidado: tiene que percibirse como algo que beneficie a los afectados por la crisis y no solo para proteger a la organización.

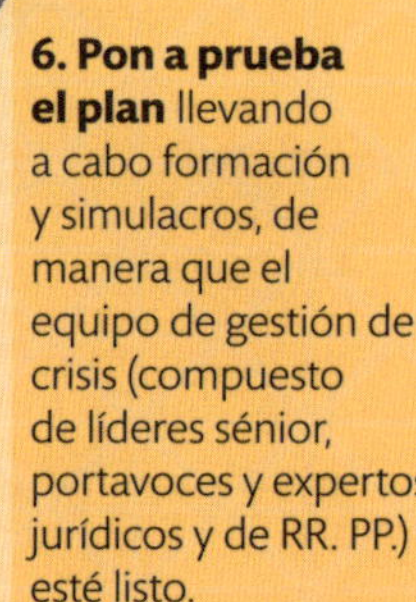

6. Pon a prueba el plan llevando a cabo formación y simulacros, de manera que el equipo de gestión de crisis (compuesto de líderes sénior, portavoces y expertos jurídicos y de RR. PP.) esté listo.

5. Asegúrate de que el plan cubre todas las áreas de la organización, y no solo las comunicaciones.

1. Identifica los posibles riesgos para la organización o la marca, y evalúa la probabilidad de que ocurran.

2. Haz una lista de *stakeholders*; aquellos que han de estar informados en caso de crisis, incluyendo a directivos y empleados, clientes, inversores, medios de comunicación y el público general.

3. Prevé posibles crisis por filtración de datos creando plataformas y sitios web de emergencia que se puedan activar si ocurre una filtración.

4. Prepara unas directrices de comunicación designando un portavoz que represente o hable por la empresa. Define qué información se debería transmitir, y cuándo y dónde.

Precrisis: prepara un plan de crisis

7. Monitoriza todos los medios de comunicación en busca de cualquier fluctuación o incoherencia en la manera de informar de los negocios de la organización.

8. Activa las comunicaciones de emergencia en cuanto ocurra una crisis para que el portavoz pueda dar una respuesta inmediata.

El **60** % de los miembros de un consejo de administración **dice que** su organización **tardó** más de un año **en recuperarse de una** crisis

«Crisis de confianza», Deloitte, 2016

9. Entre 24 y 48 horas más tarde, asegúrate de que el portavoz transmite los hechos clave a los *stakeholders*, el personal y los medios de comunicación. Facilita un calendario de futuros anuncios y complétalo con actualizaciones periódicas.

10. Establece centros de comunicaciones virtuales y físicos para atender consultas y gestionar cuestiones relacionadas con la página web, las redes sociales y el servicio de atención al cliente.

11. Si es preciso, pide consejo a asesores jurídicos, a una agencia de RR. PP. o a expertos en la materia.

12. Analiza la crisis en cuanto esté controlada. Determina la efectividad de tu plan y qué se podría hacer para mejorarlo en el futuro.

CASO DE ESTUDIO

Air Asia

Un accidente aéreo no es solo un desastre para los particulares y sus allegados, sino que puede llevar a la quiebra a las aerolíneas si una crisis como esta no se gestiona bien. Cuando en 2014 un vuelo de Air Asia procedente de Indonesia se estrelló provocando la muerte de 162 personas, el CEO actuó con rapidez para gestionar la situación personalmente: dio el pésame sincero a las familias y les ofreció de manera inmediata una compensación inicial y apoyó a su equipo.

Crisis aguda: activa el plan de crisis agudas   **Poscrisis**

Persuasión e influencia

Ser hábil en el arte de la persuasión positiva es un gran activo en la gestión de personas y la clave para una negociación exitosa. Cuanto más convincente es un líder, mayor es su influencia en el lugar de trabajo.

Fomentar la positividad

La persuasión es más eficaz que la coacción a la hora de provocar un cambio; imponer decisiones rara vez motiva o hace ganar respeto. Pero la persuasión requiere mucho tiempo, por lo que merece la pena evaluar de antemano quién y cómo puede ser convencido. El líder tiene que definir el asunto a abordar, pero implicar al personal en debates les hará sentir que se les trata de manera justa y que se escucha su opinión. Aunque convencer a quien tiene una opinión distinta puede ser el objetivo principal, no hay que ignorar a los que están de nuestro lado: el apoyo se evapora rápidamente si no se valora a las personas. Quizá inicialmente sea mejor buscar un cambio a corto plazo. Tener «un pie dentro» —conseguir ahora un pequeño compromiso— puede iniciar un proceso que lleve a cambios mayores a largo plazo. Y no siempre es necesario convencer a todo el mundo de golpe. Como a las personas les afectan las actitudes de sus pares, obtener el apoyo de unos pocos al principio puede desencadenar un efecto dominó, que conduzca a una mayor aceptación más adelante.

Creando sinergia

Los persuasores consumados dejan a la gente sintiéndose mejor, por breve que haya sido la interacción, y tienen este efecto no solo en los encuentros cara cara y en grupos reducidos, sino también cuando se dirigen a segmentos mayores de la organización. La sinceridad y la empatía son esenciales; ser percibido como digno de confianza y creíble aumentará la influencia de un líder. Apelar al bien común, usando el «nosotros» en vez del «yo», ayuda a los demás a identificarse con tu punto de vista, y recordar a quien te escucha que es libre de tomar sus propias decisiones demuestra respeto. Por el contrario, las tácticas intimidatorias crean un clima de miedo innecesario, mientras que la insistencia constante (una señal habitual de microgestión) provoca que la gente pierda el interés.

Ser persuasivo

❯ **Elige el momento y el lugar adecuados** para plantear el argumento. Practica el discurso para evitar parecer inseguro.

❯ **Plantea argumentos sencillos y lógicos**; elimina los negativos y enfatiza los positivos.

PRACTICAR LA PERSUASIÓN

Aristóteles, filósofo de la antigua Grecia, perfiló cuatro modelos de persuasión que pueden usar los líderes para garantizarse una mayor probabilidad de éxito para sus propuestas.

❯ **Ethos (carácter):** asegurarte de que estás cualificado para sostener tu argumento, habiendo obtenido la experiencia necesaria a través de la práctica

❯ **Pathos (sentimiento):** utilizar la pasión, la imaginación y la visión para apelar a las emociones de quien te escucha

❯ **Logos (palabra):** presentar tu mensaje de manera clara y lógica, habiendo investigado los detalles del curso de acción que propones

❯ **Kairos (momento oportuno):** elegir la mejor oportunidad para comunicar tu mensaje y asegurarte de que se ajusta a tu público

«Las habilidades de persuasión ejercen una influencia mucho mayor en el comportamiento de los demás que las estructuras formales de poder».

Robert Cialdini, profesor regente emérito de Psicología y Marketing de la Arizona State University, 2001

❯ **Explica** a quien te escucha **los beneficios** y las ventajas personales.

❯ **Si los receptores al principio son escépticos,** puedes neutralizar los argumentos contrarios presentándolos tú de forma atenuada y luego refutándolos.

Ejercer influencia

❯ **Cultiva las relaciones,** ya sea con los miembros del equipo, los usuarios del servicio, los clientes o los *stakeholders*.

❯ **Sé agradable** y reduce cualquier comportamiento o hábito molesto.

❯ **Genera confianza** y gana credibilidad cumpliendo las promesas y compromisos y siendo coherente en todo momento.

❯ **Muestra empatía** y demuestra comprensión con las perspectivas de los demás.

Negociación

La negociación puede ser un campo de minas, pero los líderes que la manejan con destreza son muy valorados. Para triunfar, todos los tipos de negociación requieren una preparación minuciosa y una comunicación clara e inequívoca.

Objetivos realistas

El papel de líder a menudo conlleva negociación. Puede tener lugar entre organizaciones, entre distintos departamentos de una única organización y entre equipos. No todas las negociaciones tienen éxito, pero una planificación cuidadosa aumenta las probabilidades de conseguir un resultado positivo.

Primero, un negociador debe fijar objetivos realistas —en línea con las metas organizativas más que con las personales— y decidir cuál es el resultado mínimo aceptable. Después, deberían investigar a la otra parte y evaluar sus posibles intereses. Así, cuando esta exponga su postura, el negociador ya está preparado para preguntar y responder de manera eficaz. Quizá pueda indagar más en los intereses de la otra parte para descubrir su verdadera motivación u ofrecerle una contrapartida que considerará más aceptable. La negociación puede llevarse a cabo por correo electrónico, teléfono o cara a cara (ya sea en línea o en persona). El estilo general de la negociación, ya sea asertiva, pasiva o agresiva, se debería valorar minuciosamente (ver cuadro, a la derecha). Las decisiones tomadas durante la comunicación determinarán el éxito o el fracaso. En cualquier fase, el negociador puede ceder, hacer peticiones educadas, amenazar o, si la negociación se estanca, sugerir una futura reunión conjunta.

Una estrategia de tres pasos

El proceso negociador es un poco como un duelo. Es mejor prepararlo bien, evaluar las fortalezas de tu rival y pensar detenidamente la táctica; no quieres que te pillen desprevenido. Cuando os reunís, una ofensiva inicial seductora antes de establecer tu posición puede resultar desconcertante. Finalmente, guiado por las reacciones de tu rival, cierra un trato o acuerda los pasos siguientes.

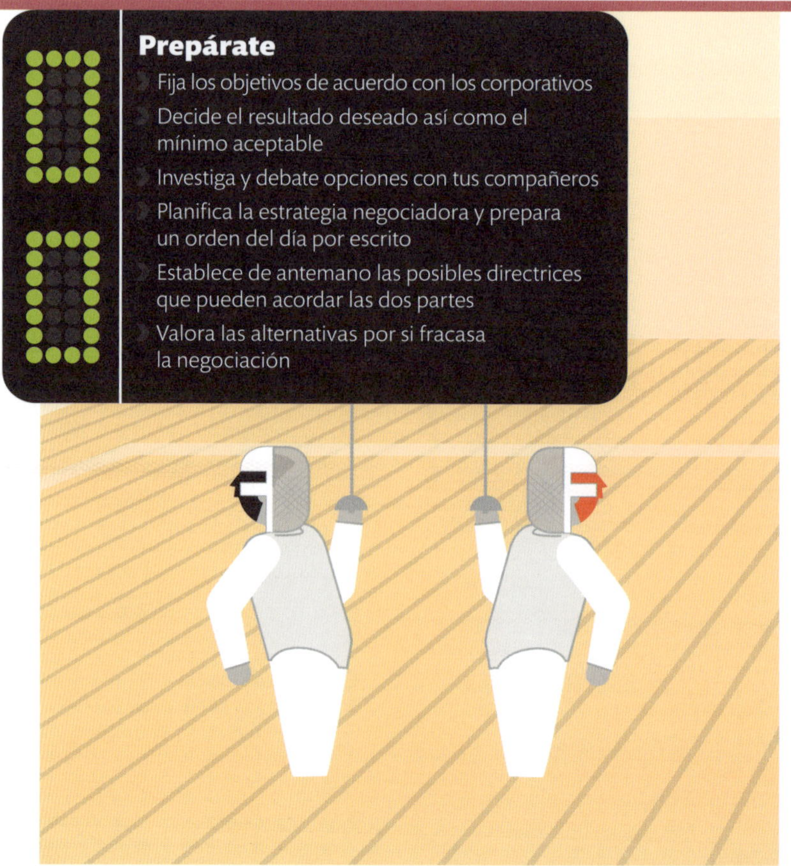

ESTILO DE NEGOCIACIÓN

Para negociar con éxito, es importante trabajar la manera correcta de hacerlo, tanto en oratoria como en lenguaje corporal (ver pp. 172-173). La meta es ser asertivo y evitar los extremos de ser pasivo o agresivo.

Pasivo

> Sumiso
> Poco comprometido
> Emocional y a la defensiva
> Utiliza lenguaje ambiguo

Asertivo

> Seguro
> Preparado
> Realista más que emocional
> Hace afirmaciones que empiezan por «Yo»

Agresivo

> Beligerante
> Hostil
> Culpa a la otra parte
> Hace afirmaciones que empiezan por «Tú»

✓ DEBES SABER

> **El MAP** es el mejor acuerdo posible: el que satisface los intereses del negociador y de la otra parte.

> **La ZOPA** es la zona de posible acuerdo: el rango de opciones que cada parte aceptaría.

> **El MAPAN** es el mejor acuerdo posible no negociado: en otras palabras, el plan B.

> **El mínimo aceptable** es el punto más allá del cual ningún negociador seguirá adelante porque no le conviene.

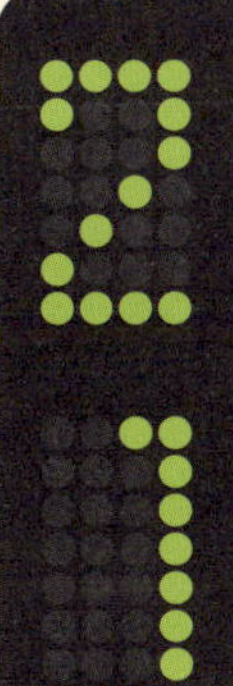

Interactúa

> Preséntate y establece una buena relación
> Haz preguntas para poner a prueba los intereses de la otra parte (sus necesidades y motivaciones)
> Haz tu oferta y escucha su respuesta; casi nunca se acepta una primera oferta. Todas las propuestas deberían parecer razonables y justas
> Valora los compromisos; busca concesiones; haz concesiones
> Crea valor ofreciendo opciones: condiciones, contingencias e intercambios

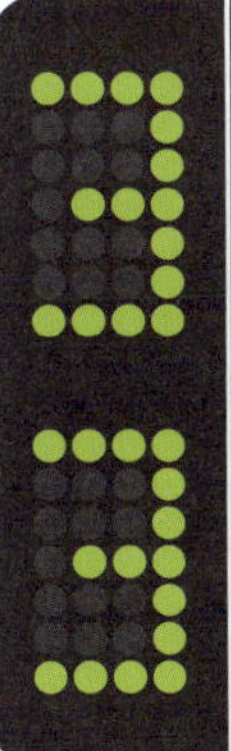

Cierra

> Observa las señales de la otra parte: ¿parece cansada? ¿Sus argumentos se debilitan?
> Resume los acuerdos y las concesiones
> Pon los acuerdos por escrito
> Haz un seguimiento de los compromisos acordados
> Sugiere una mediación, o un segundo debate, si no podéis llegar a un acuerdo
> Ten prevista la opción de retirarte

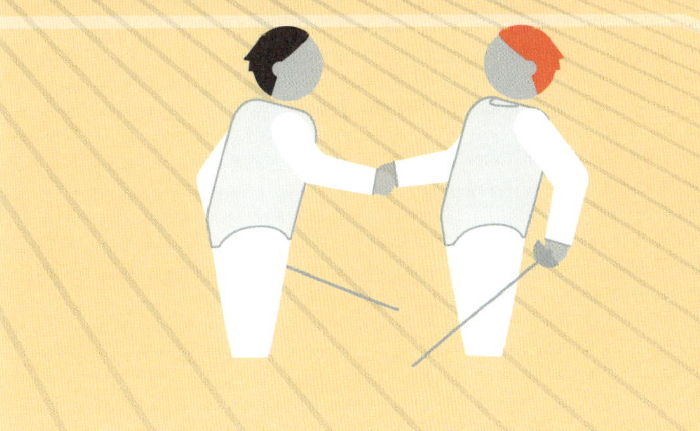

Resolver conflictos

Un conflicto puede resultar difícil de resolver cuando las partes se atrincheran en sus posiciones. El líder debe encontrar una solución justa y adecuada que minimice la disrupción para la organización.

El proceso de paz

Un líder que tiene que resolver una discrepancia —en el lugar de trabajo o con un cliente— debe permanecer imparcial, actuar rápido, escuchar con empatía y trabajar para conseguir una solución práctica paso a paso. Para lograrlo, saber el mejor enfoque a adoptar en cada situación es de gran ayuda. En 1974, los académicos estadounidenses Kenneth Thomas y Ralph Kilmann publicaron su investigación sobre el tema en su libro superventas *El instrumento Thomas-Kilmann de modos de conflicto*. El libro establece cinco estilos para resolver un conflicto, que utilizan un equilibrio distinto de asertividad y cooperación.

Resolver cualquier tipo de disputa o mediar entre dos partes, suele requerir una conversación difícil con uno o los dos bandos. Es crucial estar preparado —disponer de toda la información pertinente y conocer los derechos legales de cada parte— para ello. Conducir la conversación de una manera adecuada y sin prisas —con empatía— puede diluir una situación tensa y mejorar parcialmente las relaciones de trabajo.

Empieza las conversaciones tan pronto como sea posible tras la aparición del problema, pero solo cuando todas las partes se hayan calmado. Quizá sea mejor fijar una reunión periódica, en línea si hace falta, para airear y gestionar las discrepancias antes de que se conviertan en conflictos (ver pp. 152-153). Tras cualquier disputa (interna o externa), se deberían poner por escrito las resoluciones y comunicarlas a todos los implicados.

Cinco estrategias para resolver diferencias

Kenneth Thomas y Ralph Kilmann proponen cinco enfoques para mitigar el conflicto y acabar con él. El instrumento Thomas-Kilmann de modos de conflicto utiliza una matriz que mide los niveles de asertividad en un eje y de cooperación en el otro. Un líder tiene que decidir cuál es el enfoque más apropiado a adoptar.

CONFLICTO FUNCIONAL Y DISFUNCIONAL

No todas las disputas en el trabajo son malas. Cierto nivel de conflicto es sano, pero depende del tipo.

Un conflicto funcional es positivo y provoca crítica constructiva y un debate saludable sobre las cuestiones, como cuánto dinero invertir y el rumbo de la organización.

Un conflicto disfuncional, como comentarios difamatorios o retener información para ganar poder, es negativo. Puede provocar tensión entre los miembros del equipo, aumentar el estrés y bajos niveles de satisfacción entre ellos.

El **35 %** de los empleados han experimentado algún tipo de **conflicto interpersonal** en el trabajo

Managing Conflict in the Modern Workplace, Chartered Institute of Personnel and Development (CIPD), 2020

Comprometerse

❯ Ambas partes intentan encontrar el término medio para «limar» sus diferencias: un resultado que las beneficie a las dos

❯ Moderadamente asertivo y moderadamente colaborativo

❯ Apropiado cuando el objetivo es una solución que satisfaga a ambas partes; aborda el asunto más que en «Evitar», pero no tan a fondo como en «Colaborar»

Colaborar

❯ Las partes trabajan juntas para resolver una disputa de manera que las satisfaga a ambas

❯ Método asertivo y cooperativo: justo lo contrario de «Evitar»

❯ Adecuado cuando las partes quieren explorar a fondo un desacuerdo y aprender del punto de vista del otro para hallar una solución creativa

Complacer

❯ Una parte sacrifica sus propios intereses para satisfacer a la otra

❯ Poco asertivo y muy cooperativo: todo lo contrario de «Competir»

❯ Apropiado si la otra parte necesita ayuda o tiene razón, o si una parte quiere demostrar buena voluntad o mantener relaciones positivas en el futuro

COOPERATIVO

NIVEL DE COOPERACIÓN

AUTOGESTIÓN

Gestión del tiempo

El tiempo es un recurso valioso y finito que se debe usar con inteligencia para lograr el éxito. Los líderes pueden utilizar todo un abanico de métodos para asegurarse de que su tiempo —y el de su equipo— se usa de manera eficaz.

Uso inteligente del tiempo

Para los líderes, la clave de una gestión eficaz del tiempo es entender en qué se emplea. Llevar un registro durante un periodo de días o de semanas es un buen punto de partida y ayuda a detectar anomalías. El paso siguiente es analizar las actividades registradas para evaluar cómo se relacionan con las prioridades organizativas. Si identificar colaboraciones potenciales con organizaciones similares es un objetivo clave y solo se dedica el 10 % del tiempo a establecer vínculos con posibles socios, se deberían averiguar los motivos.

Lo siguiente es planificar, prestar atención a las tareas clave y a la cantidad de tiempo ideal que precisa cada una. Es importante priorizarlas de manera objetiva y que los cálculos temporales no sean demasiado optimistas, puesto que eso puede ser desmotivador si los planes no se llevan cabo. Es útil categorizar las tareas según la importancia y la urgencia. Por ejemplo, restablecer los servicios telefónicos e informáticos en un hotel rural es probable que sea

El principio de Pareto

El principio de Pareto, que debe su nombre al economista italiano Vilfredo Pareto, es la observación de que, en cualquier actividad, un 80 % de los resultados proviene del 20 % de las acciones. Desde una perspectiva empresarial, esto significa que se podría estar desperdiciando el 80 % del esfuerzo invertido en un proyecto. Y, por tanto, es vital que los líderes identifiquen el 20 % más productivo de sus actividades y les den la máxima prioridad.

Para reducir la ineficiencia

❯ **Identificar** el 80 % de actividades que son menos eficientes. Evaluar cuáles se pueden abandonar.

❯ **Preguntarse** si las actividades que se mantienen se pueden hacer de un modo más eficiente.

❯ **Explorar** enfoques alternativos, como externalizar tareas.

urgente e importante, mientras que analizar las encuestas hechas a los clientes para la reunión mensual de revisión es importante pero no urgente. Planificar así ayuda a decidir qué actividades se deberían realizar antes.

Por último, los líderes pueden crear un ambiente propicio para una buena gestión del tiempo. Por ejemplo, se podría animar al personal a adoptar técnicas como estructurarse el día según sus momentos de máxima productividad y dividir los proyectos complejos en tareas más pequeñas.

> «En realidad, no **gestionas el tiempo**, sino el **comportamiento**».
>
> Peter Turla, experto
> en gestión del tiempo

EFICACIA Y EFICIENCIA

Dos conceptos que se confunden a menudo son la eficacia y la eficiencia. Ser eficaz supone trabajar para conseguir los objetivos correctos: los que dan los resultados deseados. Para un líder esto significa asegurarse de que su equipo está enfocado correctamente. En cambio, ser eficiente, significa aprovechar al máximo los recursos disponibles para alcanzar los objetivos, como fabricar un producto con la menor cantidad de residuos y al menor coste posible. Por tanto, la eficiencia es un estado de mejora continua que un líder debería alentar a su equipo a conseguir en cuanto se haya logrado la eficacia.

Para maximizar la eficiencia

> **Identificar** el 20 % de actividades más eficaces. Evaluar qué factores las hacen triunfar.

> **Explorar** si cualquiera de las medidas identificadas se puede aplicar a las actividades menos productivas.

> **Priorizar** el reducido número de actividades que son más productivas.

Ser eficaz significa identificar y alcanzar el objetivo correcto.

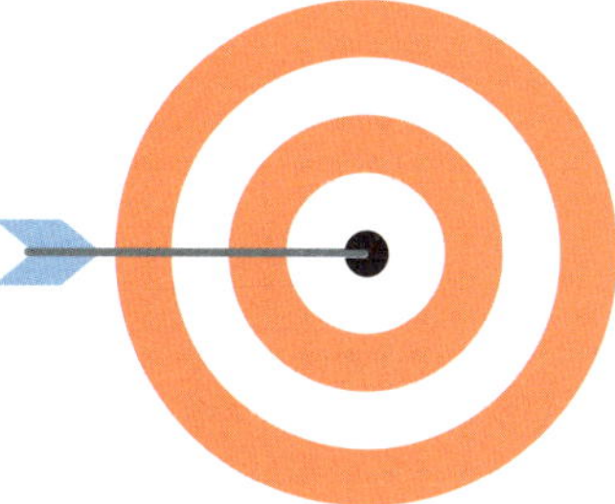

Ser eficiente significa alcanzar el objetivo sin desperdiciar esfuerzo.

Impacto personal

Entender y desarrollar tu impacto personal te ayudará a crear relaciones eficaces y labrarte una carrera de éxito.

Ser autoconsciente

El impacto personal se refiere al efecto que una persona tiene en las demás y cómo son recibidas esa persona y sus ideas. Hay estudios que demuestran que nos formamos una opinión de una persona en cuestión de segundos tras conocerla…, pero a menudo nuestras opiniones son erróneas. Nuestro parecer se ve afectado por todo tipo de prejuicios inconscientes, basados en su lenguaje corporal y su manera de vestir.

La manera de superar estos prejuicios es desarrollar autoconsciencia. Esto supone ser conscientes de nuestras respuestas a los demás y, sobre todo, de las respuestas que nos dan los demás a nosotros. Esto último es particularmente importante, ya que ellos también tienen prejuicios. Por ejemplo, si un entrevistado cree que los líderes en general son maleducados y autoritarios, esto puede afectar a cómo enfoque una entrevista, sin importar los modales de quien le entreviste.

El impacto personal también puede afectar al éxito en el lugar de trabajo. Si un líder es demasiado dominante, las personas pueden ser reacias a dar su opinión y se pueden perder nuevas ideas. Del mismo modo, si alguien es percibido como débil, puede que los demás lo ignoren y su voz siga sin escucharse.

La ventana de Johari

Una manera de aumentar la autoconciencia es usar la ventana de Johari. Desarrollada por los psicólogos Joseph Luft y Harrington Ingham, da a las personas una perspectiva más clara de quiénes son. Por eso, es una herramienta valiosísima tanto para los líderes como para los empleados (ver cuadro debajo).

Aprendiendo a abrirse

La ventana de Johari divide la personalidad en cuatro cuadrantes: aspectos que conocemos y los demás también; aspectos que conocemos y los demás no; aspectos que conocen los demás, pero nosotros no; aspectos que desconocemos nosotros y los demás. Para lograr una mayor autopercepción, es importante comparar cómo nos vemos y cómo nos ven los demás. La meta es aumentar el tamaño del primer cuadrante de la ventana —nuestro yo público— pidiendo feedback y desvelando más de nosotros.

GESTIONAR LAS EMOCIONES

El escritor estadounidense Daniel Goleman se inspiró en las ideas de los psicólogos Peter Salovey y John Mayer para escribir *Inteligencia emocional* (1998). A diferencia del CI, que habla de la inteligencia cognitiva, la inteligencia emocional o CE implica entender nuestras emociones, las de los demás y cómo comunicamos los sentimientos.

> **Autoconsciencia**: la habilidad de reconocer estados de ánimo y emociones

> **Autorregulación**: la habilidad de recuperarse de los reveses y de gestionar los estados de ánimo disruptivos

> **Motivación**: la habilidad de alcanzar metas por motivos personales, sin recompensas externas

> **Empatía**: la habilidad de entender las emociones de los demás

> **Relaciones sociales**: la habilidad de crear redes y establecer relaciones

Tu «yo ciego»

Aspectos de ti que los demás conocen, pero tú no. Por ejemplo, que tu presencia es tranquilizadora.

El «yo desconocido»

Aspectos de ti mismo que ni tú ni los demás conocéis; quizá que eres resiliente o excepcionalmente valiente.

«**Conocer** a los demás **es** inteligencia; **conocerse** a sí mismo **es la** verdadera sabiduría».

Lao Tzu, filósofo chino, siglo VI a.C.

2

Aprende

Descubre cosas que los demás saben sobre ti, pero tú no, pidiendo que te den feedback.

3

Informa

Ayuda a los demás a entenderte mejor al desvelar más sobre ti mismo.

4

Sé consciente

Entiende que hay cosas sobre ti que tanto tú como los demás aún tenéis que descubrir.

Labrarse una carrera

Conseguir una carrera de éxito en la gestión conlleva tiempo y esfuerzo. Requiere entenderse a uno mismo, fijar y evaluar las metas personales y reconocer las oportunidades de avanzar.

Fijar objetivos

Una gestión eficaz requiere liderar a los demás, tomar decisiones y asumir responsabilidades; también puede significar trabajar con presión. Para cualquiera que valore labrarse una carrera en gestión empresarial, el primer paso es preguntarse si tiene las capacidades y la personalidad necesarias. Los líderes en gestión existentes que quieren progresar también deberían evaluar sus fortalezas en estas áreas, y luego decidir si sus habilidades y sus ideas son actuales y si realmente quieren ascender a un cargo más exigente.

Para desarrollar una carrera como líder en gestión, es importante fijarse objetivos. Aunque el camino recorrido siempre reflejará las oportunidades que surjan, aspirar a una presidencia constituirá un trayecto distinto al de líder de un equipo.

Planifica y gestiona una carrera

Aunque ciertos trabajos ofrecen una progresión estructurada, la carrera de mucha gente se desarrolla de manera orgánica, con movimientos hacia arriba o laterales... y a veces hacia abajo. No hay un camino marcado a seguir: la ruta dependerá de la persona, del campo de trabajo y de las vacantes disponibles. Sin embargo, hay quien toma ciertas medidas que le ayudan a desarrollar una carrera en la gestión empresarial, sea cual sea la dirección que escoja.

> **«La gestión busca la eficiencia en el ascenso por la escalera del éxito».**
>
> Stephen Covey, *Los 7 hábitos de la gente altamente efectiva*, 1989

4

BÚSQUEDA ACTIVA DE OPORTUNIDADES

Practica nuevas capacidades; por ejemplo, ofrecerte voluntario para hacer una presentación. Hazte visible en la organización. Habla con la gente que pueda ayudarte a desarrollar tu carrera.

1

PLANIFICAR UNA TRAYECTORIA

Crear una visión del futuro: en 10 años, ¿qué requeriría el trabajo ideal? ¿Cuáles son los requisitos del puesto ideal?, ¿tal vez formarse o adquirir experiencia en un campo diferente? Fijarse metas: ¿qué tendré que lograr y para cuándo? Créate una imagen de cómo sería el éxito en cada etapa.

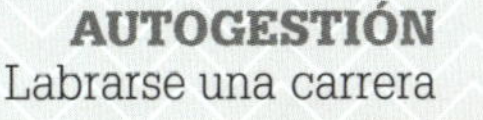

7

VE EN VANGUARDIA

Incluso en lo más alto de una carrera es importante seguir aprendiendo. Orientar al personal júnior mantiene a los líderes al corriente de las nuevas ideas.

6

COMPRUEBA QUE LA VISIÓN SIGA SIENDO ATRACTIVA

Las situaciones personales se modifican y se abren nuevas vías. Con la experiencia, las metas pueden cambiar. Pregúntate si hay que adaptar la visión o trazar un nuevo rumbo.

5

COMPRUEBA EL PROGRESO

¿Se están cumpliendo las metas? Si no lo hacen, ¿por qué? ¿Qué se puede aprender del éxito y del fracaso? ¿Las metas siguen siendo adecuadas o ha cambiado algo?

3

GESTIONA LOS CONTRATIEMPOS

Reevalúa los valores y las metas. ¿Siguen siendo adecuados? ¿Hay otras maneras de alcanzar una ambición? ¿Un desplazamiento lateral, quizá? Todo el mundo sufre reveses. Recupera la motivación y busca nuevas oportunidades.

2

CRÉATE UNA BASE PORTÁTIL DE COMPETENCIAS

El éxito se basa en algo más que en conocimientos y habilidad técnica. La comunicación eficaz y la habilidad de trabajar con otros son herramientas vitales en cualquier puesto. Prevé lo que pueda requerir el puesto ideal y trabaja para desarrollar esas habilidades por si las necesitas.

Red de contactos eficaz

El networking o creación de redes implica establecer y mantener una serie de contactos, tanto dentro como fuera del lugar de trabajo. Para un líder, colaborar con una red de contactos puede ser un gran impulso para su empresa y para su carrera.

Forjar relaciones

Cada líder posee una combinación única de habilidades personales, conocimientos y experiencia. Forjando relaciones con todo un abanico de personas, los líderes pueden compartir sus propias fortalezas, aprender de las de los demás y beneficiarse de una mayor reserva de conocimientos. El trabajo en red también proporciona acceso a gente influyente y puede generar oportunidades profesionales.

Las tres etapas del trabajo en red implican decidir a qué personas acercarse como contactos, hallar oportunidades de hablar con ellos y mantener estas relaciones. Entre los contactos útiles puede haber gente que toma decisiones, otros con ideas interesantes y los que te pueden presentar a otras figuras clave. Para trabajar en red con éxito, es esencial una actitud generosa, responsable y de apoyo hacia los demás.

Aunque las herramientas de las redes sociales para la creación de redes basadas en el trabajo (como LinkedIn) son excelentes para hacer contactos, es importante conocer a la gente cara a cara. Las reuniones informales, los eventos del sector y las reuniones sociales organizadas por asociaciones profesionales pueden ser oportunidades útiles para crear redes.

Seis grados de separación

La investigación llevada a cabo por el psicólogo estadounidense Stanley Milgram en los años 60 sugiere que la mayoría de la gente puede conectarse con casi cualquier otra persona del mundo mediante una cadena de solo seis conocidos relacionados. Por tanto, un mayor alcance de la red ofrece un posible acceso a un número enorme de contactos de distintos sectores, ubicaciones y experiencia. También puede ayudar a los líderes a forjarse una reputación y a abrir nuevas oportunidades profesionales.

El número de personas con podemos mantener una relación significativa son

150.

Robin Dunbar, *Grooming, Gossip, and the Evolution of Language*, 1996

USAR UNA RED DE CONTACTOS

Una red de contactos es un grupo de relaciones que se pueden mantener de manera continua durante la vida diaria. La calidad de los contactos de un líder es más importante que la cantidad: tener demasiada gente con quien mantener una relación imposibilitará que sean relaciones significativas. Por naturaleza, los contactos tienden a ser transaccionales o colaborativos: las relaciones transaccionales pueden aportar ganancias a más corto plazo, pero las colaborativas suelen ser más productivas a largo plazo.

Relación transaccional

Cada parte contempla la interacción como una oportunidad de ganancia personal.

❯ **Los resultados** de la interacción son el foco más importante en una relación transaccional.

❯ **Si hay conflicto**, a cada parte lo que más le preocupa es sacar el mejor resultado para sí.

Relación colaborativa

La comunicación entre las partes es más profunda, y el foco se pone en la ayuda y el apoyo mutuo.

❯ **Cada persona tiene en cuenta** los sentimientos del otro sobre los resultados de la interacción.

❯ **Resolver el conflicto** a gusto de todos es más importante que ganarlo.

4. INGRID

Gestora de un fondo de pensiones, **Ingrid** ayuda con la contabilidad a una organización que dona a uno de los proyectos de **Aamir**.

6. NIKO

Niko, primo de **Matt**, trabaja como artista en una empresa multinacional de RR. PP. Comparte en su red social una publicación de su empresa que anuncia una vacante de gestión. La ve **Matt**, que se la pasa a sus otros cuatro conocidos a través de las redes sociales y de palabra.

3. AAMIR

Aamir, excolega de trabajo de **Juan**, gestiona las relaciones con donantes de una ONG internacional que financia proyectos en países en vías de desarrollo.

Equilibrio trabajo/vida

Ser líder puede resultar muy exigente, pero es importante no dejar que nos quite demasiado tiempo de nuestra vida personal. Un buen equilibrio entre lo laboral y lo personal es esencial, tanto para la salud mental como para las relaciones personales.

Por qué importa

Trabajar demasiadas horas y permitir que el trabajo te ocupe los fines de semana y las vacaciones es una enfermedad del siglo XXI. La tecnología y la naturaleza global de muchas empresas ha conducido a una cultura de trabajo de 24 horas que dificulta desconectar y que intenta colar otras tareas al final del día o que respondas a llamadas del trabajo desde otra zona horaria. El teletrabajo ocasional, o trabajar desde casa un día a la semana, ha sido una opción para algunas personas y además les ha ahorrado el tiempo de desplazamientos, pero la pandemia de COVID-19 y los confinamientos lo convirtieron en obligatorio para muchas. Esto cambió los límites al convertir el hogar en el principal lugar de trabajo. Esta tendencia parece que va a continuar para mucha gente a medida que los empleadores comprueben que las empresas pueden seguir en marcha sin el coste de las oficinas.

Vida laboral y vida personal

Como la mayoría de la gente, los líderes han de hacer malabarismos con las exigencias de su tiempo y, por tanto, tienen que definir sus prioridades. Para algunos, esto significa separar por completo el trabajo de la vida familiar; para otros, integrarlas las dos. Lo más importante es crear un equilibrio que funcione. Aquí tienes ocho reglas de oro que te pueden ayudar.

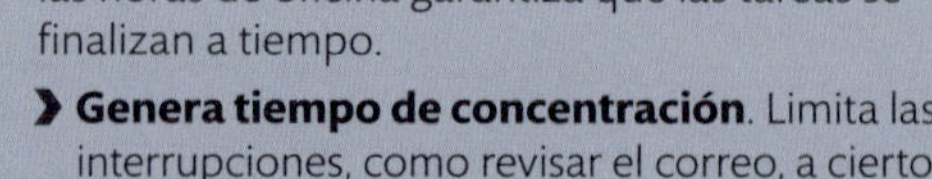

TRABAJO

Centrarse exclusivamente en el trabajo durante las horas de oficina garantiza que las tareas se finalizan a tiempo.

> **Genera tiempo de concentración**. Limita las interrupciones, como revisar el correo, a ciertos momentos del día.

> **Evita la distracción de las redes sociales**. Ignora todos los intereses personales en línea hasta que hayas acabado el trabajo.

> **Elabora una lista de inquietudes**. Hazlo al final del día, de modo que puedas desconectar del trabajo cuando llegues a casa.

> **Ordena tu escritorio**. Hazlo como ritual antes de salir del trabajo. Esto te facilitará retomar el trabajo por la mañana.

Incluso trabajando desde casa, los límites son importantes para garantizar que queda tiempo suficiente para el ocio y la relajación que potencien la salud mental y física. Disfrutar de tiempo con los amigos y la familia también es crucial, puesto que nos proporcionan una red de apoyo vital. Las vacaciones —idealmente de más de una semana— son excelentes para recargar las pilas, sobre todo si ponemos el mensaje «No estaré trabajando» y los compañeros saben que solo pueden ponerse en contacto en caso de emergencia.

1 de cada 5 personas quiere teletrabajar a tiempo completo tras la pandemia de COVID-19

YouGov, 2021

EQUILIBRAR EL TRABAJO Y LA VIDA FAMILIAR

La revista *Forbes* sugiere que los progenitores que trabajan deberían renunciar a cinco cosas para aligerar la carga: el orgullo para pedir ayuda cuando la necesitan; la creencia de que el tiempo se debería dividir de manera equitativa (a veces el trabajo o el hogar requieren más atención); la idea de que deberían desatender sus propios intereses (el tiempo «para mí» importa); el deseo de que los hijos sean felices todo el rato; y la culpa (las parejas trabajadoras pueden seguir siendo muy buenos padres).

HOGAR

Las relaciones y el ocio son aspectos vitales de la vida y no deberían verse desplazados por el trabajo.

> **No busques la perfección**. Intenta asignar un periodo fijo al trabajo necesario que permita espacio para las actividades de ocio.

> **Maximiza el tiempo personal**. Si es posible, busca ayuda externa con las tareas que te disgusten, como las domésticas.

> **Comparte tareas en casa**. Implica a tus hijos, que se beneficiarán de ser responsables.

> **Crea tiempos muertos**. Esto es para darte un respiro incluso de las actividades de ocio programadas.

Lidiar con el estrés

El estrés afecta a la salud mental y física, así como a la capacidad de rendir bien en el trabajo. Los líderes que aprenden a reaccionar ante la presión pueden mantener su bienestar y el de su equipo.

Reconocer y abordar el estrés

El estrés es la respuesta adversa a las presiones excesivas: la idea de ser incapaz de hacer frente a las situaciones y de que todo está descontrolado. Aunque todo el mundo puede sentir eso durante periodos cortos, cuando se experimenta continuamente sus efectos pueden ser graves. Diversas hormonas que nos dan energía en caso de emergencia, como la adrenalina, pueden ayudar a la persona a cumplir un plazo ajustado, pero estar en alerta durante periodos largos puede provocar ansiedad, insomnio y debilitar el sistema inmune, entre otros efectos nocivos.

Como líder, es importante reconocer tus propias señales de estrés y tratarlas, ya que este también tendrá impacto en tu equipo si se expresa en comportamientos como la pérdida de atención o estallidos de ira inusuales.

Hay muchos sucesos en la vida que pueden desencadenar niveles altos de estrés (ver debajo). En cuanto a los factores de estrés relacionados con el trabajo, en muchos países los empleadores tienen la responsabilidad legal de facilitar un lugar seguro de trabajo, que incluya la gestión de dichos factores. Además de plantear los problemas a los superiores, los trabajadores pueden usar muchas estrategias para crear resiliencia (ver derecha).

LA ESCALA DEL ESTRÉS

Como líder, es importante ser consciente de cómo pueden afectar a tus niveles de estrés los sucesos vitales. Los investigadores Richard Raye y Thomas Holmes crearon una escala para medir el estrés asignando un cierto número de puntos a cada suceso. Si una persona pasa de los 150 puntos en la escala, es probable que enferme. Algunos de los sucesos clave son:

Suceso	Puntos
Muerte del esposo/pareja	100
Divorcio	73
Muerte de un familiar cercano	63
Enfermedad o lesión	53
Cambio a un tipo de trabajo distinto	36

Capear el temporal

Hay una gran variedad de problemas domésticos y laborales que pueden desencadenar niveles de estrés nocivos. Mucha gente intenta seguir a pesar de todo, creyendo que «rendirse» es un signo de debilidad, pero esto solo empeora la situación. Los expertos en salud recomiendan encarecidamente hacerse con el control de la situación, reforzar la solidez emocional, mantener una red de contactos fuerte y ser positivo.

COMPROMISOS FAMILIARES

Estar conectado al equipo chateando con ellos y gestionando cosas mientras caminas.

No perder la perspectiva: la mayoría de las «crisis» no merecen el estatus de catástrofe.

El 41 %

de los milenials se sienten estresados todo o la mayor parte del tiempo

The Deloitte Global 2021 Millennial and Gen Z Survey

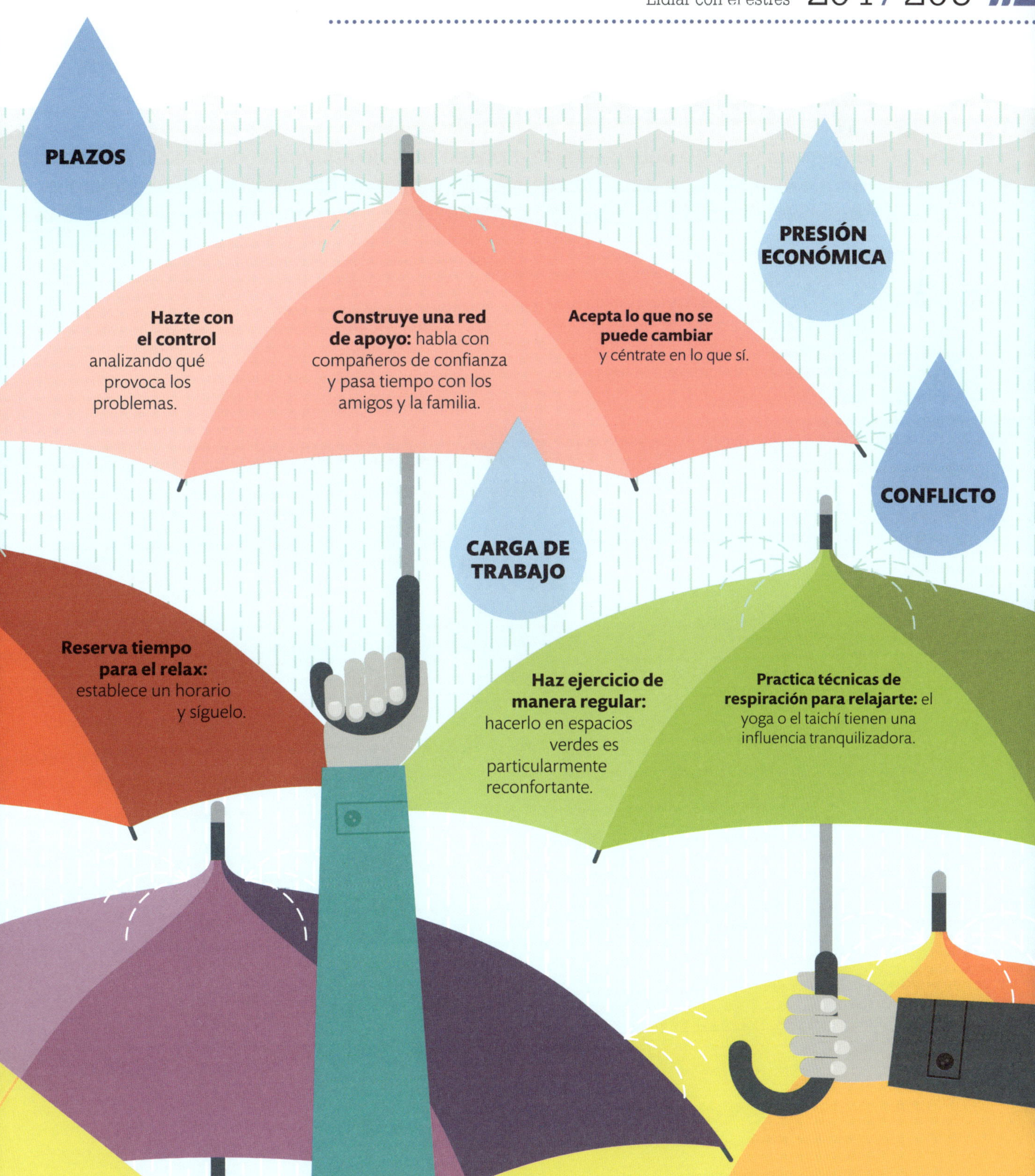
PLAZOS
PRESIÓN ECONÓMICA
CONFLICTO
CARGA DE TRABAJO
Hazte con el control analizando qué provoca los problemas.
Construye una red de apoyo: habla con compañeros de confianza y pasa tiempo con los amigos y la familia.
Acepta lo que no se puede cambiar y céntrate en lo que sí.
Reserva tiempo para el relax: establece un horario y síguelo.
Haz ejercicio de manera regular: hacerlo en espacios verdes es particularmente reconfortante.
Practica técnicas de respiración para relajarte: el yoga o el taichí tienen una influencia tranquilizadora.

Aprendizaje y desarrollo

Asumir la responsabilidad del aprendizaje puede no solo apoyar tu desarrollo profesional, sino también contribuir a una mayor realización personal. Las oportunidades de crecer no se limitan solo a los años de educación oficial; pueden ser una búsqueda permanente.

Crecimiento constante

El aprendizaje es la adquisición de conocimiento y capacidades, mientras que el desarrollo es el dominio gradual de estas capacidades, poniendo en práctica el conocimiento e incorporándolo en el trabajo diario. Ambos son importantes en una carrera profesional de gestión.

Parte del éxito en esta área implica tener la mentalidad adecuada. En su libro de 2006 *Mindset: la actitud del éxito*, la psicóloga Carol Dweck habla de «la mentalidad de crecimiento». Esta permite a las personas creer que las circunstancias no las limitan, sino que pueden mejorar y aprovechar las oportunidades de aprender y crecer. El otro factor es instaurar procesos de manera activa. A los líderes se les puede ofrecer una formación continua, pero se pueden hacer cargo igualmente de su propio desarrollo; por ejemplo pidiendo feedback a sus superiores jerárquicos para que les ayuden a identificar puntos ciegos. También podrían elaborar una auditoría personal, puntuar sus capacidades en zonas clave de su cargo y señalar las áreas de mejora. Estos hallazgos pueden formar parte de un plan de desarrollo (ver debajo) que podrían seguir. El plan se centraría en áreas como las capacidades, el crecimiento y las relaciones, pero debería alinearse con la función de líder organizativo, y los cambios deberían tener el apoyo de los superiores jerárquicos.

Reevaluación
A medida que las circunstancias cambien y surjan nuevas oportunidades, es vital volver al plan y comprobar que aún sirve.

«No se aprende a caminar siguiendo unas reglas. Se aprende caminando y cayendo».
Sir Richard Branson, empresario, 2014

Hacia delante y hacia arriba

Un plan de desarrollo para avanzar en tu carrera consiste en una serie de preguntas y respuestas, combinadas con un calendario para lograr tus metas. Debería comenzar con una visión del futuro: ¿Cómo será? ¿Qué aprendizaje se necesita para alcanzarlo? Los pasos que parecen demasiado grandes pueden resultar desalentadores, de manera que el plan debería fragmentarse en hitos más pequeños. También debería ser una mezcla de aprendizaje oficial e informal.

Más del **80** % de los profesionales sénior creen que la formación para directivos y el desarrollo del liderazgo ha mejorado sus habilidades

VanDyck Silveira, CEO de FT | IE Corporate Learning Alliance, 2017

Aprendizaje informal

Es un proceso continuo de estar atento a cómo funcionan las cosas... y observar a los demás.

Dar un salto

Intentar nuevos métodos de aprendizaje, desarrollar nuevas habilidades y la curiosidad contribuyen al crecimiento de una mentalidad emprendedora.

Aprendizaje oficial

Es el aprendizaje estructurado, basado en aulas o en línea. Lo suele impartir una entidad y conlleva una titulación.

APRENDIZAJE INFORMAL

Aprendiendo de manera informal en el trabajo, sobre todo en proyectos exigentes, permitirá a los líderes ganar más experiencia.

❯ **El fracaso proporciona** una valiosa experiencia de aprendizaje, que te ayuda a reflexionar sobre cómo se podían haber hecho mejor las cosas.

❯ **Correr riesgos** te saca de tu zona de confort. Aceptar un reto y hacer algo nuevo te aporta experiencia y te ayuda a ampliar tus conocimientos y tus capacidades.

❯ **Pedir feedback** y aceptarlo muestra cómo ven los demás tus acciones y cómo se pueden mejorar.

Estilos de aprendizaje

La formación de la plantilla nunca debería ser algo «que valga para todos». El líder que entienda la mejor manera de aprender tanto para él como para su equipo estará bien preparado para poder escoger los tipos de formación más eficaces.

Rutas a las metas de aprendizaje

Desde los años 70, los investigadores han explorado las distintas formas en que a las personas les gusta aprender. Su trabajo puede ayudar a los líderes a identificar el estilo de aprendizaje óptimo de cada empleado y adecuarlo a un curso de formación apropiado.

Tres conocidas explicaciones de los estilos de aprendizaje son el modelo VAK de 1979 de Walter Barbe, que explora cómo asimilan el conocimiento las personas; el modelo Felder-Silverman de 1988, que vincula el estilo de aprendizaje con el tipo de personalidad; y el modelo de Dunn y Dunn de 1978, que se centra en las influencias que pueden afectar a cómo aprende una persona (ver cuadro, extremo derecha). Otros estilos son el modelo Honey y Mumford, que vincula la idea del teórico David Kolb de un ciclo de aprendizaje de cuatro etapas con cuatro tipos de personalidad, cada una de las cuales se ajusta a cada una de las etapas de aprendizaje (ver derecha).

Una serie de cuestionarios basados en estos modelos pueden ayudar a los empleados a descubrir su estilo preferido. Hallar una formación que se ajuste a los estilos es cada vez más viable a medida que la tecnología proporciona cursos en muchos formatos. Todos los estilos de aprendizaje son equivalentes, pero a veces puede ser útil que las personas salgan de su zona de confort para aprender de una manera nueva.

> **«Aprender es el proceso por el cual se crea conocimiento mediante la transformación de la experiencia».**
>
> David A. Kolb, teórico de la enseñanza estadounidense, 1971

El ciclo del aprendizaje

En 1984, David Kolb propuso la idea de un ciclo de aprendizaje de cuatro etapas, que vemos aquí en el borde exterior de la rueda del aprendizaje (derecha). La primera etapa es experimentar algo, que después hay que comprobar, luego sacar conclusiones y por último intentarlo. En 1986, Peter Honey y Alan Mumford se sumaron a la idea, identificando cuatro personalidades que rendían mejor en una etapa concreta del ciclo. A un activista le gusta la experiencia práctica, un reflexivo disfruta pensando bien las cosas, un teórico forma ideas y un pragmático es alguien que aplica el conocimiento.

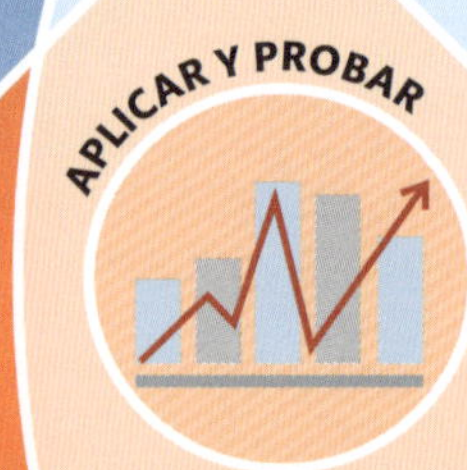

RUEDA DEL APRENDIZAJE

Un ciclo de aprendizaje eficaz, como el que explicaba David Kolb, consta de cuatro etapas, como hemos visto aquí en el borde exterior de la rueda. Peter Honey y Alan Mumford sugieren que cada etapa se ajusta mejor a uno de los cuatro tipos distintos de personalidad.

REFLEXIVOS

Observan, recogen información y reflexionan sobre lo que ha sucedido. Tienden a ser cuidadosos y exhaustivos, y se toman su tiempo para pensar antes de actuar.

TEÓRICOS

Les gusta trabajar con hechos y conceptos definidos, cuestionar y analizar la información, y crear modelos lógicos. Son menos aptos para entornos de trabajo poco estructurados.

EL MODELO VAK

El estadounidense Walter Barbe describió tres estilos de aprendizaje en su modelo VAK. La mayoría de la gente prefiere uno de ellos, aunque a menudo use los tres.

› **Visual:** ver o escribir la información
› **Auditivo:** escuchándola
› **Kinestésico:** haciendo las cosas de manera activa

MODELO FELDER-SILVERMAN

El profesor de Ingeniería Richard Felder y la psicóloga Linda Silverman ampliaron el modelo VAK vinculando los estilos de aprendizaje con tipos de personalidad.

› **Sensitivos:** prefieren el pensamiento y los hechos concretos
› **Intuitivos:** prefieren conceptos e ideas
› **Verbales:** les gusta la información escrita y hablada
› **Visuales:** prefieren diagramas, imágenes y gráficos
› **Activos:** prefieren probar las cosas
› **Reflexivos:** les gusta meditar bien las cosas, a menudo en solitario
› **Secuenciales:** les gusta un enfoque ordenado en pequeños pasos
› **Globales:** les gustan los pasos grandes y el pensamiento holístico

ENTORNOS DE APRENDIZAJE

En los años 70, los profesores estadounidenses Rita Dunn y Kenneth Dunn revisaron 80 años de investigación en la manera de aprender de los niños. Hallaron cinco preferencias que podían ayudar a identificar el entorno de aprendizaje óptimo de una persona, algo que se aplica por igual a los adultos.

› **Ambiental:** ¿cómo afectan el ruido, la luz y la temperatura a quien aprende?
› **Emocional:** ¿necesita estructura, guía y apoyo motivacional?
› **Sociológico:** ¿le gusta trabajar solo o en compañía?
› **Fisiológico:** ¿a qué hora del día aprende mejor?
› **Psicológico:** ¿maneja la información de manera analítica, reflexiva o impulsiva?

Estar alerta

Los líderes deberían ser optimistas cuando empiezan un nuevo negocio o proyecto, pero un cierto grado de cautela y estar atentos a los posibles obstáculos les otorgarán mayores posibilidades de éxito.

Lograr un equilibrio

Para que un nuevo proyecto prospere, un líder debe tener fe en su plantilla, en los sistemas, en los procesos y en la tecnología. Por ejemplo, un líder podría creer tanto en una persona o idea que no viera las señales de peligro. Por ello, hay que lograr un equilibrio entre aceptar que todo funcionará según el plan y revisarlo todo dos veces continuamente, lo cual consume muchísimo tiempo y desmotiva a los empleados, que sentirán que no se confía en ellos. En organizaciones competitivas, la desconfianza y la sospecha son habituales, pero de forma exacerbada se convierten en paranoia. Si estos sentimientos persisten, pueden tener un coste tanto personal como profesional,

Observar el futuro

Andy Grove, el fundador de Intel, explicó lo que pensaba del éxito en su libro superventas *Solo los paranoides sobreviven* (1996). Advirtió que el éxito crea complacencia y que esta lleva al fracaso; que cierto temor puede ser una herramienta útil en algunos contextos empresariales. Creía que los mejores líderes son los que siempre están atentos a la siguiente amenaza, y que esto implica cierto tipo de paranoia. Acuñó el término «punto de inflexión estratégico» para describir aquel en el que el cambio es inevitable, y dijo que, según cómo lo afronten, las empresas prosperarán o fracasarán.

2. Momento clave

Por más éxito que tenga el proyecto, los líderes tienen que permanecer atentos a cualquier cambio en el entorno operativo; cuanto antes se detecten las amenazas, antes se podrá actuar. Estos puntos de inflexión requieren cambios en la manera en que se lleva el proyecto.

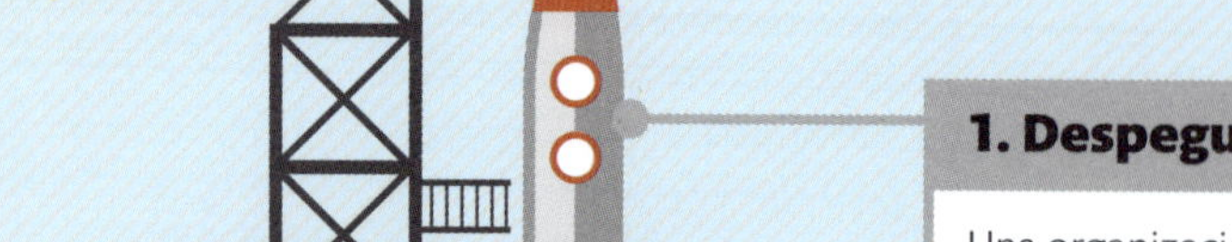

1. Despegue

Una organización lanza un nuevo producto o servicio. Si el entorno operativo es favorable, el proyecto puede ser un éxito desde el inicio.

y provocar la erosión de la relación vital entre la dirección y el personal.

El mejor enfoque es no dar por hecho que las cosas irán mal, pero estar atento a las señales de aviso y planificar los posibles problemas que puedan surgir en el futuro. Esto requiere, sobre todo, ser consciente de las amenazas externas, especialmente las que plantean las organizaciones rivales en el entorno operativo (ver debajo).

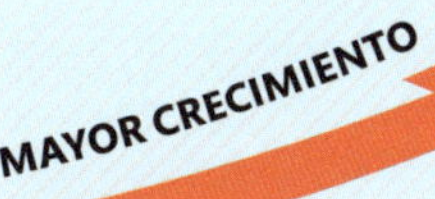

3a. Éxito

Las nuevas ideas pueden guiar el proyecto hacia un periodo de mayor crecimiento. Sin embargo, los líderes no deberían ser complacientes; habrá más puntos de inflexión en el futuro.

> «Espera lo mejor. Prepárate para lo peor. Aprovecha lo que venga».
>
> Zig Ziglar, comercial y orador motivacional

CASO DE ESTUDIO

Cambio de rumbo de Intel

Cuando se fundó en 1968, la empresa tecnológica estadounidense Intel fabricaba chips de memoria para ordenadores. Sin embargo, durante los años 70, con el liderazgo de Andy Grove, afrontó un punto de inflexión estratégico: las empresas japonesas dominaban el mercado de la memoria. Intel cambió el rumbo y en su lugar empezó a fabricar microprocesadores: una decisión que la salvó de la quiebra y reorientó su rumbo hacia el éxito.

3b. Fracaso

Si la organización no consigue cambiar, su proyecto no tendrá éxito. No podrá competir con las organizaciones rivales que se han adaptado al nuevo entorno.

Rendición de cuentas

Los líderes tienen que rendir cuentas, lo que significa que son responsables de lo que hacen, se hacen cargo de un ámbito de la actividad y aceptan las consecuencias de lo que suceda. Esto es esencial para un buen rendimiento.

Soportar la tensión

La rendición de cuentas y la responsabilidad a veces se confunden, pero entre ellas hay sutiles diferencias. Por ejemplo, la última persona en salir de la oficina es responsable de cerrar las puertas con llave por la noche para garantizar la seguridad. No obstante, si destrozan la oficina y roban los equipos, será el líder quien rinda cuentas. Él es quien tendrá que investigar qué ha pasado, explicar la situación a sus superiores y garantizar que no vuelve a suceder nunca más.

Por lo tanto, un líder responde no solo de sus actos, sino también de los de aquellos a los que lidera. No obstante, esto no quiere decir que deba ser el chivo expiatorio de cualquier cosa que salga mal. Si, por ejemplo, no se cumple un plazo, el líder debería rendir cuentas, pero

Rendición de cuentas del equipo

Un líder tiene que rendir cuentas de sus acciones, sus decisiones y del destino general de su empresa. No obstante, para lograr el éxito, también debe inculcar la rendición de cuentas a sus empleados. Igual que él responde ante sus superiores por las acciones de su equipo, del mismo modo los integrantes de un equipo deberían rendir cuentas ante su líder. Esto significa que cada uno asume su parte de la tarea y se siente responsable del resultado final.

Hacerse cargo
Un líder debería tener una visión de conjunto y asegurarse de que cada persona acepta sus responsabilidades. Es crucial que el líder acepte rendir cuentas tanto por el equipo como por sí mismo.

Guiar al equipo
Limitarse a hacer el trabajo no es suficiente. Apoyar a los demás y no repartir culpas es importante para un buen trabajo en equipo.

también investigar quién puede haber cometido el error y hablar con esas personas como corresponda. Por ese motivo, al personal también se le debería alentar a asumir su parte del proceso. Un personal responsable mejora el rendimiento y ayuda a mantener una cultura positiva y ética. Si no hay una rendición de cuentas efectiva, la gente tiende a echar la culpa a los demás y no se resuelve ni se mejora nada.

APRENDER A RENDIR CUENTAS

Rendir cuentas requiere valentía ya que a menudo comporta:

❭ **Tener conversaciones difíciles** con las personas a causa de su rendimiento.

❭ **Asegurarse de que cada persona** entiende sus responsabilidades.

❭ **Tomar decisiones difíciles** por el bien común del equipo.

❭ **Emitir un juicio** ante pruebas contradictorias.

❭ **Ser sincero y transparente** con los demás sobre lo que sucede.

❭ **Sacrificar tus intereses** por el bien de lo que es justo.

❭ **Poner ante el espejo** tu propia conducta.

Aceptar la responsabilidad
Todos los miembros del equipo desempeñan un papel, asegúrate de que cumplen con sus responsabilidades lo mejor que pueden.

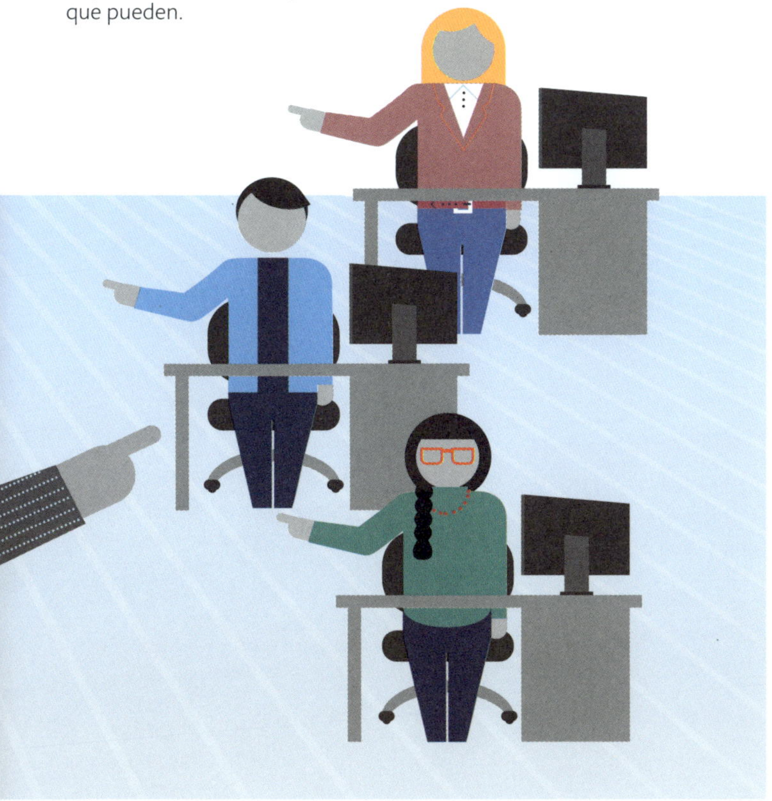

CREAR LA CULTURA ADECUADA

Fomentar la rendición de cuentas en tu equipo significa aceptarla tú primero: cumplir tus compromisos y admitir que los demás dependen de lo que hagas. También significa implicar a los miembros del equipo en tus decisiones, para que sean plenamente conscientes de sus responsabilidades. Dando ejemplo de rendición de cuentas, puedes inspirar a tu equipo a seguir tu estela.

Desarrollar nuevas rutinas

Los mejores líderes no solo vigilan a su equipo, sino que también analizan su propio comportamiento y admiten el efecto que tiene en los demás.

Autoanálisis

En un cargo exigente y a menudo estresante, es esencial que un líder se tome un tiempo para reflexionar sobre cómo afecta a los demás su comportamiento. Lejos de ser un signo de inseguridad, el autoanálisis es una parte importante del desarrollo personal, y sin él es probable que un líder fracase.

Liderar implica emitir un juicio en situaciones en las que no se conocen todos los hechos. Para emitir un buen juicio, el líder tiene que entender sus propios valores y creencias, y reconocer cómo afectan sus prejuicios a la manera de percibir situaciones concretas. También ha de comprender que los demás podrían percibir las cosas de manera diferente. Por último, debe saber lo que hay que lograr y cómo debe ser un buen resultado final. Teniendo todo esto en cuenta, debe decidir cuál es la línea de actuación más eficaz.

Comportamiento rutinario

Comprenderse a uno mismo es un buen inicio, pero, como resultado de ello, adoptar nuevos hábitos es esencial si se va a producir un cambio. Un hábito es una rutina de comportamiento, consciente o inconsciente, que se repite periódicamente. A menudo hay quien piensa que los hábitos son algo puramente físico, como pasear cada mañana, pero todo el mundo tiene también hábitos de pensamiento. Reflexionar sobre cuáles son e integrar esquemas de pensamiento nuevos y positivos es vital para lograr el éxito.

Tomar la iniciativa
Los líderes proactivos se responsabilizan de los asuntos que saben que controlan y utilizan su iniciativa para resolver los problemas.

Respeta a los demás
Los mejores líderes piensan en que todos salgan ganando. Esto significa que entienden el punto de vista de los demás y solucionan los problemas del mejor modo para todos, y no solo para sí mismos.

Siete hábitos

En 1989, el empresario estadounidense Stephen Covey escribió el libro superventas *Los 7 hábitos de la gente altamente efectiva*, que inspiró a millones de personas a tomar mejores decisiones y establecer mejores relaciones. Covey identificó siete hábitos que la gente debía cultivar para mejorar su vida. Los tres primeros se centran en pasar de la dependencia a la independencia; los tres siguientes tratan de la cooperación; y el último va sobre el crecimiento y la renovación. Aunque están orientados hacia el público general, los hábitos son fáciles de adaptar a un contexto de gestión.

Mira hacia el futuro
Los líderes exitosos saben lo que quieren lograr y tienen en mente un objetivo final. Esto les ayuda a entender los pasos necesarios para alcanzar su meta.

Prioriza
Al priorizar las tareas, los líderes eficaces tienen en cuenta no solo qué tarea es más urgente, sino también cuál es la más importante.

> «Sé una luz, no un juez. Sé un modelo, no un crítico. Sé parte de la solución, no del problema».
>
> Stephen Covey, *Los 7 hábitos de la gente altamente efectiva*, 1989

Entiende el problema
Antes de correr a dar una solución, los líderes con inteligencia emocional escuchan los problemas e intentan verlos a través de los ojos de los demás.

Valora otros puntos de vista
Apreciar los puntos de vista diferentes permite a los líderes constructivos potenciar sus puntos fuertes, mitigar los débiles y enriquecer sus ideas originales.

Sigue creciendo
Los líderes eficaces están atentos y mantienen el hábito de la renovación y el crecimiento personal para seguir siendo productivos.

Índice

Agradecimientos

Fuentes

p. 14 *Mind Tools for Managers: 100 Ways to be a Better Boss*, James Manktelow y Julian Birkinshaw, 2018. **pp. 42-43** These Six Skills Cannot be Replicated by Artificial Intelligence, Hiroshi Tasaka, Foro Económico Mundial, 23 de octubre de 2020; E-Commerce Worldwide – Statistics & Facts, Daniela Coppola, Statista, 14 de julio de 2021; Worldwide Technology Employment Impact Guide, International Data Corporation, 2020; Data Never Sleeps 5.0, Domo, 2017; IDG Cloud Computing Survey, 2020, International Data Group, 2020; **p. 43** Gartner says worldwide IT spending to grow 4% in 2020, comunicado de prensa, Gartner, 20 de octubre de 2020. **p. 46** Global Digital Marketing Market Outlook, EMR Reports, 2020; **pp. 46-47** Digital 2021 Global Overview Report, We Are Social and Hootsuite, enero de 2021; Most Popular Social Networks as of July 2021, Ranked by Number of Active Users, Statista, 2 de agosto de 2021. **p. 53** Managing PFI Assets and Services as Contracts End, National Audit Office, 5 de junio de 2020. **p. 87** 2015 Cone Communications/Ebiquity Global CSR Study, Porter Novelli, 2015; Worldwide Sales of organic food from 1999 to 2019, Statista, 2021; Organic Market Report 2021, Soil Association, 2021. **p. 99** Data Never Sleeps 6.0, Domo, 2018. **p. 133** Future of Jobs Report 2020, Foro Económico Mundial, 2020. **p. 137** Diversity Wins: How Inclusion Matters, McKinsey & Company, mayo de 2020. **p. 144** State of the Global Workplace: 2021 Report, Gallup, 28 de junio de 2021. **p. 150** 2019 Edelman Trust Barometer, 20 de enero de 2019. **p. 163** Global Employee Engagement Study, Officevibe, 25 de mayo de 2021. **p. 165** Re-engineering Performance Management, Gallup, 2017 **p. 176** The Coronavirus Effect on Global Economic Sentiment Survey, McKinsey & Company, 2021. **p. 191** Managing Conflict in the Modern Workplace, CIPD, enero de 2020 **p. 203** Workers in Britain survey, YouGov, 19-21 de marzo de 2021. **p. 204** A Call for Accountability and Action: The Deloitte Global 2021 Millennial and Gen Z Survey, Deloitte, 2021.

Créditos

p. 100 Consequence model *The Decison Book*, Krogerus & Tschäppeler, 2008 (b). **pp. 122-123 MBO model** *The Practice of Management*, Drucker, P., 1954; **BSC theory** The Balanced Scorecard, Kaplan and Norton, 1992. **p. 146 FSNP model** Developmental Sequence in Small Groups, Bruce Tuckman, *Psychological Bulletin*, 1965. **p. 196 The Johari Window** *The Johari Window*, Luft e Ingram, 1995. **pp. 208-209 VAK model** *Teaching Through Modality Strengths: Concepts and Practices*, Barbe, Walter, B.; **Felder-Silverman model** *Learning and Teaching Styles In Engineering Education*, Felder y Silverman, 1988; **Dunn and Dunn model** *Teaching Students Through Their Individual Learning Styles*, Dunn, K. y Dunn, R., 1978; **Four-stage learning** *Experiential Learning: Experience as the source of learning and development*, Kolb, D. A., 1984. **pp. 210-211 Strategic inflection point graph** *Only the Paranoid Survive*, Grove, A., 1996.

Dorling Kindersley quiere dar las gracias a Matthew Williams por la redacción adicional, a Alethea Doran y Jemima Dunne por la revisión, a Janashree Singha, Steve Stetford y Debra Wolter por la corrección y a Vanessa Bird por el índice.

Segunda edición

Edición sénior Chauney Dunford
Edición de arte del proyecto Katie Cavanagh
Dirección de desarrollo de diseño de cubierta Sophia MTT
Diseño de cubierta Tanya Mehrotra
Diseño de DTP sénior Harish Aggarwal
Control de producción Meskerem Berhane
Edición de producción Kavita Varma
Dirección editorial de arte sénior Lee Griffiths
Dirección editorial Gareth Jones
Directora editorial asociada Liz Wheeler
Dirección de arte Karen Self
Dirección de diseño Phil Ormerod
Dirección de publicaciones Jonathan Metcalf

Equipo de Deli

Coordinación editorial de cubierta sénior Priyanka Sharma
Diseño de cubierta sénior Suhita Dharamjit

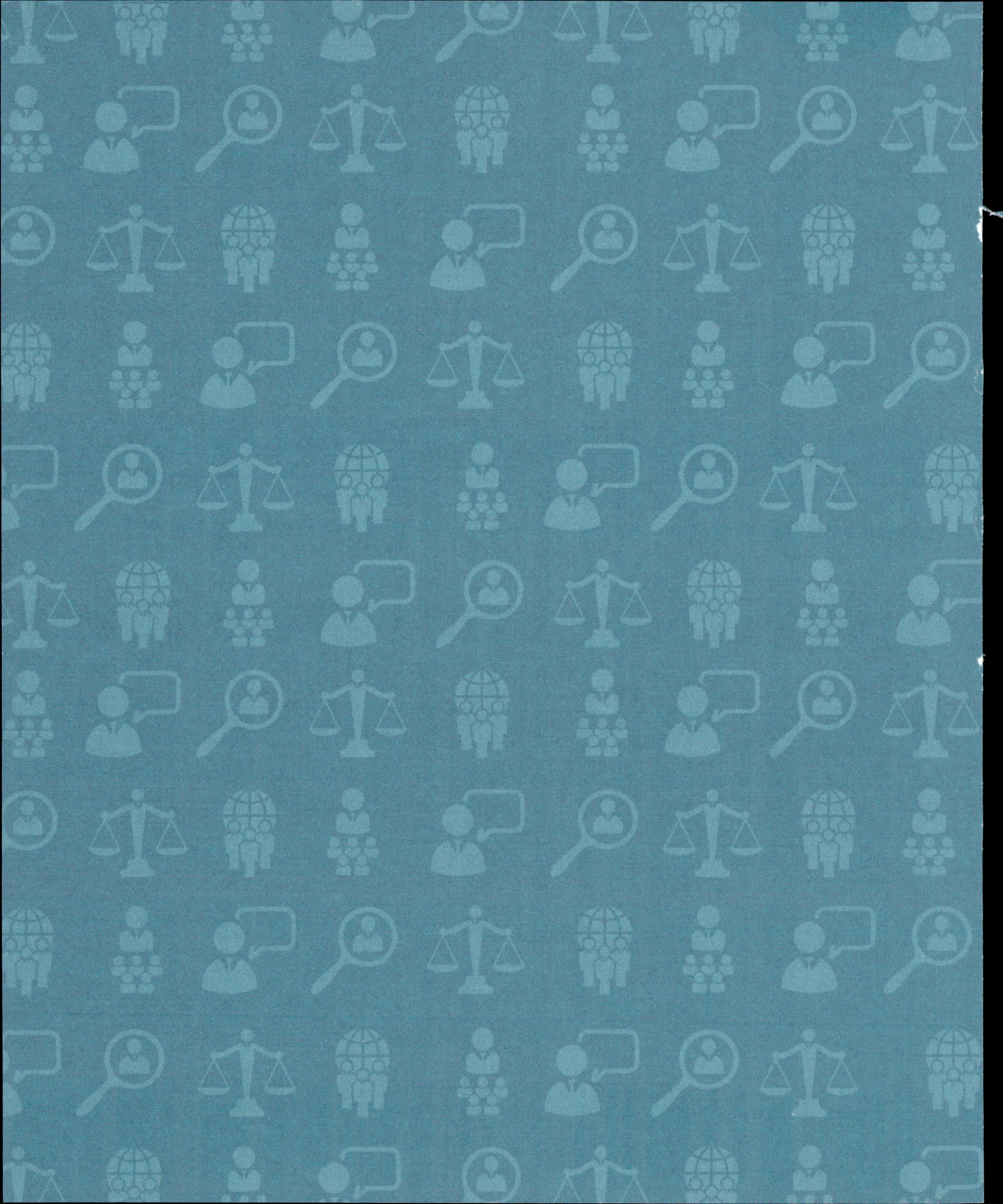